FÜR ALLE GROSSEN
UND KLEINEN
MENSCHEN

AF537719

Bibliografische Information der Deutschen Nationalbibliothek:
Die Deutsche Nationalbibliothek verzeichnet diese Publikation in der Deutschen Nationalbibliografie; detaillierte bibliografische Daten sind im Internet über http://dnb.d-nb.de abrufbar.

Das Werk ist in einer verlagskonform geschlechtsneutralen Schreibweise verfasst. Wenn vom „Lehrer" die Rede ist, ist daher gleichzeitig auch stets die „Lehrerin" gemeint.

1. Auflage	August 2016
© 2016	edition riedenburg
Verlagsanschrift	Anton-Hochmuth-Straße 8, 5020 Salzburg, Österreich
Internet	www.editionriedenburg.at
E-Mail	verlag@editionriedenburg.at
Lektorat	Dr. Heike Wolter, Regensburg

Bildnachweis	Cover: Junge mit Lupe © grafikplusfoto – Fotolia.com;
Flaggen © dikobrazik – Fotolia.com;
Cover-Rückseite: Portrait Lini Lindmayer © Hans Kraxner
Buchblock: Lupe © jihane37 – Fotolia.com

Satz und Layout	edition riedenburg
Herstellung	Books on Demand GmbH, Norderstedt

ISBN 978-3-903085-38-1

LINI LINDMAYER

GEHT'S AUCH OHNE Schule?

AUF DEN SPUREN DER FREILERNER

INHALT

VORWORT

Bildungsdebatte, Schulreform, Frühförderprogramm ... Wörter, die uns kaum mehr irritieren. Irgendwie scheinen sie nicht nur ihren fixen Platz in den Medien gefunden zu haben, sondern auch in unserer Sprache. Wir sind uns alle darin einig, dass es so, wie es ist, nicht bleiben kann. Wir haben uns aber scheinbar damit abgefunden, dass sich trotz aller Reformen wenig ändert.

Bildung und alle Aspekte, die in irgendeiner Art und Weise damit verbunden sind (Kinderbetreuung, Integration etc.), zählen zu jenen Themen, die gerne, intensiv und kontrovers diskutiert werden. Nicht zuletzt, seit miserable PISA-Ergebnisse die Idee der seit Jahren immer wieder angekündigten Bildungsreform neu angefacht haben. Bei Politikern scheinen allerdings vor allem Vorschläge zur äußeren Verschönerung des Schulsystems hoch im Kurs zu stehen. Auf grundlegende Veränderungen wartet man nach wie vor vergeblich. Ebenso wie auf die Auseinandersetzung mit den eigentlichen Inhalten des Themas „Bildung“. Denn letztendlich ist es egal, ob Halbtags- oder Ganztagsschule, ob mehrere Schultypen oder eine gemeinsame Schule der 6- bis 14-Jährigen. Solange sich am Grundgedanken, an der Herangehensweise an das Lernen des Kindes (Lehrplan, Beurteilungssystem etc.), nichts ändert, wird sich auch die Gesamtsituation nicht wandeln.

- Wie oft wurde im Zusammenhang mit dem Bildungsthema die Frage gestellt, wie man eine Umgebung schaffen kann, in der sich die heranwachsenden Individuen entfalten und frei und selbstbestimmt lernen können?

- Wie oft stellte man verwundert fest, dass bei den meisten Kindern die Freude am Lernen bald nach Schulbeginn verlorenging und einem generellen Desinteresse wich?

- Warum scheint sich kaum jemand daran zu stören, dass die eigentlichen Stärken eines Kindes missachtet, seine Schwächen aber hervorgehoben und extra behandelt werden?

- Wie sollen der Wert und die Vielfalt einer Gesellschaft erhalten werden, wenn sich nur mehr durchschnittliche, sich ähnelnde Menschen darin bewegen, welche zwar von allem etwas können, aber nichts wirklich?

- Muss Lernen wirklich erst gelernt werden? Braucht Lernen tatsächlich Förderung und Animation, um überhaupt in Gang zu kommen? Braucht es Unterricht, Belehrung und Beurteilung? Oder lernt jedes Individuum von Geburt an ganz selbstverständlich?

- Wie kann ein Kind ohne Schule und Unterricht überhaupt lernen? Wie muss man sich das vorstellen?

Das alles sind Fragen und Themen, mit denen sich mein Buch intensiv auseinandersetzt und gleichzeitig Einblicke in das freie und selbstbestimmte Lernen bietet. Wichtig dabei ist jedoch der Aspekt, dass dieses Lernen nicht zwangsläufig ein Leben ohne Schule bedeuten muss. Auch wenn es de facto nur sehr wenige sogenannte alternative oder freie Schulen gibt, welche freies und selbstbestimmtes Lernen wirklich ermöglichen.

Ein weiterer wichtiger Punkt ist, dass es mir nicht rein um das Lernen im Schulalter des Kindes geht, sondern um das Lernen generell. Lernen ist nichts Abgetrenntes, nichts, was sich in Schubladen einteilen lässt. Lernen ist ein fortlaufender Prozess, der bedauerlicherweise durch äußere Maßstäbe, Richtlinien und strikte Trennungen (Kindergarten und Schule, Fach A und Fach B) permanent unterbrochen und durch Beurteilung und Einteilung in Leistungsgruppen negativ beeinflusst wird.

In Anbetracht der Tatsache, dass wirkliche Bildungsfreiheit – die in europäischen Ländern angeblich gegeben ist – anders aussieht und der Bildungsstand in etlichen Ländern anscheinend einen Tiefpunkt erreicht hat, erschien es mir wichtiger denn je, ein Buch zu verfassen, welches sich fernab herkömmlicher Bildungsdiskussionen mit dem Thema Lernen auseinandersetzt.

Es wird sich an der Gesamtsituation nichts ändern, solange Entscheider an der Überzeugung festhalten, das heranwachsende Individuum sei ohne entsprechende Anleitung und zwanghafte Formung unfähig und unwillig. Das aber werden sie weiter tun, weil ein derartiges Bildungssystem Bildungsunterschiede und soziale Abgrenzungen innerhalb einer Klassengesellschaft etabliert.

Veränderung aber kann nur dann geschehen, wenn wir bereit sind, einen Blick dahin zu werfen, wo das Offensichtliche verborgen liegt: Lernen ist einfach! – Mehrere Jahre genauer Beobachtungen in meinem Umfeld und intensiver Auseinandersetzung mit der Thematik liegen hinter mir. Mehrere Jahre, in denen ich dank unserer Kinder hautnah erleben konnte und immer noch erleben darf, wie kleine Menschen sich für sie wichtige Themen frei und selbstbestimmt erarbeiten.

Das Leben unserer Familie ohne Kindergarten und Schule wie auch die Bekanntschaft mit anderen Familien nicht beschulter oder „alternativ" beschulter Kinder hat mir tiefe Einblicke in die Art und Weise, wie Kinder lernen und sich Fähigkeiten aneignen, gewährt und mir gezeigt, worauf es eigentlich ankommt. Es hat mir offenbart, wie kleine Menschen Sozialkontakte knüpfen und diese leben und welche Wege sie in ihrem Lernen gehen. Dank meiner Arbeit mit Eltern und Babys durfte ich zudem bei jeder Begegnung aufs Neue Zeuge wunderbarer Lernerfahrungen der ganz Kleinen werden. Diese Erfahrungen haben das vorliegende Buch sehr bereichert.

Ich möchte Sie hiermit einladen, mich auf eine spannende Reise ins Reich des Lernens zu begleiten, auf der ich Ihnen ganz eigene Aspekte des Lernens eröffnen und dadurch aufzeigen werde, dass Lernen keine Frage des Belehrens, sondern schlicht und einfach des Zulassens ist. Ganz nach dem Motto „Verstehen statt Tipps, Tricks und Handlungsanweisungen" werde ich mir im vorliegenden Buch erlauben, Ihren Blick in eine andere Richtung zu lenken und damit vielleicht Ihren Alltag und den Umgang mit Ihrem Kind und seinem Lernen zu verändern.

In diesem Sinne wünsche ich Ihnen viel Spaß beim Durchlesen, Nachdenken und Erkennen.

Lini Lindmayer

FASZINATION LERNPROZESS

Was würden Sie meinen, was dieses Kind hier macht? Spielen? Entdecken? Erfahren? Lernen? Lernen beginnt mit der Geburt. Zusammenhänge, Bewegungsmuster, Verhaltensweisen, Sprache – all das erforscht ein Baby durch Beobachten und Ausprobieren. Unermüdlich, sofern es weder Eingriff noch Animation erfährt. Es erfährt seine Umwelt mit allen Sinnen.

Ganz gleich, wie oft bei einem Baby beispielsweise sein Versuch misslingt, sich auf den Bauch zu drehen, es probiert dennoch immer weiter. Vielleicht mit wütendem Weinen oder wimmernden Lauten, aber es gibt nicht auf. Man kann es noch so oft hochnehmen und quasi der Situation entreißen, sobald es wieder frei beweglich auf einer Decke liegt, startet es die nächsten Versuche. Ein Baby weiß – vielleicht durch Beobachtung oder einem inneren Instinkt folgend –, dass es da noch mehr geben muss als lediglich die Rückenlage. Und welche Freude, wenn seine Versuche erst einmal gelingen – ohne Hilfestellung. Wenn es sein Umdrehen endlich geschafft hat und immer geübter darin wird. Ruhe? Gibt es nach diesem Erfolgserlebnis dennoch nicht. Das Baby probiert weiter. Unermüdlich und voller Staunen.

Oder nehmen wir die ersten verbalen Mitteilungs- und Nachahmungsversuche. Diese beginnen lange, bevor das Baby seine ersten Worte sprechen kann. Es plappert und singt vor sich hin, ahmt Laute und Mimik nach, probiert die Möglichkeiten seiner Stimme aus, testet, was es mit seiner Zunge alles anstellen kann, und versucht sich in Nachahmung der wahrgenommenen Geräusche und Laute. Es gibt nicht etwa auf, wenn die ersten Worte, die es spricht, noch vollkommen verdreht und verkehrt herauskommen. Sondern übt weiter. Unermüdlich. So lange, bis es passt. Und darüber hinaus, aus Freude am Ausprobieren und Entdecken.

Es gäbe viele Bereiche, die man an dieser Stelle anführen könnte und die den natürlichen Prozess des Lernens – der ohne Eingreifen und Animation vor sich geht – klar ersichtlich machen. Denn egal in welche Bereiche des Lernens und Entdeckens man einen Blick wirft, das fortwährende Streben nach Entwicklung ist überall zu erkennen. Noch deutlicher lässt sich erkennen – wie beispielsweise der Film Babys (franz. Dokumentarfilm 2010 von Thomas Balmès) zeigt –, dass dieses Streben rund um den Globus bei allen Babys vorhanden ist, unabhängig von Kultur, Lebensumfeld und Tagesprogramm, und das in nahezu gleichem Tempo. Trotz intensiver Förderung auf der einen Seite und einfachem Dabeisein im Alltag auf der anderen Seite.

Ganz im Gegenteil könnte man – gerade dem oben genannten Film zufolge – beinahe davon ausgehen, dass sich jene Babys schneller entwickeln und sicherer im Umgang mit ihren Fähigkeiten sind, welche weder Eingriffe noch Förderung erfahren. Es sind jene Babys, die sich alleine (ohne Eingriffe) und individuell entwickeln können. Die nicht ständig irgendetwas gezeigt oder vorgeführt bekommen.

Dieser Eindruck wird durch Aussagen und Forderungen etlicher Pädagogen noch verstärkt, welche dafür plädieren, die ständige Förderung für Kinder zu reduzieren oder gar zu unterlassen, weil dies – wie die Erfahrung gezeigt hat – lediglich dazu führt, dass die Kinder aufhören sich selbst zu beschäftigen und sich schwer damit tun eine Beschäftigung zu finden, wenn die Animation einmal ausbleibt.

- Lassen diese Beobachtungen nicht den Schluss zu, dass Lernen ein an und für sich von Belehrung und Förderung unabhängiger, aber äußerst sensibler, leicht störbarer Prozess ist?

- Führen sie nicht zu der Erkenntnis, dass es weder Belehrung, Förderung noch Animation sind, welche das Baby zum Lernen bringen, sondern ein natürliches Streben nach Entwicklung und Wissenserwerb?

- Ein Streben, welches in der Natur des Menschen liegt und jedem (heranwachsenden) Individuum innewohnt?

Absurd klingt dann aber die angeblich so notwendige Förderung, Beschäftigung und Animation des Kindes. Und absurd sogar die Forderung, dass Eltern ihr Baby positiv beurteilen (loben) müssten, damit es sich überhaupt gesund entwickelt.

WAS IST LERNEN?

Lernen muss nicht gelernt werden. Einem Baby muss nicht erst gezeigt werden, dass es so etwas wie *Lernen* gibt und dass es nach mehr streben kann. Ebenso wenig muss man ein Kind darauf aufmerksam machen, was es alles gibt in der Welt. Ich würde sogar so weit gehen zu behaupten, dass Lernen ebenso zum Leben gehört wie die Erfüllung essentieller Bedürfnisse. Es ist ein Prozess, der geschieht, ohne dass es einer speziellen Anregung bedarf – außer natürlich den des Lebens in seiner gesamten Vielfalt selbst.

Und deshalb braucht es auch nur ein *Lernen* aus der Fülle des Seins heraus. Eltern müssen ihr Kind nicht erst lehren, wie es schauen, hören, schmecken und fühlen kann. Kinder erfahren und entdecken von sich aus

– ganz selbstverständlich. Dieser Prozess gehört zu ihrer Entwicklung. Und es gibt zahlreiche Bereiche, in denen sich deutlich zeigt, dass man den Lernprozess weder erzwingen noch beschleunigen kann.

Nehmen wir zum Beispiel die Sprachentwicklung: Eltern können ihrem Baby noch so oft langsam und deutlich bestimmte Worte vorsprechen, es wird sie dennoch nicht früher als in seiner ganz individuellen Entwicklung vorgesehen anwenden. Ebenso oft können sie ihm Sitzen, Krabbeln und Laufen zeigen oder es gar dazu animieren. All diese Fähigkeiten werden als eigenständige Handlung dennoch erst zu dem Zeitpunkt auftreten, wenn das Baby körperlich bereit dazu ist. Möglicherweise wird es gar bei fortwährendem Eingreifen in sein Entdecken gewisse – für seine Entwicklung wichtige – Schritte auslassen. Wie zum Beispiel das Krabbeln, wenn das Laufen forciert wird.

Häufig wird die eigene Ungeduld (oder auch die Ungeduld der Umgebung) auf das Kind projiziert. Weil man es kaum erwarten kann, dass das Kind geht, wird es an den Händen durch die Gegend geführt und zu Entwicklungsschritten gedrängt, die es selbstständig noch lange nicht erreichen würde. Vor allem aber würde es sie *anders* erreichen. Weil das Kind aber ständige Eingriffe erfährt und ihm viele kleine Entwicklungsschritte dadurch abgenommen werden, verlernt es sukzessive Eigeninitiative zu zeigen. Statt selbst zu probieren, verlangt es nach den Erwachsenen. Durch Unzufriedenheit, Jammern oder auch Weinen.

Lernfortschritt und Entwicklung geschehen – ganz von selbst. Und am besten dann, wenn sie geschehen dürfen und frei jeglicher Einmischung bestehen können. Gerade Letzteres fällt den meisten Erwachsenen schwer. Teils durch die unendlich scheinende Informationsflut, mit der sich (werdende) Eltern heute konfrontiert sehen und die ihnen vermittelt, dass Förderung das Wichtigste der Kindererziehung sei, teils, weil sich in unserer Gesellschaft die Meinung etabliert hat, dass Lernen etwas ist, was durch Förderung und Animation zustandekommen muss und ohne diese verschwindet oder verkümmert.

Lernen basiert aber zum Großteil auf Beobachtung und Nachahmung, Ausprobieren und Erkennen. Verstehen und Beherrschen tritt nicht nur dann ein, wenn bestimmte Voraussetzungen gegeben sind, sondern auch dann, wenn die Bereitschaft dafür gegeben ist. Je natürlicher der Umgang mit dem Baby oder Kind ist – wobei ich den Begriff *unnatürlich* hier für jene Art der pädagogischen Animation verwende, welche in unserer Kultur weit verbreitet ist –, desto wahrscheinlicher ist es, dass ihm sein natürliches Streben nach Selbstständigkeit, Entwicklung und Wissen erhalten bleibt.

ABER ES WILL DOCH BESCHÄFTIGT WERDEN!

Wer will? Das Kind? Oder vielleicht doch der Erwachsene, der meint, er müsse das *kleine, arme, unfähige* Kind in irgendeiner Art und Weise unterhalten – ihm die Welt und alles, was darin vorkommt, zeigen?

Der Erwachsene, der meint, das Baby auf Schaukeln, Rutschen und andere Geräte setzen zu müssen, bevor es selbst diese erklimmen kann? Der Erwachsene, der meint, das Baby an den Armen hochziehen und es in Positionen bringen zu müssen, die es selbst noch nicht erreichen kann? Der Erwachsene, der meint, das Kind Farben, Gegenstände, Schrift und Zahlen lehren zu müssen, weil es ohne ihn niemals auf die Idee kommen würde, sich dafür zu interessieren?

Oder einfach der Erwachsene, der, die anderen Babys und Kinder im Blick, sein eigenes ungeduldig drängt und forciert, damit er sich selbst auf die Schulter klopfen und für die schnelle Entwicklung des Kindes loben kann?

Bleiben wir bei der Bewegungsentwicklung des Babys. Logisch wäre, das Neugeborene – welches noch automatisch die Embryonalhaltung einnimmt – auf den Rücken oder die Seite zu legen. Unter dem Vorwand die Nackenmuskulatur stärken zu müssen, wird Eltern nun aber gerne empfohlen, ihr Baby in Bauchlage zu bringen. Dafür muss man ihm die Arme strecken und den Kopf zur Seite drehen. Bewegungen eben, die es von alleine aufgrund der bei ihm natürlicherweise noch vorherrschenden Embryonalhaltung noch nicht oder nur mit allergrößter Mühe durchführen kann. Die meisten Bewegungen in dem Alter geschehen noch wenig zielgerichtet oder treffsicher. Bewegungskontrolle muss erst gelernt werden durch selbsttätiges Ausprobieren und Bewegen.

Wird das Baby also in eine Position gebracht, die es selbst noch nicht einnehmen kann, muss man es auch wieder aus dieser misslichen Lage befreien. Denn von selbst kommt es von der Bauchlage noch nicht wieder in die Rückenlage. Ganz zu schweigen davon, dass es sich in Bauchlage kaum bewegen kann. Es kann nicht strampeln, es kann seine Umgebung nur seitlich betrachten, es kann seine Beine und Hände nicht anschauen und ihren Bewegungen nicht mit den Augen folgen. Es kann durch die erzwungene Bewegungseinschränkung nur schwer die Kontrolle über seine Bewegungen erlernen. Nicht nur das: Um sich bewegen zu können, muss es sich unnatürlich verkrampfen.

Verlangt ein Neugeborenes danach, auf den Bauch gelegt zu werden? Wohl kaum. Ein Neugeborenes fordert Berührung und Nähe. Es wird unruhig, wenn es sich alleingelassen fühlt. Um es zu beruhigen oder weil ihnen erzählt wurde, dass die Bauchlage für ein Baby besser sei, bringen Erwachsene es in diese Lage. Oder weil sie meinen, dass es sich dadurch vielleicht beruhigen könnte. Es stimmt schon, dass sich Neugeborene in der Bauchlage oftmals beruhigen – das hängt aber mit dem Druck und der Berührung zusammen, die sie dadurch wahrnehmen. Sie fühlen sich weniger ausgeliefert und somit sicherer. Derselbe Effekt könnte natürlich in direktem Körperkontakt erzielt werden – etwa in einem Tragetuch – und hätte den Vorteil, dass das Baby vollkommen entspannt die Nähe genießen könnte, da es vom Tuch gehalten wird.

Wichtig ist zu wissen, dass die Bewegungsentwicklung von Natur aus einer ganz eigenen Logik folgt. Jede Bewegung zielt darauf ab, die Muskeln und den Bewegungsapparat zu stärken und sie für den aufrechten Gang vorzubereiten. Dieser darf keine Schmerzen verursachen oder zu Verspannungen führen.

Erfolgen in diesem sensiblen Prozess Eingriffe durch den Erwachsenen, etwa weil das Baby in die Bauchlage gebracht wird, ohne diese selbst schon erreichen zu können, oder weil es in Sitzposition gezogen wird, werden für die noch nicht gewohnte Bewegung automatisch Muskeln herangezogen, die dafür sonst eigentlich nicht zum Einsatz kommen. Die Bewegung oder Position wird nicht entspannt ausgeführt/gehalten, sondern mit einer gewissen Körper-"Über"spannung, die dann im Endeffekt zu Fehlhaltungen oder auch Schmerzen führen kann.

Problematisch sind derlei Eingriffe aber nicht nur in Bezug auf die Bewegungsentwicklung des Kindes, sie fördern auch die Tendenz zur Bequemlichkeit. Denn ohne Zweifel ist es angenehmer, nicht selbst zu versuchen und sich abzumühen, sondern wie durch Zauberhand in Positionen gebracht zu werden, die man noch lange nicht erreichen könnte. Oder Spielzeug in die Hand gedrückt zu bekommen, für das man sich lange Zeit anstrengen müsste, um es zu erreichen oder seinen Gebrauch zu verstehen.

ABER ES HAT DOCH FREUDE DARAN!

Dieses Argument mag zum Teil zutreffen. Wir sind nun einmal soziale Wesen und freuen uns über das Miteinander.

Ob sich das Baby aber wirklich in all diesen ungewohnten und mitunter unbequemen Positionen, in die es gebracht wird, wohlfühlt, ist zu bezweifeln. Denn in erster Linie reagiert das Baby auf die Freude des Erwachsenen, der verzückt lächelt, vielleicht Grimassen schneidet und das Baby eventuell mit Lob überschüttet, weil es sich schon so brav in der Sitzposition halten kann oder einen Fuß vor den anderen setzt.

Sichtbar wird vor allem die Freude des Erwachsenen darüber, etwas mit dem Baby tun zu können. Das Baby lernt dabei ebenfalls: Nämlich, dass der Erwachsene Freude daran hat, es an den Händen hochzuziehen. Diese positive soziale Interaktion möchte das Baby wiederholen.

Aber: Hat das Miteinander dem Erwachsenen zu Beginn noch Freude bereitet, wird es ihm ab einem bestimmten Punkt unangenehm. Schließlich hat er noch andere Dinge zu tun, als *nur* bei dem Baby zu sein und es zu beschäftigen. Dabei würde das Baby gar nicht danach verlangen, wenn nicht ...

Das Baby will also, weil es gelernt hat zu wollen. Wird es nicht animiert und bespielt, geht es vollkommen in seinem Dasein, Ausprobieren und Entdecken auf. Und was für das Säuglingsalter, die Bewegungsentwicklung und das Entdecken der Umgebung gilt, gilt im Prinzip auch für alle anderen Bereiche des Lernens. Das Streben nach Selbstständigkeit, Wissen und sozialer Interaktion muss nicht erst durch Übungen oder Trainingsmethoden in Gang gebracht werden, sondern braucht schlicht und einfach nur Ruhe und Zeit. Und von Erwachsenenseite: Zurückhaltung und Vertrauen.

VERTRAUEN IN DAS KIND UND SEINE ENTWICKLUNG

Antriebskraft für jedes Eingreifen ist nicht nur der Wunsch alles richtig zu machen oder der Glaube das Kind in irgendeiner Art und Weise fördern zu müssen, sondern häufig auch die Angst irgendetwas zu versäumen und dem Kind dadurch Schaden zuzufügen.

Vertrauen ins Kind und seine Entwicklung ist ein wesentlicher und unendlich wichtiger Bestandteil der Eltern-Kind-Beziehung. Leider aber auch jener Aspekt, an dem es am häufigsten mangelt.

Sei es aufgrund der Erziehungserfahrung der Eltern an sich selbst und dadurch entstandener Selbstzweifel; sei es durch Aussagen von Personen in ihrem Umfeld; sei es aufgrund von Maßstäben und Richtlinien, die ihnen die angeblich richtige Entwicklung des Kindes vorgeben und in die ihr Kind (logischerweise) nicht hineinpasst.

Es ist aber das Vertrauen in sich selbst und das Kind, worauf es im Grunde ankommt, auf dem das Thema „freies und selbstbestimmtes Lernen" beruht und an dem sich viele Hinweise orientieren.

Fehlt dieses Vertrauen, werden ganz eigene Dynamiken in Gang gesetzt, die die Beziehung zwischen den Eltern und ihrem Kind, wie auch sein Vertrauen in sich selbst langfristig gesehen stören, wenn nicht gar zerstören können. Denn obwohl wir alle mit einem schier unendlich scheinenden

Vertrauen in uns selbst geboren werden, beginnt dieses – bei herkömmlichen Erziehungs- und Lehrmethoden – nach und nach in seinen Grundfesten zu wackeln. Schließlich nützt uns das Vertrauen in uns selbst und unsere Fähigkeiten wenig, wenn wir von unserer Umgebung und vor allem von jenen Menschen, welchen wir am meisten vertrauen und an denen wir uns orientieren, zu häufig Gegenteiliges, sprich Korrekturen, Missbilligung, Ängste und Misstrauen erfahren.

Die Sache ist im Prinzip recht einfach. Kinder vertrauen ihren Eltern. Sie glauben – zumindest anfangs –, was sie durch sie gespiegelt bekommen und was sie von ihnen hören, und orientieren sich daran. Wer von seinen Eltern Bestätigung in Form von wertfreier und bedingungsloser Zuwendung und Anerkennung erfährt und ihr Vertrauen sowie ihre Sicherheit spürt, der kann unermüdlich und voller Vertrauen voranschreiten, Neues ausprobieren, sich an Grenzen heranwagen und – was noch wichtiger erscheint – die eigenen Grenzen und Fähigkeiten ausloten und wahrnehmen.

Wem jedoch Zweifel, Ängste, Unsicherheiten, gepaart mit Be- oder gar Verurteilungen, begegnen, wem statt Vertrauen Misstrauen entgegengebracht wird, der wird nach und nach verlernen sich selbst zu vertrauen und jenen Aussagen und Wertungen Glauben schenken, welche ihm von seiner Umgebung vermittelt werden.

In unserem Alltag lässt sich leider überwiegend Letzteres beobachten. Mangelndes Vertrauen in das Kind und seine Fähigkeiten, Misstrauen und wertender Umgang mit seinem Ausprobieren, Entdecken und Erfahren. Warum?

Vielleicht, weil das Vertrauen in den ganz von selbst stattfindenden Prozess der Entwicklung verloren gegangen ist. Eltern wird meist noch vor der Geburt des Kindes eingetrichtert, dass sie alles daran setzen müssen, ihr Kind *richtig* zu fördern, damit es sich auch *richtig* entwickeln kann. Ist es zusätzlich noch ein Einzelkind und wird es das auch bleiben, so scheint in vielen Eltern das Gefühl zu dominieren, alles – aber auch wirklich alles – für das Kind tun zu müssen, damit aus diesem einmal „etwas wird". Damit es etwas aus seinem Leben machen kann. Häufig führt das dazu, dass Förderung und Leistung weitgehend die Beziehung zum Kind ausmachen und dadurch das gesamte Miteinander bestimmt wird.

KINDER: KEIN KUNSTWERK DER ELTERN

Spricht eigentlich irgendetwas dafür, dass man Entwicklung speziell fördern muss, damit sie überhaupt stattfindet?

Wäre die Menschheit bis zum heutigen Tag gekommen, wenn ihre erfolgreiche Entwicklung von Förderung, Animation, Belehrung und Beurteilung abhängig gewesen wäre?

Obwohl zahlreiche Beobachtungen das fortwährende Voranschreiten des Kindes belegen, findet diese Tatsache bei den Befürwortern der permanenten Förderung und Animation scheinbar keine Beachtung. Indem Eltern aber eingetrichtert wird, dass sich ihr Kind nur dann entwickeln könne, wenn sie einen dementsprechenden Beitrag dazu leisten, werden Zweifel, Misstrauen und Ängste in die Entwicklung des Kindes, aber auch in sich selbst als Vater oder Mutter geschürt.

- Was, wenn ich es nicht schaffe?
- Was, wenn gerade unser Kind schwierig ist oder sich zu langsam entwickelt?
- Was, wenn mein Kind nicht den Schemata und Maßstäben entspricht (wenn beispielsweise das Nachbarkind schneller / geschickter / reifer ist)?

Angst ist immer ein schlechter Ratgeber und für zwischenmenschliche Beziehungen Gift. Angst verhindert nicht nur ganz im Moment zu sein, sondern führt auch dazu, dass Eltern immer und überall nach einer Bestätigung für ihre Ängste suchen und gleichzeitig besorgt von einem Kurs zum nächsten hetzen, um das Kind dahin zu bringen, wo es laut bestimmter Meinungen sein sollte, und natürlich auch um zu verhindern, dass es zurückbleibt in seiner Entwicklung.

Keine Frage, Elternsein bedeutet so manche Herausforderung zu meistern. Die Entwicklung des Kindes aber zählt ganz bestimmt nicht dazu. Kinder entfalten sich in einer lebendigen, achtsamen Umgebung ganz von alleine. Das Tempo dieses Prozesses liegt nicht im Ermessen der Eltern oder irgendwelcher Förderprogramme. Ganz gleich, wie sehr Eltern auch bemüht sein mögen die Entwicklung des Kindes zu forcieren, es wird ihnen nicht ohne Nebenwirkungen gelingen. Es kann sogar sein, dass ihre intensiven Bemühungen zu einer Blockade, einem Rückschritt oder gar einem Stillstand in der Entwicklung des Kindes führen. Wer geht schon gerne unter Druck weiter oder interessiert sich gerade dann für bestimmte Dinge, wenn das Interesse dafür von ihm verlangt wird?

Die Herausforderungen des Elternseins liegen in einem ganz anderen Bereich. Nämlich in der Kunst des Annehmens der ganz eigenen Persönlichkeit ihres Kindes. Sie liegen in der Frage, wie der eigene Weg und ein harmonisches Miteinander aussehen könnten. Jenes Miteinander, welches von bedingungsloser Zuneigung und wertfreiem Zusammensein geprägt ist statt von Misstrauen und Beurteilung.

Kinder sollten nicht zum Kunstwerk der Eltern/Erwachsenen in ihrem Umfeld gemacht werden – weder durch Erziehung noch durch Belehrung oder Förderung. Sie *dienen* nicht dazu, den Erwachsenen eine ständige Fläche zum Modellieren zu bieten. Kinder sind eigenständige, individuelle Persönlichkeiten, die in den ersten Jahren ihres Lebens vertrauensvolle Erwachsene um sich brauchen, welche ihnen und ihren Fähigkeiten vertrauen, an sie glauben und sie in ihrer Entwicklung auf zurückhaltende, vertrauensvolle Art und Weise begleiten.

LEBEN HEISST LERNEN

So wie Lernen einfach geschieht, passiert auch Entwicklung ganz von selbst. Gesellschaftliche Aushandlungsprozesse haben uns aber dazu gebracht, Grenzen zu ziehen und zwischen *normal* und *abnormal* zu unterscheiden. Sie haben dazu geführt, dass wir uns als Klassengesellschaft formiert haben und uns primär über unsere Leistung definieren.

Doch: Wer sagt, dass Entwicklung nur in bestimmter Art und Weise vor sich gehen darf? Wer entscheidet darüber, dass Lernen etwas ist, was angeregt und animiert, belehrt und beurteilt werden muss?

Wir können davon ausgehen, dass Entwicklung ein Prozess ist, der untrennbar mit dem Leben verbunden ist. Mehr noch: Es ist eine Tatsache, die das Leben an sich ausmacht. Lernen und Entwicklung sind vollkommen natürliche und für das Leben wichtige Prozesse. Sie nehmen bereits im Mutterbauch ihren Anfang und sind nicht etwa irgendwann abgeschlossen, sondern befinden sich das ganze Leben im fortwährenden Wandel.

Ohne den Impuls, Fähigkeiten zu entwickeln und Dingen auf den Grund zu gehen, würde unser Dasein ziemlich trostlos aussehen. Eltern können daher im Grunde darauf vertrauen, dass ihr Kind instinktiv *weiß*, was es zu tun hat. Seine Sinne helfen ihm dabei. Ebenso wie sein Streben nach Wissen und Selbstständigkeit.

Ein Kind möchte entdecken, erfahren, suchen und erkennen. Es möchte verstehen und lernen. Es möchte spüren, dass Regen nass und kalt, aber auch nass und warm sein kann. Es möchte das Frostige des Schnees und die Kühle der Erde wahrnehmen. Es möchte mit seinen Händen in einer Schüssel Bohnen oder Reis wühlen und Sand durch die Finger rieseln lassen. Es möchte Gegenstände unter die Lupe nehmen, sie im Wortsinn begreifen und anschauen, sie befühlen und betasten und ausprobieren, was man alles damit machen kann.

Es bedarf keiner Forcierung oder Anregung (außer der einfachen Lebendigkeit des täglichen Lebens), damit sich im Kind Interesse regt und es ins Entdecken und Erforschen kommt. Es bedarf auch keiner kindgerecht aufbereiteten Wissenshäppchen und schon gar keiner Institution und extra ausgebildeten Lehrperson, damit ein Kind lernen kann.

Wenn man – egal ob Kind oder Erwachsener – etwas tun, wenn man etwas erlernen und verstehen will, dann ist es nur logisch und nachvollziehbar, wenn man alles daran setzt, dass man sich damit auseinandersetzen kann. Man beginnt zu fragen, man nimmt mit allen Sinnen wahr, probiert und gibt so lange keine Ruhe, bis man mit dem Ergebnis oder der Erkenntnis zufrieden ist. Vorausgesetzt, man befindet sich in der passenden Umgebung. Einem Umfeld, in dem man weder von seinem Tun abgehalten, noch darin gestört oder gar (durch übereifrige Forcierung etc.) belehrt/beeinflusst wird.

Es liegt schlicht und einfach in der Natur des Menschen, Interesse an seiner Umgebung und den darin stattfindenden Prozessen zu haben.

Wenn wir Babys in ihrem Tun beobachten, können wir etliches von dem für alle Lebensphasen Beschriebenen bereits erkennen. Sie beobachten ihre Umgebung mit Wissbegierde. Sie erforschen. Jeder noch so kleine Laut, jede noch so zarte Bewegung, jeder Gegenstand ... alles wird wahrgenommen, betrachtet, erforscht und imitiert. Dazu muss es nicht erst extra angeregt werden.

Was aber geschieht dann? Wie kann es sein, dass eben dieses Interesse angeblich verschwindet und erst explizit wieder erlernt werden muss?

Es liegt auf der Hand, dass das plötzliche Desinteresse am Lernen und Entdecken, am Erforschen von Zusammenhängen nicht etwa Folge einer natürlichen Entwicklung ist. Denn auch hier lässt sich beobachten, dass diese Entwicklung interessanterweise bei jenen Kindern ausbleibt, die frei und selbstbestimmt lernen dürfen und weder Eingriff noch Beurteilung erfahren.

Betrachtet man unsere Gesellschaft, ihre allgemein gültigen Standpunkte und ihre Herangehensweise an das Wachsen und Entwickeln des Kindes, wird eines ganz deutlich sichtbar: das überdimensional große Misstrauen in das Kind und seine Entwicklung. Es ist Grund für das Desinteresse. Nichts scheint nämlich ohne das Zutun des Erwachsenen zu gehen. Nichts ohne seine Eingriffe und sein gezieltes Fördern. Mehr noch gewinnt man den Eindruck, als könne ein Kind ohne das Zutun seiner Eltern die Welt um sich herum gar nicht wahrnehmen.

Und um all das noch zu unterstreichen, wird die Entwicklung des Kindes zur Leistung gemacht. Einer Leistung, die ordentlich gelobt und belohnt oder eben auch getadelt, mitunter vielleicht gar bestraft wird, damit das Kind *weiß, wo es steht.* Wen wundert es da, wenn aus dem von Natur aus aktiven Kind bei so viel äußerer Initiative und Einflussnahme ein passives Kind wird?

Desinteresse am Lernen, Entdecken und Erforschen von Zusammenhängen entsteht bei einem ansonsten gesunden Kind dann, wenn das bestehende Interesse unterdrückt und zunichte gemacht wird beziehungsweise wurde. Wenn die – verbal wie auch nonverbal immer wieder zum Ausdruck gebrachten – Erwartungen in das Individuum sehr gering oder auch zu hoch sind. Desinteresse am Lernen entsteht dann, wenn einem Menschen keine adäquate, bereichernde Umgebung geboten wird, in der er sich entfalten kann. Verstärkt wird das Desinteresse – im Kindesalter – noch, wenn der Heranwachsende zu Entwicklungsschritten gedrängt wird, für die er noch nicht bereit ist.

Wenn es keinerlei Entdeckungsspielraum mehr gibt, bleibt wenig übrig, was Interesse erzeugen könnte. Abgesehen davon beginnt das Kind an sich selbst zu zweifeln und verliert nach und nach das Vertrauen in sich selbst.

Schaff ich doch eh nicht. Kann ich nicht. Werde ich nie erreichen. Geht nicht ...

Diese Aussagen beziehungsweise ein Verhalten, das diese Einstellung zu den eigenen Fähigkeiten vermuten ließe, kennt man von gesunden Kleinkindern nicht. Es taucht erst dann auf, wenn das Kind in seiner uneingeschränkten Wissbegierde und Freude gestört wird. Wenn ihm das Misstrauen bewusst oder es ihm auch offenkundig verbal mitgeteilt wird. Wenn ihm Zweifel eingeredet werden, es in seinem Tun beurteilt wird und dadurch seine Angst vor dem Versagen zu wachsen beginnt.

DIE IDEE VON FÖRDERUNG – EINMAL ANDERS BETRACHTET

Geschafft!
Gemeinsam, ohne fremde Hilfe.

Im *Normalfall* ist Förderung ein permanentes Eingreifen, Lenken und Drängen in die von Erwachsenen gewünschte Richtung, basierend auf der Überzeugung, dass heranwachsende Individuen sich nicht weiterentwickeln oder lernen würden, wenn man sie nicht dazu animieren würde. Man glaubt also, dass sie nicht wissen, was gut für sie ist. Im Normalfall werden Kinder durch diese Art der Förderung aber nur eines: zu Unmündigen und Marionetten gemacht, die nach den Ideen und Meinungen der Eltern beziehungsweise Erwachsenen *tanzen* müssen.

Erwachsene werden in diesem Zusammenhang oftmals von der fixen Idee getrieben, dass es ein den allgemein gültigen Grundsätzen entsprechendes und anzustrebendes Entwicklungsziel gibt. Maßstäbe und Richtlinien mit ihrer strikten Grenzziehung zwischen Norm und Abnormität sind fest in den Köpfen der Gesellschaft verankert. Vollkommen unwichtig scheint hierbei das Kind in seiner Gesamtheit mit all seinen Fähigkeiten und Interessen und seinem voranschreitenden Lernprozess zu sein.

Im besagten Normalfall handeln Erwachsene in der Annahme, dass es beim Lernen nicht um Freude oder Interesse, sondern hauptsächlich um Notwendigkeit und Pflicht geht. Darum nämlich, was in der Gesellschaft als erstrebenswert gilt und was nicht. Persönliche Interessen, Fähigkeiten und Individualität werden zu Nebensächlichkeiten, wenn nicht gar als unwichtig abgestempelt.

Es sei denn natürlich, sie treffen mehr oder weniger zufällig mit den Erwartungen der Außenwelt zusammen. Im letzten Fall wird der Druck auf das Kind oftmals noch größer, da nicht nur Zeit, sondern mitunter auch viel Geld investiert wird, die Interessen des Kindes zu fördern.

Nicht selten führt der Zwang aber dazu, dass das Kind mit der Zeit zuerst die Freude und letztendlich auch jede Lust auf das Thema verliert. Die Wünsche aber, die nicht mit den Erwartungen, mit Normen und Richtlinien konform gehen, werden dem Kind unter Aufzählung verschiedenster Gründe ausgeredet:

„Dafür bist du noch zu klein!",

„Das kannst du später auch noch machen!" und

„Dazu hast du gar keine Zeit!" –

was in den meisten Fällen aufgrund von Schulbesuch und damit verbundenen „Notwendigkeiten" sogar stimmt. Das sind nur die verbreitetsten der vorgebrachten Einwände.

Im *Idealfall* jedoch ist mit Förderung das Schaffen einer (vorbereiteten) Umgebung gemeint, in der sich das heranwachsende Individuum frei entfalten, seinen Interessen nachgehen und seine Fähigkeiten optimieren kann. In diesem Fall trägt das Umfeld nur so viel dazu bei, als dass es den Lernprozess achtsam begleitet, ihn aber weder forciert noch manipuliert oder kommentiert.

LERNEN MUSS ERST EINMAL GELERNT WERDEN. TATSACHE?

Lernen muss erst einmal gelernt werden. – Wie kommen wir eigentlich auf diese mehr als absurde Idee?

Dass Kinder durch derlei Annahmen zu lernfaulen Individuen abgestempelt werden, fügt sich im Grunde perfekt in das Bild des heranwachsenden Kindes in der Erziehung: Dort gilt das Kind als minderwertiges Mitglied der Gesellschaft, welches durch die Erziehungsarbeit der Erwachsenen zu einem vollwertigen Mitglied der Gesellschaft werden soll. Wo Erziehung angeblich Vollwertigkeit schafft, lehrt Schule angeblich Lernen, um *gebildete, willige* Erwachsene hervorzubringen.

Wie das vollbracht wird? Durch Druck, Manipulation und Beurteilung wird unter dem Deckmantel einer notwendigen Förderung dem Kind der Großteil seiner Selbstständigkeit und Eigeninitiative genommen. Was es lernt, ist *brav* den Mund aufzumachen und sich jene Wissenshäppchen verabreichen zu lassen, welche als wichtig und für sein Alter adäquat gelten.

Permanente Förderung und Forcierung wird als Notwendigkeit dargestellt, um den Entwicklungsprozess des Kindes am Laufen zu halten. Förderung soll das Kind in seiner Entwicklung mehr oder weniger auf Linie bringen und ihm am besten so früh wie möglich bestimmte Lernbereiche näherbringen. Es sind jene, von denen angenommen wird, dass sie von dringender Notwendigkeit für die Entwicklung seien und die auf einer künstlich erschaffenen Werteskala ganz weit oben rangieren. All diese Maßnahmen gelten als wichtig und notwendig, um dem Kind das Lernen zu lehren und ihm die Notwendigkeit vor Augen zu führen, ständig gute Leistung zu erbringen.

Anstatt das gesamte Tun des Kindes als entwicklungsfördernd und somit als Lernen zu sehen und seine Interessen uneingeschränkt wachsen und gedeihen zu lassen, werden nur ganz bestimmte Bereiche als Lernen angesehen und gewertet. Was als Lernen bezeichnet werden kann und was nicht, findet sich in dieser ungeschriebenen Werteskala, die eine fixe

Idee des Wesens eines Kindes und die Annahme vermittelt, alle Kinder müssten sich gleich schnell entwickeln und an den gleichen Dingen Interesse haben.

Die angebliche Fördernotwendigkeit schürt natürlich Ängste in den Eltern. Sie wollen nur das Beste für ihr Kind, möchten alles richtig machen und mit allen Mitteln ein Versagen ihrerseits verhindern. Nichts scheint heute mehr so wichtig zu sein wie die permanente Überwachung und Forcierung der Entwicklung des eigenen Kindes. Nichts scheint dringender zu sein, als dem Kind – womöglich bereits im Säuglingsalter – durch etliche Kurse und Maßnahmen einen Platz an einer Eliteschule zu sichern. Das ist ein Umstand, der Eltern natürlich zu leichter Beute für all jene werden lässt, die aus den mit Absicht geschürten Ängsten Profit zu schlagen versuchen. Tragisch, dass unter diesem Bestreben und den Steuerungsversuchen nicht nur die Eltern-Kind-Beziehung leidet, sondern zumeist auch das Kind selbst. Denn seine Individualität in der Entwicklung ist dabei ebenso nebensächlich wie seine Interessen.

FÖRDERWAHNSINN

Du möchtest, dass dein Baby intelligent und zu einem Genie wird? Dann mach etwas dafür! – So oder so ähnlich beginnen zahlreiche Werbeangebote, die Eltern sagen, wie sie den Nachwuchs frühestmöglich fördern sollen.

Es gab eine Zeit, da waren Eltern zufrieden und glücklich damit, dass ihr Baby einfach spielte. Sie waren froh darüber, wenn es sich friedlich auf einer Decke beschäftigte und sie dadurch Zeit für Haushalt und andere Tätigkeiten fanden. Schließlich war doch der Alltag mit Baby stressig genug.

Heute hat sich das geändert. Gegenwärtig gibt es für Eltern ein noch nie dagewesenes Angebot an Fördergruppen und -möglichkeiten. Babys zählen heute zur Hauptzielgruppe der Entwicklungsförderer und befinden sich somit oft bereits wenige Wochen nach der Geburt schon mitten drinnen im *Förderwahnsinn*. Sie werden animiert, angeregt und mit Programm überschüttet. Sie werden von einem Kurs zum anderen geschleppt und mit angeblich die Entwicklung förderndem Spielzeug überhäuft. Die Fördermöglichkeiten reichen von bewegungsfördernden Maßnahmen über Fremdsprachen bis hin zur Malerei. Alles scheint möglich zu sein. Alles ist möglich. Die Angebotspalette ist ebenso umfangreich (und mitunter widersprüchlich) wie die Erziehungstipps für Eltern.

In Anbetracht all dieser Produkte, Angebote und Kurse darf man sich aber natürlich die Frage stellen, warum wir noch nicht von lauter kleinen Genies und Wunderkindern umgeben sind. Und man darf sich darüber wundern, dass wir selbst überhaupt erwachsen geworden sind und nun trotzdem unser Leben meistern. Schließlich gab es all diese Angebote anno dazumal noch nicht. Unsere Mütter haben sich in Parks, Gemeindezentren oder Wohnzimmern getroffen und über alle möglichen Dinge geplaudert, während wir mit- oder nebeneinander einfach nur gespielt haben. Ohne Animation. Ohne Programm. Einfach so. Und trotzdem haben wir uns weiterentwickelt. Eigentlich erstaunlich, wenn man sich die Punkte anschaut, die Förderung angeblich so notwendig machen.

Man darf sich – in Anbetracht all dieser Angebote – natürlich auch darüber wundern, dass internationale Studien zu Bildungsstandards und Allgemeinbildung immer schlechter ausfallen, statt (wie man eigentlich annehmen sollte, bei all dem Lob auf die ständige und intensive Förderung) immer besser zu werden.

Geht es letztendlich vielleicht auch darum, den Ansprüchen einer Konsumgesellschaft gerecht zu werden und möglichst viel zu konsumieren (für sich selbst und das Baby), um das Elternsein *gut* und *richtig* zu machen? Eine Frage, über die es nachzudenken gilt.

Übersehen wird bei all dem Programm – neben den bereits erwähnten Problematiken –, dass viel Animation – vor allem für Babys und Kleinkinder – auch ein Zuviel an Reizen bedeutet. Aufgrund der ständig auf es einströmenden (neuen) Reize findet das Baby kaum Zeit, die Eindrücke in Ruhe zu verarbeiten, wodurch es zu einem immer größeren Spannungsaufbau in ihm kommt. Da ein Baby Anspannung aber nicht so leicht wieder loswerden kann, fällt es ihm auch zusehends schwerer, wieder zur Ruhe zu kommen. Sein Unwohlsein äußert sich in Schlaflosigkeit, Unruhe und Wein- beziehungsweise Schreiattacken, manchmal auch in Stillschwierigkeiten oder körperlichen Symptomen wie Koliken. Reizüberflutung ist einer jener Gründe, warum ein Baby zu einem sogenannten Baby mit starken Bedürfnissen oder *Schreibaby* werden kann.

Ich möchte nicht behaupten, dass Reizüberflutung der einzige Grund dafür ist, dass die Zahl der sogenannten Schreibabys steigt. Trotzdem lässt sich nicht leugnen, dass durch die Reduktion der Reize auf ein Minimum und das Schaffen einer gewissen Struktur, welche dem Baby Orientierung bietet, die Situation oftmals erheblich verbessert werden kann.

Und noch etwas geschieht, wenn Babys oder Kleinkinder ständige Animation erfahren. Werden sie permanent unterhalten und bespielt, fehlt ihnen die Zeit, sich selbst kennenzulernen und zu bestaunen. Es fehlt ihnen die Zeit ihre Möglichkeiten und Fähigkeiten wie auch ihre Umgebung zu erforschen. An stetes Programm und Animation gewöhnt, wird ein Baby schnell unglücklich und unzufrieden, wenn beides auf einmal ausbleibt. Alleine auf einer Decke zu liegen wird dann zu einer gewaltigen Herausforderung für das Baby und natürlich für seine Eltern. Denn auf ständige Animation konditioniert, verlernt es zusehends, sich mit sich selbst zu beschäftigen und Anregung in seiner alltäglichen Umgebung zu finden. Das führt im Endeffekt dazu, dass sich die Eltern dazu getrieben sehen, noch mehr Programm für das Baby zu organisieren – in dem Glauben, es würde sich langweilen.

Hinzu kommt natürlich auch der gesellschaftliche Druck. Einfach nur mit dem Baby zu sein ohne zu animieren, wird häufig als unzureichend dargestellt. Also wird Programm absolviert. So wird dem Kind von Geburt an bis weit in die Schulzeit hinein Beschäftigung quasi auf dem Silbertablett präsentiert. Wen wundert es da, wenn das Kind nichts mehr mit sich selbst anzufangen weiß, sobald es einmal alleine spielen soll? Das Baby wird weinerlich, das Kleinkind unleidlich, das ältere Kind nörgelnd. Und der junge Erwachsene? Der muss sich selbstständiges Arbeiten – wie es in Ausbildung und Beruf erforderlich ist – erst mühsam wieder aneignen.

BE“SPASS“UNG

Kinder gleich welchen Alters brauchen vor allem eines: Zeit. Zeit, um ihren eigenen Interessen und dem Entdecken der Welt nachgehen zu können. Zeit, um Geschehnisse im Alltag beobachten, daran teilhaben und Erlebtes verarbeiten zu können. Sie wollen Teil des Alltags sein und bei den täglichen Verrichtungen helfen. Letztere ermöglichen stetes und ganz selbstverständliches Lernen. Dabei werden motorische Fähigkeiten ebenso trainiert wie Kommunikation oder räumliches Denken.

Was häufig geschieht, ist das genaue Gegenteil. Das Interesse am täglichen Leben und den notwendigen Verrichtungen wird unterbunden – *zu gefährlich, zu schwierig, zu viel, zu kompliziert*. Doch das ist nur die eine Seite.

Auf der anderen Seite wird das Kind mit Animation und (vermeintlichem) Förderprogramm überhäuft. Hier zeigt sich eine gefährliche Mischung aus Forcierung und falscher Schonung.

Durch permanente Animation wird es für das Kind zusehends uninteressant, Eigeninitiative zu ergreifen. Je weniger es einerseits darf und je mehr es andererseits soll, desto weniger wird es wollen. Sein natürlich vorhandenes Interesse an allen Dingen wandelt sich zusehends in Unlust, wenn diese Interessen nicht befriedigt werden dürfen.

Beim ersten Kind und in den ersten Lebenswochen mag es für Eltern noch recht spannend sein, sich (fast) ausschließlich mit dem Baby zu beschäftigen. Wenn aber der Alltag wieder Einzug hält, wenn das Baby größer wird, die eigenen Bedürfnisse sich wieder vermehrt melden und irgendwann ein zweites Kind kommt, kann es zusehends anstrengend werden, für die permanente Unterhaltung des Kindes oder der Kinder zu sorgen. Täglich anfallende Erledigungen und Arbeiten auszuführen und den eigenen Bedürfnissen nachzukommen, kann dadurch nämlich leicht zu einer wahren Herausforderung werden. Man stelle sich nur einmal vor, immer ein weinerliches, offenbar unzufriedenes Baby oder Kleinkind neben sich zu haben, das sich keinen Augenblick selbst beschäftigen mag. Oder aber das sonst nörgelnde und gelangweilte Kind von einem Kurs zum nächsten zu chauffieren.

In ihrer Verzweiflung nehmen Eltern Angebote wahr, die ihnen ein friedlich vor sich hin spielendes Kind versprechen: Leider handelt es sich dabei jedoch oftmals um technisches Spielzeug oder später um Smartphone, Tablet oder Computer. Diese übernehmen die Rolle des Animateurs, weil sie das Kind mehr oder weniger auf Knopfdruck beschäftigen und noch dazu häufig mit dem Prädikat entwicklungsfördernd ausgestattet sind. Es mag verlockend sein, dem Kind dieses Angebot zum Zeitvertreib zu bieten in der Hoffnung, dass es dadurch endlich lernen wird, sich mit sich selbst zu beschäftigen. Es mag verlockend sein, in dieser scheinbar aussichtslosen Situation sich selbst und dem Kind Ruhe zu verschaffen. Nicht zuletzt, weil die halbe Welt von den großartigen Auswirkungen dieser Technologien auf die Entwicklung des Kindes spricht. Es wird geradezu suggeriert, dass man mit solchen Computerspielen oder Videos gleich zwei Fliegen mit einer Klappe schlage: Das Kind ist beschäftigt und es wird noch dazu gefördert.

Aber wird es das wirklich? Kann man davon ausgehen, dass derartige Technologien positive Auswirkungen auf die Entwicklung des Kindes haben? Bücher, Stifte, Papier, passives Spielzeug – all das verliert in Anbetracht der ständigen Animation durch technische Geräte seinen Reiz. Schließlich müsste man in der Auseinandersetzung mit diesen basalen Gegenständen selbst aktiv werden. Und das ist etwas, womit sich ein Kind, das ständig animiert wird, nicht mehr anfreunden kann.

Wichtig zu unterscheiden ist hier allerdings, ob das Kind vor technischen Geräten „geparkt" wird, damit Eltern ihre Ruhe haben, oder ob derartige Geräte als Hilfs- und Informationsmittel zum Einsatz kommen. In Zeiten von medialer Dauerwerbung – in der natürlich alles in schillernden Farben und mit positiven Auswirkungen auf das Kind und seine Entwicklung dargestellt wird – werden Eltern ermutigt, diese Medien einzusetzen. Es fällt ihnen daher zunehmend schwerer, sich kritisch mit den Begleiterscheinungen dieser Animation auseinanderzusetzen. Nicht zuletzt, weil Mahner in den Medien gerne abgewertet und als zu kritisch und besorgt dargestellt werden. Fakt ist, dass wir in Wahrheit noch keinerlei Anhaltspunkte haben, wie sich massiver Konsum von Computer, Handys und anderen Geräten wirklich auswirkt. Erkennbar ist, dass sich vor allem bei

Kindern recht schnell eine gewisse Abhängigkeit entwickelt, sie sich zusehends schwerer damit tun, zwischen Realität und Fiktion zu unterscheiden, und die schwer zu verarbeitenden Dauerreize durch steigende Aggressivität ausleben.

Im ungünstigen Fall passiert zudem Folgendes: Diese Geräte sind nicht nur Animateur, sondern auch Erziehungsmittel. Computer, Handy und Co. sind nur mehr dann erlaubt, wenn das Kind gewisse Regeln beachtet oder Erwartungen erfüllt. Sie werden so zum willkommenen Druckmittel der Eltern, von dem diese wissen, dass sie das Kind damit in der Hand haben.

Natürlich mag es auf den ersten Blick praktisch anmuten, dem Kind in gewissen Momenten eine Beschäftigung zu bieten, von der man weiß, dass sie das Kind ausreichend lange unterhält. Langfristig gesehen aber erzeugt dieses Vorgehen weit mehr Probleme, als man annehmen mag.

ERFOLGVERSPRECHENDES FÖRDERPROGRAMM?

Anders als ein Großteil der sogenannten Experten bin ich nicht der Meinung, dass eine ständige Animation des Kindes in Form von Förderprogrammen und Ähnlichem sein selbstständiges Arbeiten und seine Entwicklung fördert. Am meisten lassen mich die Antworten auf folgende Fragen zweifeln:

> Wo sind all die *Genies*, die das ständige Förder- und Animationsprogramm angeblich hervorbringt? Wo sind all die kleinen Mozarts und Einsteins, die Sprach- und Computergenies?

Und wenn man schon über ehemalige Genies wie Mozart und Einstein spricht: Wie konnten die ohne Förderwahnsinn überhaupt zu Genies werden, deren Schaffen die Menschheit bis heute prägt? Man kann sich des Verdachts nicht erwehren, dass all die Förderprogramme in Wahrheit nur denjenigen etwas bringen, welche sie vermarkten. Könnten wir all dem Gerede über die angebliche Fördernotwendigkeit und die positiven Auswirkungen von Förderung Glauben schenken, müssten wir von Kindern umgeben sein, welche nicht nur ein verblüffendes Allgemeinwissen aufweisen, sondern die Prüfungen und Tests mit Leichtigkeit schaffen, mehrere Fremdsprachen sprechen, ein paar Instrumente spielen und in etlichen Sportarten glänzen. Wir müssten ein Bildungsniveau erreicht haben, welches Bildungsdiskussionen und Bildungsreformen den Boden unter den Füßen wegzieht und ihnen jegliche Berechtigung raubt.

Nichts dergleichen entspricht der Realität. Im Gegenteil: Allgemeinwissen und Bildung scheinen proportional zum Anstieg der Förderangebote zu sinken. Statt immer gescheiter scheinen wir immer dümmer zu werden.

Sogenannte Bildungstests, wie beispielsweise die PISA-Schulleistungsstudie, – was auch immer man davon halten mag, da hier letzten Endes nur Kompetenzen geprüft werden – zeigen, milde ausgedrückt, ein besorgniserregendes Bild. Aber selbst ohne die Ergebnisse solcher Untersuchungen sollte ein kleiner Blick auf unsere Gesellschaft ausreichen, um zu erkennen, dass da etwas gehörig schief läuft.

Ergebnisse der OECD – Studie PIAAC (Programme for the International Assessment of Adult Competencies) von 2011 und 2012 (www.oecd.org) zeigen: dürftiges Allgemeinwissen, fehlende Lesekompetenzen bei 17,1 Prozent der 16- bis 65-Jährigen, und mitunter massive Schwierigkeiten bei praktischen Problemlösungen von Alltagsfragen sind häufig. Das aber sind Fähigkeiten, die vor allem bei der Berufsausbildung und im Berufsleben gefragt sind.

Es ist kein Wunder, dass immer mehr Ausbildner darüber klagen, dass Schulabsolventen Schwierigkeiten mit Eigenverantwortung und selbstständiger Arbeit haben. Zusätzlich scheinen immer weniger junge Erwachsene zu wissen, was sie mit ihrem Leben eigentlich anfangen sollen. Traurig ist, dass es in der heutigen Zeit immer häufiger sowohl an *Kompetenzen* als auch an *Wissen* zu mangeln scheint.

Natürlich könnte man an diesem Punkt anführen, dass bis dato noch jede Generation davon überzeugt war, dass das Allgemeinwissen der nachfolgenden Generationen immer dürftiger und ihr Verhalten immer schlechter werde. Aber lassen sich so offensichtliche Entwicklungen deswegen einfach abtun? Seit Jahren schon wird in der Öffentlichkeit diskutiert, ohne das eigentliche Problem beim Namen zu nennen: Daueranimation und Förderprogramme.

- Solange Lernen nicht als natürlicher, von Förderung und Belehrung unabhängiger Prozess gesehen wird, wird sich nichts Grundlegendes an der Gesamtsituation ändern.

- Solange Eltern eingetrichtert wird, dass sie ihr Kind von Geburt an explizit fördern müssen, wird sich an der Einstellung der Eltern und ihrem Glauben daran, ihrem Kind mit all dem Programm und den Belehrungen etwas Gutes zu tun, nichts ändern.

- Solange Bildungsreformen lediglich darauf abzielen, das äußere Erscheinungsbild zu verändern, wird im Grunde alles beim Alten bleiben.

Man kann davon ausgehen, dass das, was im gängigen Erziehungs- und Schulsystem als Lernen bezeichnet wird, selten etwas mit Lernen im Sinne von Begreifen und Verstehen zu tun hat. Es ist reines Auswendiglernen und Wiederholen von Gehörtem, um eine – oft als lästig empfundene – Pflicht zu erfüllen und die erwünschte Leistung zu erbringen. Das Hauptaugenmerk liegt auf dem, was das Kind nicht kann. Vernachlässigt, als bereits „abgehakt" empfunden wird das, was das Kind kann beziehungsweise wo seine Stärken und Interessen liegen.

Was beim Kind hängen bleibt, ist oftmals nur ein Bruchteil dessen, was angeblich *gelernt* wurde. Was definitiv verloren geht, sind die Freude und Leichtigkeit des Lernens.

MIT DRUCK ZUM ERFOLG

Die Tendenz, für einen sanften Umgang mit dem Kind zu plädieren und eine Mischung aus antiautoritärem und mild erziehendem Umgang zu praktizieren, die in den letzten Jahren vorherrschend war, wird zusehends von der Forderung nach mehr Disziplin, mehr Drill und Dressur verdrängt. Dass das eine Extrem keine Früchte getragen hat, lässt sich mittlerweile erahnen, also scheint für einige nur mehr das andere Extrem Sinn zu machen. Tadel und Bestrafung würden in unserem Umgang mit Kindern ebenso fehlen wie Drill und Dressur, so der Grundtenor. Durch Bücher wie jene von Michael Winterhoff *(Warum unsere Kinder Tyrannen werden)* oder Amy Chua *(Tigermom)* bekommen solche Überzeugungen Unterstützung.

Keine Frage: Drill und Dressur, Tadel und Bestrafung können viel bewirken. Auf Kosten von Einschüchterung und dem Verlust von Selbstbestimmung sowie dem Vertrauen in sich selbst entsteht möglicherweise ein perfekt auf die Erwartungen und Forderungen einer Gesellschaft zugeschnittenes Lebewesen, welches ängstlich immer dem folgt, was von ihm verlangt wird. Vorausgesetzt natürlich, dieses Kind reagiert auf Drill und Dressur in der vorgesehenen Art und Weise. Tut es das nicht, gilt es als krank, abnorm oder als schwarzes Schaf.

Zerbricht ein heranwachsender Mensch an solcherart Erziehung nicht, erfüllt er möglicherweise gar die Erwartungen der Gesellschaft und erbringt die gewünschte Leistung – mitunter auch Höchstleistungen –, entsteht der Eindruck einer gelungenen Erziehung und Ausbildung. Ob bei derartigem Umgang mit dem Heranwachsenden noch Platz für Persönlichkeitsentwicklung und das Stärken individueller Fähigkeiten bleibt, ist fraglich. Das Kind lernt in Wahrheit zu funktionieren – so wie es von ihm verlangt wird. Es begreift, dass der Weg des geringsten Widerstandes der einfachste ist. Es lernt, unauffällig zu sein und sein Handeln und Tun auf den erwünschten Erfolg und das darauf folgende zu erwartende Lob abzustimmen.

Es steht außer Zweifel, dass so die Freude am Lernen und die gesunde Einstellung zum natürlichen Lernprozess verlorengehen.

Jeder gute Lernprozess folgt einem simplen, natürlichen Muster: Er wird vom Wunsch des Lernenden, immer ein Stückchen weiter zu gehen, immer ein bisschen mehr zu verstehen und immer ein bisschen mehr zu können, bestimmt. Ihm wohnt eine gewisse Leichtigkeit inne. Keine Spur von Pflichterfüllung. Keine Spur von Muss, Zwang, Leistungsdruck oder Ähnlichem. Man kann davon ausgehen, dass natürliches Lernen als solches nicht auffällt. Ganz anders ist es, wenn nicht aufgrund von Interesse, sondern aus Pflichterfüllung sowie durch Druck (Leistungserwartung) gelernt wird beziehungsweise gelernt werden muss.

Man kennt das aus der eigenen Schulzeit: Jemand drückt einem ein 100 Seiten dickes Buch zu einem trockenen, uninteressanten Thema in die Hand und verlangt nicht nur, dass man dieses Buch in einem vorgesehenen Zeitraum lesen, sondern im Anschluss daran darüber auch eine Arbeit schreiben oder eine Prüfung zu den Buchinhalten bestehen soll. Mit wie viel Freude und Leichtigkeit würde man dieses Buch lesen? Welche Tricks müsste man anwenden, um sich überhaupt hinzusetzen und darin zu lesen beziehungsweise das Gelesene auch zu verstehen?

Mit einem interessanten Thema sieht das ganz anders aus: Dazu hat man wahrscheinlich, ohne mit der Wimper zu zucken oder es als mühsam zu empfinden, schon viele Bücher verschlungen. Vielleicht hat man Vorträge zum Thema besucht, Zeitschriften gelesen. Viel Zeit hat man mit der intensiven Auseinandersetzung mit dem Thema verbracht, ohne jede Sekunde wie einen halben Tag zu empfinden.

Es gilt als erwiesen, dass Druck immer Gegendruck erzeugt. Dennoch scheint man dieses Phänomen gerne gerade im Umgang mit Kindern zu ignorieren. Hier heißt es plötzlich, dass ein gewisser Druck (durch Beurteilung, Erpressung, Drohung ...) notwendig sei, weil das Kind sonst nichts lernen und den lieben langen Tag auf der *faulen Haut* liegen würde. Hier heißt es plötzlich, dass Druck nicht schaden, sondern lediglich den Ehrgeiz des Kindes wecken würde.

Das mag bei dem einen oder anderen Kind vielleicht wirken – wenn Druck von außen und Angst vor dem Versagen eine Art Trotzreaktion hervorrufen –, bei anderen jedoch versagt es. Ich wage sogar zu behaupten, dass Druck bei einem Großteil der Kinder dazu führt, dass sie im Moment des *Könnenmüssens* plötzlich nichts mehr wissen beziehungsweise können. Ganz zu schweigen davon, dass die Qualität dieser Art von Lernen eine ganz andere ist als jene des natürlichen Lernens und Verstehens. Es gibt nämlich einen Unterschied zwischen Ehrgeiz im natürlichen und im erzwungenen Lernprozess.

Gesunder Ehrgeiz lässt sich für mich am besten mit Wissbegierde und unstillbarem Hunger vergleichen. Beim verbissenen Ehrgeiz geht es hingegen kaum mehr um den Erwerb von Wissen, sondern in erster Linie um Leistungserfüllung und den Wunsch nach Anerkennung. Und natürlich um Vermeidung: von drohender Strafe, von schlechter Beurteilung oder auch von einem möglichen Versagen. Nicht zuletzt, weil das Interesse an einer Sache meist nicht vom Kind ausgeht, sondern von der beurteilenden Person.

Interesse und Wissbegierde lassen sich nicht erzeugen. Nicht durch Erpressung oder Tadel, nicht durch Manipulation, Suggestion oder Versprechungen und schon gar nicht durch Drill und Dressur. Jeglicher Schritt in Richtung Forcierung des Lernprozesses und jegliche Förderabsicht ohne offensichtliches Interesse des Kindes ist ein Eingriff in den natürlichen Lernprozess und stört diesen empfindlich.

Um das näher zu veranschaulichen, ein ganz simples Beispiel: Ein Baby beobachtet seine Eltern immer wieder dabei, wie sie eine Banane für es schälen. Sein Interesse an dem Prozess des Schälens ist groß und offensichtlich vorhanden. Irgendwann greift es nach der ungeschälten Banane. Es hat die Handgriffe schon oft beobachtet und versucht diese nun nachzuahmen beziehungsweise wagt den Versuch, die Banane selbst zu öffnen. Es wird an der Banane ziehen und sie drücken. Es wird an der Schale kratzen und vielleicht sogar hineinbeißen.

Halten sich die Eltern zurück und warten, kann das Baby entdecken und erfahren. Haben seine Versuche keinen Erfolg und ist der Hunger schon sehr groß, wird es sich mit großer Wahrscheinlichkeit an die Eltern wenden, ihnen die Banane entgegenstrecken und ihnen zeigen, dass es Hilfe braucht. In diesem Moment können die Eltern in den Lernprozess begleitend eingreifen, indem sie – falls Hunger und Frust auf Seiten des Babys nicht allzu groß sind – die

Banane langsam vor den Augen des Babys ein Stückchen einreißen (ohne das zu kommentieren) und dem Baby dann die Banane wiedergeben, damit es wieder selbst probieren kann.

Kommt es immer wieder zu ähnlichen Situationen, wird das Baby stets ein Stückchen weiter gehen und ebenso stets ein bisschen mehr schaffen, bis es letztendlich nur mehr beim Anfang des Öffnens Hilfe benötigt. Es ist wie ein Spiel, bei dem das Kind über Spielregeln und mögliche Mitspieler entscheidet und Eltern oder andere begleitende Erwachsene flexible Mitspieler bleiben, die sich im richtigen Moment zurückzuhalten wissen, aber auch verstehen, wann ihre Initiative gefragt ist.

Kann das Kind Lernen in diesem Sinn erfahren, bleibt es ein Spiel und seine Lust am Entdecken und Erfahren geht nicht verloren. Greifen Erwachsene aber in diesen äußerst sensiblen Prozess des Lernens ein, verlieren sie die Geduld, geben keine oder nicht ausreichend Zeit oder versuchen bewusst eine Entwicklung und einen Lernprozess zu forcieren, wird das Kind seine Eigeninitiative ebenso wie sein Interesse schnell zügeln, wenn nicht ganz verlieren. Warum? Weil es gelernt hat, dass andere für es selbst die Initiative ergreifen, ihm Programm bieten und darüber entscheiden wann, was und wie zu lernen ist.

Ob es sich nun um das Schälen einer Banane handelt oder das Binden eines Schnürsenkels, ob es um Sprache, Schrift oder Mathematik geht, um Sportarten oder was auch immer: Hat das Kind einmal gelernt, dass ihm gewisse Handlungsabläufe und Entscheidungen schnell und zuverlässig von den Eltern / Erwachsenen abgenommen werden, schrumpfen sein Bemühen und seine Eigeninitiative auf ein Minimum. Interesse und Wissbegierde gehen, ebenso wie der Wunsch es selbst zu schaffen, verloren. Kommt hierzu noch die Pflicht, sich mit einigen Themen intensiv auseinandersetzen zu müssen, wächst die Unlust noch weiter.

Wo Zurückhaltung jenen Freiraum schafft, der beim Lernen notwendig ist, verhindern (ständige) Eingriffe diesen Prozess und geben dem Kind ein Gefühl der Unzulänglichkeit, Unfähigkeit und Abhängigkeit. Das gilt für die Idee der bewusst gestalteten Freizeit des Kindes (durch einen Erwachsenen) ebenso wie für die übertrieben gestaltete Themenaufarbeitung in Kindergarten oder Schule (in der Hoffnung, die Kinder dadurch wenigstens ein bisschen für die Sache zu interessieren).

Musik, Kultur, Geschichte, Technik ... jeder für sich ein faszinierender, vielfältiger und spannender Bereich. Dennoch kann man ein nicht an Technik interessiertes Kind noch so oft in Museen und Ausstellungen schleppen, sein Interesse wird dadurch nicht wachsen. Man kann ein Kind dazu zwingen, ein Instrument zu erlernen und es in Konzerte mitnehmen. Es wird dadurch höchst selten Faszination und Leidenschaft für Musik entwickeln.

Natürlich kann man nicht bestreiten, dass Interessen oft dadurch entstehen, dass ein Kontakt stattfindet. Dieser muss aber nicht erst künstlich erzeugt oder gar forciert werden. Das Schöne am Leben ist, dass man ein Kind nicht lehren muss wahrzunehmen, was um es herum geschieht. Es nimmt wahr – immer und überall. Es nimmt wahr und reagiert in seiner ganz individuellen Art und Weise darauf. Hat es einmal gefunkt zwischen ihm und einem bestimmten Thema, dann wird es das bestimmt kundtun und alles daran setzen, mehr darüber zu erfahren.

Drill und Dressur, Tadel und Bestrafung, Förderprogramm und Animation können nie das erreichen, was Natürlichkeit und Lebendigkeit schaffen!

BILDUNGSSYSTEM UND FÖRDERWAHN

Bildungssysteme basieren zumeist auf einem Beurteilungssystem, das den Fortschritt des Kindes im Lernen durch Überprüfung in verschiedenen Prüfungsverfahren kontrolliert. Das Abschneiden des Kindes wird mit Hilfe eines Notensystems dokumentiert, welches das Kind in gewisse Kategorien einteilt (begabt – intelligent – normal – durchschnittlich – leistungsschwach – lernfaul usw.) und somit bereits sehr früh die angebliche *Spreu vom Weizen* trennt.

Wer also behauptet, dass wir ein Bildungssystem haben, welches jedem Einzelnen alle Möglichkeiten offenhält, der vergisst, dass unser – dem Bildungssystem zugehöriges – Beurteilungssystem genau das verhindert.

Das tut es darüber hinaus meist schon zu einem sehr frühen Zeitpunkt, wo von Berufsausbildung noch gar keine Rede sein kann. *Gute* Leistungen müssen heute schon in der Grundschule sein. Wer möchte, dass sein Kind in eine *gute* weiterführende Schule gehen kann, muss nicht nur dafür sorgen, dass das Kind eine *gute* Grundschule besucht, sondern auch noch darauf achten, dass der Notendurchschnitt des Kindes dementsprechend *gut* ist – zumindest in den letzten beiden Jahren.

Wer darunter leidet, ist – wie immer – das Kind, welches noch mehr unter Druck gesetzt wird und noch weniger Zeit hat, den ganz eigenen Weg zu entdecken. Denn nach Hausaufgaben muss es mitunter auch noch lernen oder eines der zahlreichen Freizeitangebote absolvieren. Zeit zum Entspannen, zum Seele Baumeln lassen und einfach vor sich hin Träumen oder im Freien Toben bleibt selten.

Das dabei mit propagierte angebliche Streben nach Gleichberechtigung widerspricht im Grunde dem strikten Beurteilungssystem. Wer von Beginn an bewertet und kategorisiert wird, wird das Miteinander wohl kaum wertfrei betrachten können. In einem Wertesystem aufzuwachsen und ständiger Beurteilung unterzogen zu sein, macht es äußerst schwer später umzudenken. Schließlich kennt man nichts anderes, als bewertet und eingeteilt zu werden. Man bewertet und teilt sich selbst ebenso ein wie seine Mitmenschen. Das erkennt man letztendlich auch daran, wie schwer uns ein wertfreies, vorurteilsfreies Miteinander im Grunde fällt und wie schnell wir neue Bekanntschaften in irgendwelche Schubladen einordnen.

Wer nicht ins System Schule passt, fällt schnell unangenehm auf. Wer sich nicht unterordnet, den Unterricht stört, die Erwartungen nicht erfüllt und bestimmte Leistungen nicht erbringt – aus welchem Grund auch immer –, hat rasch seine Chancen verspielt. Und obwohl die Notwendigkeit von Individualität heutzutage verbal unterstrichen wird, scheint wirkliche Einzigartigkeit nicht erwünscht zu sein. Ebenso wenig wird eine individuelle Entwicklung im ganz eigenen Tempo goutiert.

Kann man in Anbetracht all dieser Umstände überhaupt noch von Bildungsfreiheit sprechen? Wenn doch fixe Lehrpläne über das Lernen des Kindes bestimmen und Abweichungen nicht erlaubt sind. Wenn mitunter nicht einmal erlaubt ist, wirklich frei zu entscheiden, wie man lernen möchte, und den Eltern diesbezüglich jegliche Entscheidungsfreiheit genommen wird. Alles läuft auf die Frage hinaus:

Wie passen Bildungspflicht und Bildungsfreiheit überhaupt zusammen?

Auf den ersten Blick mag das Eine das Andere nicht zwangsläufig ausschließen. Letztendlich könnte man auch innerhalb eines gewissen Rahmens die Freiheit haben zu wählen und zu entscheiden.

Das sähe dann so aus: Jedes Kind dürfte ab Schuleintritt frei wählen und entscheiden, welche Themengebiete für es von Interesse sind und in welche Richtung es sich weiterbilden möchte. Es gäbe dann natürlich keinen einheitlichen Lehrplan und keine an Schulnoten geknüpften Beschränkungen mehr. Dafür könnte man durchaus von Bildungsfreiheit innerhalb der Pflicht sprechen.

Derartiges existiert bei uns aber nur in einigen wenigen, sogenannten freien Schulen (Alternativschulen). In Regelschulen verläuft Bildung üblicherweise in starren Bahnen, die keinerlei Abweichung erlauben. So gesehen ist die angebliche Bildungsfreiheit, die wir „genießen", reine Illusion.

VÖLLIG SICH SELBST ÜBERLASSEN?

Was heißt Lernen? Und was freies und selbstbestimmtes Lernen? Menschen verstehen Lernen ganz unterschiedlich. Auffallend ist jedoch, dass Lernen häufig im Zusammenhang mit Schule und schulischem Lernen gesehen und erst danach (eventuell) mit kindlicher Entwicklung und dem Leben selbst in Verbindung gebracht wird. Lernen wird zudem nicht nur auf bestimmte Bereiche reduziert, sondern häufig nur dort gesehen, wo es unter Anleitung einer fachkundigen Person geschieht.

Das zeigt einerseits, wie sehr unsere Gesellschaft an die Notwendigkeit von Belehrung und Druck glaubt, andererseits aber auch, wie selbstverständlich Lernen im Baby- und Kleinkindalter für die meisten noch ist. So selbstverständlich, dass es gar nicht als Lernen wahrgenommen wird.

Ob Spurensuche oder Seifenblasenspiel: Das Erleben von Naturgesetzen aus Biologie, Chemie oder Physik findet ungezwungen statt.

Wobei Letzteres bedauerlicherweise dank massiver Bewerbung der angeblich so notwendigen Frühförderung verschwindet.

Abgesehen davon gelten häufig nur bestimmte Lebensbereiche als Lernorte und -gelegenheiten, wobei dem schulischen Lernen in unserer Gesellschaft die höchste Wertigkeit beigemessen wird. Wer in die Schule geht, zählt ab dem ersten Tag zu den *Großen*. Schließlich wird er oder sie ab diesem Zeitpunkt den *Ernst des Lebens* kennenlernen.

- Was aber ist Lernen wirklich?
- Wann lernen wir?
- Wo beginnt Lernen?

Lernen umschreibt Entwicklungsprozesse, die in Gang gesetzt werden, sobald ein Mensch geboren wird. Wobei ich persönlich davon ausgehe, dass ein Baby schon im Mutterleib lernt, denn es hört, sieht, schmeckt und fühlt. Lernen ist ein fortwährender Prozess des Entdeckens und Erfahrens, des Erkennens von Zusammenhängen und des Aneignens von Fähigkeiten.

Offenheit, Unvoreingenommenheit, Interesse, Wissbegierde und das Gefühl, dass es da noch mehr geben muss und man immer ein Stückchen weiter gehen kann – all das sind wichtige Voraussetzungen für den Start des Lernprozesses. Um diesen als positiv, bereichernd und vor allem selbstverständlich erleben zu können – ohne dabei von Selbstzweifeln und Versagensängsten geplagt zu werden –, braucht der Lernende eine Umgebung und Menschen um sich, die die Kunst der Zurückhaltung ebenso beherrschen, wie sie erkennen, wann Begleitung und Unterstützung gefragt sind. Er braucht eine lebendige, an Lern- und Erfahrungsmöglichkeiten reiche Umgebung, in der Entwicklung und Lernen unabhängig von jeglicher Beurteilung vor sich gehen können.

Im herkömmlichen Umgang mit dem Kind werden diese Voraussetzungen allerdings selten eingehalten. Eben weil in den natürlichen Prozess des Lernens kein Vertrauen gesetzt und in diesen permanent eingegriffen wird. Und eben weil in dem Glauben an die Notwendigkeit von Beurteilung alles Lernen von Lob und Belohnung, Tadel, Benotung und Belehrung begleitet wird.

Man geht in unserer Gesellschaft prinzipiell davon aus, dass der Lernprozess erst in Gang gesetzt werden muss. Aber man könnte genauso gut erst einmal hinterfragen: Was veranlasst einen Menschen, immer ein Stückchen weiter gehen zu wollen? Warum ist er erst dann zufrieden, wenn er das Gefühl hat, in seiner Wissbegierde gesättigt zu sein? Was treibt das permanente Streben nach Wissen und Entwicklung eigentlich an?

Augen, Ohren, Hände, Mund, Nase ... ein Baby setzt alle nur erdenklichen Möglichkeiten ein und probiert Wege aus, um die Welt um sich herum verstehen zu lernen und seine Fähigkeiten zu perfektionieren. Das geschieht ganz von selbst. Solange Eingriffe von außen – in welcher Form auch immer – ausbleiben, hört dieses Streben nach *mehr* auch nicht auf.

Es sind nicht die Beurteilungen – in Form von Lob oder auch Tadel –, die das Kind immer weiter suchen und gehen lassen, sondern ein vollkommen natürlicher Impuls, sich zu entwickeln und Wissen anzueignen. Dazu braucht es keinen äußeren Antrieb in Form von Anleitung, Animation, Förderung und Forcierung.

VOM WERT DES SCHEITERNS

Wäre unsere Entwicklung einzig vom äußeren Antrieb unserer Umgebung abhängig, wären wir längst ausgestorben. Es würde zudem bedeuten, dass viele Babys rund um den Globus keine Entwicklung durchmachen könnten und ein Leben lang im Säuglingsalter verharren würden, weil Lob und Tadel in ihrer Kultur ebenso wenig eingesetzt werden, wie es dort Frühförderprogramme und Daueranimation gibt.

Trotzdem entwickeln sich Babys überall in etwa demselben Tempo. Sie lernen in etwa demselben Alter grundlegende Fertigkeiten, die ihnen das Miteinander mit anderen erleichtern sowie Selbstständigkeit ermöglichen. Das zeigt einen wichtigen und wesentlichen Aspekt des Lernens: Entwicklung geschieht einfach. Unaufhaltsam.

In einigen Lesern mag jetzt vielleicht das Bild des immer lächelnden und zufriedenen Kindes entstehen, welches einfach so vor sich hinlernt. Frei, selbstbestimmt und natürlich zu lernen bedeutet jedoch nicht, dass nicht auch alle möglichen Emotionen mit an Bord sein können. *Wut und Enttäuschung* können Lernprozesse ebenso begleiten wie überschwängliche Freude. Scheitern gehört zum Lernen. Aufgeben wird der Lernende dennoch nicht.

Aber das sollte nicht deshalb geschehen, weil in der Umgebung geäußerte Belehrung und Beurteilung in diese Richtung drängt. Auch wenn dies natürlich selten vorsätzlich und zumeist in der Absicht geschieht, dem Kind zu helfen oder ihm etwas zu zeigen. Aber: Gut gemeint ist so manches Mal das Gegenteil von gut! Vor allem dann, wenn Eingriffe in einer Art und Weise geschehen, die dem Kind im Grunde vermitteln, dass es unfähig ist und aus Interesse dadurch zuerst Verzweiflung und letztendlich Desinteresse wird.

Erfährt das Individuum in seiner Wut über ein Scheitern keinerlei Beurteilung oder Belehrung, sondern dürfen Wut und Enttäuschung gezeigt werden und erfährt es in diesem Prozess achtsame und angemessene Begleitung, bleibt der Lernprozess bestehen. Die Erfahrung des Scheiterns kann zu einer Herausforderung werden und dem Kind helfen, zu verstehen und zu begreifen. Der Wunsch nach Wissen sowie das Streben nach Selbstständigkeit und die dazugehörigen Emotionen sind nämlich die eigentliche Antriebskraft im Entwicklungs- und Lernprozess.

Diese Emotionen aber müssen dem eigenen Handeln entspringen. Tun sie das nicht, verändert sich auch das Streben nach Wissen und Selbstständigkeit. Der Antrieb ist dann nicht mehr die Freude am Tun und Entdecken, sondern die Angst vor dem Versagen und einer schlechten Beurteilung. In diesem Fall haben Ärger, Wut oder Freude ihren Ursprung nicht im eventuellen Misslingen beziehungsweise Gelingen, sondern in der daraus resultierenden Reaktion der Umgebung. Pflicht und Notwendigkeit nehmen den Platz der Freude ein.

Es wäre falsch anzunehmen, dass die Entwicklung dadurch stets ins Stocken geraten würde. Dafür sind wir aus einer natürlichen Überlebensnotwendigkeit heraus zu anpassungsfähig und robust. Aber sie verläuft gänzlich anders, wenn sie nicht dem natürlichen Streben des Individuums folgt, sondern unter dem Einfluss und der Erwartungshaltung der Umgebung verläuft. Sie ist dann nicht mehr frei, selbstbestimmt und lebendig, sondern vorhersehbar und der Erwartungshaltung der Umgebung unterworfen.

Aus einem vollkommen natürlichen und selbstverständlichen Prozess wird eine Leistung. Wildwuchs ist dabei ebenso ausgeschlossen wie *Vielfalt*.

SEIN LASSEN

Heißt das aber nun, ein Kind frei und selbstbestimmt lernen zu lassen, bedeute sich zurückzulehnen, die Hände über dem Bauch zu falten und einfach nichts zu tun? Heißt es, sich nicht weiter um das Kind, seine Bedürfnisse und Anliegen zu kümmern? Es bewusst zu ignorieren?

Um Antworten auf diese Fragen geben zu können, müssen wir noch weiter eintauchen in das natürliche Streben nach Wissen und Selbstständigkeit. Die obigen Fragen mit einem einfachen *Ja* zu beantworten wäre allzu einfach und würde bedeuten, dass man im Grunde gar keine Interaktion mit dem Kind starten und sich weder um seine Bedürfnisse noch um Anliegen kümmern dürfte. Leider wird freies und selbstbestimmtes Lernen häufig als genau das missverstanden.

Wesentlich für den ungestörten Lern- und Entwicklungsprozess des Kindes ist hingegen die Bereitschaft der Erwachsenen, sich in Vertrauen und Zurückhaltung zu üben, aber genauso einfach da zu sein, wenn das Kind sie braucht.

Natürlich gibt es unterschiedliche *Lerntypen* und Charaktere – mit unterschiedlichen Bedürfnissen hinsichtlich der Begleitung durch andere Menschen.

- Es gibt das ständig *hungrige* Kind, dessen Wissensdurst kaum gestillt werden kann,

- und es gibt das eher *vorsichtige, zurückhaltende* Kind, das sich lieber erst einmal umschaut und auf bekanntem Terrain innerhalb seiner Grenzen bewegt, bevor es einen weiteren kleinen Schritt wagt (natürlich erst dann, wenn es sich vollkommen sicher ist, dass dieser keinerlei beängstigende Folgen für es selbst haben wird).

- Es gibt das Kind, das sein Leben *einem Sprint gleich* startet, das es kaum erwarten kann, einen Entwicklungsschritt nach dem anderen zu absolvieren, und am liebsten alles auf einmal wissen und können möchte.

- Und es gibt das eher *gemächliche* Kind, welches sich die Lage zuerst einmal anschaut, bevor es vorsichtig vorwärts geht.

Dazwischen, darüber und darunter liegen alle möglichen Schattierungen von *Lerntypen.* Trotzdem oder vielleicht gerade deshalb ist es äußerst schwer, Kinder in irgendwelche Schubladen zu stecken und ihre Entwicklung dahingehend zu beurteilen. Was für eine absurde, komische und auch traurige Welt wäre dass, wenn jeden alles interessieren würde, jeder alles könnte und jeder alles in genau derselben Art lernen würde wie der

Nachbar. *Begabung* – ein eigenes Thema, auf das ich in Kapitel 4, „Die Sache mit der Begabung", noch näher eingehen werde – hat mit Lernen und Entwicklung ebenso wenig zu tun wie Förderung. Vielmehr geht es um das individuelle Interesse des Kindes. Ein Interesse, das ebenso wie das Leben selbst von ständiger Veränderung und fortwährender Beweglichkeit gekennzeichnet ist.

Im herkömmlichen Schulsystem, mit seinem gerade nicht auf das freie und selbstbestimmte Lernen ausgerichteten Lehrplan, wird auf Individualität kaum Rücksicht genommen. Das einzelne Kind geht hier schnell unter – vor allem dann, wenn es nicht ins Unterrichtssystem passt und Schwierigkeiten damit hat. Wer Pech hat, bekommt noch in der Grundschule den Stempel *lernschwach, förderbedürftig* oder *minderbegabt* aufgedrückt.

Diese Zuschreibung zeichnet nicht nur zu einem sehr frühen Zeitpunkt den weiteren Bildungsweg vor, sondern wirkt häufig sogar ein Leben lang. Nicht, weil es unmöglich wäre, einen neuen Weg einzuschlagen, sondern weil das Kind an den *Stempel*, den es bekommen hat, glaubt. Es glaubt daran, weil Erwachsene es sagen, denen es vertraut.

Abgesehen davon also, dass individuelles Interesse selten Beachtung findet und überhaupt alles Können, welches nicht in den Lehrplan passt, ignoriert wird, bekommt das derart *gebrandmarkte* Kind nicht einmal die Möglichkeit, sich die Lehrinhalte auf seine eigene Art und Weise zu erarbeiten. Nicht nur, weil es selten die Möglichkeit dazu gibt, sondern auch, weil es bereits zu einem sehr frühen Zeitpunkt aufgibt.

So wird aus Frust, mangelndem Selbstwertgefühl und Selbstvertrauen schließlich im Laufe der Zeit auch noch Resignation und Desinteresse. An einem Punkt, an dem das natürliche Streben nach Wissen und Können bereits zunichte gemacht und Lernen zur lästigen Pflicht geworden ist, wird es meist sehr schwer, das Interesse des Kindes am Entdecken und Erfahren noch einmal zu wecken. Kinder erreichen diesen Zustand der Faszination am Entdecken und Erfahren mitunter erst dann wieder, wenn sie von ihren Eltern aus der Schule genommen werden und frei lernen dürfen, oder nach Beendigung der Schulzeit.

Dabei wäre es so einfach: Man müsste von einengenden Lehrmethoden, Frontalunterricht, striktem Beurteilungssystem, Leistungsdruck und einer Lernbegleitung, welche Schwächen unterstreicht und Stärken unterdrückt, absehen. Man müsste sich in Zurückhaltung, Achtsamkeit sowie Vertrauen üben, statt sich selbst und seinen Platz im Lernprozess des Kindes allzu wichtig zu nehmen.

Es wäre so einfach, könnte das Kind vorbehaltlos entdecken, erfahren und erforschen – ohne dabei den Druck der geforderten Leistungserbringung und die lauernde Beurteilung im Nacken zu haben.

- Statt von Versagensängsten geplagt zu sein, könnte es sich ganz darauf konzentrieren, den Dingen auf den Grund zu gehen.

- Es könnte seine Stärken finden und sie wachsen lassen.

- Ein Kind frei und selbstbestimmt lernen zu lassen bedeutet für Eltern und andere Begleiter: da zu sein ohne Hauptakteur oder Richtungsgeber zu sein.

- Es bedeutet: begleiten ohne zu belehren.

- Es meint: einen Rahmen schaffen, der Raum und Möglichkeit gibt, frei zu erfahren, zu entdecken und zu lernen.

- Freies und selbstbestimmtes Lernen heißt: zuhören statt vorgeben. Zuschauen ohne zu bewerten.

- Dahingehend könnte man die Rolle des Erwachsenen fast wie jene eines Dieners bezeichnen, der sich still im Hintergrund hält und nur dann Hilfestellung gibt, wenn diese offensichtlich gebraucht oder ausdrücklich gefordert wird. Und selbst dann gleicht die Hilfestellung mehr einem Dasein als einem Übernehmen.

- Mit eben diesen Rahmenbedingungen kann sich das heranwachsende Individuum frei entfalten und lernen. Diese Freiheit entsteht in genau jenem Augenblick, wo der Erwachsene bereit ist, sich zurückzunehmen, zuzulassen und zu vertrauen.

LERNEN NACH LUST UND LAUNE?

Lust und Laune: Das klingt entweder nach Freizeit oder – im Zusammenhang mit dem Lernen – nach kaum zielführendem, negativ bewertetem *Treiben*. Lust und Laune sind es, die einen mal hierhin und dann wieder dorthin treiben, bevor man überhaupt weiß, was einen wirklich interessiert oder wo man verweilen möchte. Darf man überhaupt Lust und Laune am Lernen haben? Oder müssen die beiden erst durch Erziehungsmaßnahmen zunichte gemacht werden, damit das Kind merkt, dass Lernen eigentlich Pflichterfüllung ist?

Muss dem lustvoll im Schlamm wühlenden Kind nicht – durch Strafandrohung oder andere Methoden – beigebracht werden, dass es nicht auf dieser Welt ist, um Spaß zu haben und um leidenschaftlich in eine Tätigkeit vertieft zu sein, sondern dass es hier eine Pflicht zu erfüllen hat?

Die allgemein übliche Antwort gibt eine Redewendung: „Erst die Arbeit, dann das Vergnügen." Es ist ein Satz, der im Grunde alles sagt, was es über die Einstellung zum Lernen und Arbeiten in unserer Kultur zu sagen gibt. Beides darf keine Freude bereiten. Aus welchem Grund auch immer scheint man in unserem Kulturkreis überzeugt davon zu sein, dass Vergnügen und Lernen/Arbeiten schlicht und einfach nicht zusammenpassen. Anders gesagt: Sollte Lernen oder Arbeit Freude bereiten, dann kann es schlicht und einfach kein *richtiges* Lernen oder Arbeiten sein.

Zugegeben, vielleicht lernt ein Kind beim Schlammspielen nicht gerade mathematische Formeln, aber es schult seine Sinne, es lernt etwas über Konsistenz und Mischverhältnisse. Vielleicht kann es diese (noch) nicht benennen. Aber es weiß, wenn man Erde/Sand und Wasser mischt, dann kann man damit gut bauen, man kann zeichnen und die Sonne trocknet die Mischung wieder.

Es merkt auch irgendwann, dass beim Backen Ähnliches passiert. Wenn Mehl und Wasser gemischt werden – und andere Zutaten dazukommen – und dieser Teig dann in den warmen Backofen geschoben wird, entsteht aus der zähflüssigen Menge plötzlich etwas Neues: ein leckerer Kuchen oder ein Brot.

Zweifelsohne wird ein Kind nicht bewusst in dieser Art und Weise denken, während es spielt. Aber es nimmt wahr, erkennt, entdeckt und probiert. Es beginnt Zusammenhänge herzustellen, versucht vielleicht Handgriffe nachzuahmen und spielt nach, was es im Alltag wahrnimmt und sieht. Es vernetzt jene Erfahrungen, die es im Spiel sammelt, mit anderen, vielleicht ähnlichen Erfahrungen und Beobachtungen und beginnt dadurch zu verstehen oder kann das Gelernte an anderer Stelle umsetzen.

„ABER ES MUSS DOCH LERNEN …"

Warum muss es das? Was wäre so schlecht daran, wenn jeder das tun würde, was ihm wirklich Freude bereitet? Ich sehe es ein: Die Angst, dass dann niemand mehr etwas machen würde, ist groß und vielleicht nicht ganz unberechtigt. Schließlich leben wir in einer Gesellschaft, in der uns von Beginn an jegliche Eigenständigkeit zumindest teilweise aberzogen wird.

Aber gehen wir einmal davon aus, unser Streben nach Wissen und Selbstständigkeit würde nicht unterbunden werden und dürfte einfach wachsen. Gehen wir einmal davon aus, unser Selbstvertrauen würde nicht durch Beurteilungen aus dem Gleichgewicht gebracht werden und es wäre uns von Beginn an möglich, unsere Stärken zu finden und diese zu perfektionieren.

Gehen wir einmal davon aus, dass jeder von uns einen Beruf wählen würde, der ihm wirklich Freude bereitet und der die Verrichtung der täglichen Arbeit nicht als Pflicht erscheinen ließe. Möglicherweise gäbe es dann mehr Freude und Leichtigkeit, so wie man sie bei den ganz kleinen Kindern noch findet.

Vielleicht gäbe es auch den einen, klassischen Beruf nicht mehr, sondern Menschen mit einem vielfältigen Erfahrungs- und Tätigkeitsbereich sowie der Fähigkeit, Verantwortung für ihre Tätigkeit und ihr Dasein zu übernehmen und ein harmonisches Miteinander zu leben. Das wäre dann ein Miteinander, in dem sich Angebot und Nachfrage im Laufe der Zeit und mit hoher Wahrscheinlichkeit ins Gleichgewicht begeben würden.

Kinder zeigen uns den Weg: Nicht nur, dass sie bei jeder noch so kleinen Tätigkeit dabei sein und mithelfen wollen, scheinen sie diese auch ganz ohne Mühe auszuführen. Aber statt sie von Beginn an in unsere täglichen Arbeiten einzubinden und ihnen kleinere Arbeiten zu übertragen, die sie gefahrlos ausführen können, unterbinden wir ihr Interesse und *Engagement*, in dem Glauben daran, dass es viel zu mühsam wäre, uns darum auch noch zu kümmern.

Statt ihnen altersgerechte Arbeiten zu übertragen, werden sie heute lieber vor ein Computerspiel, ein Video oder ins Kinderzimmer gesetzt, um ungestört den Haushalt machen oder kochen zu können. Statt ihre Bereitschaft zur Mithilfe wahrzunehmen, darauf einzugehen und das Miteinander somit wesentlich leichter zu gestalten, müht man sich lieber damit ab, das Kind von jeglicher Hausarbeit (oder anderer Tätigkeit) fernzuhalten.

Es kann im Begleiten von heranwachsenden Individuen nicht darum gehen, ihnen ihre Begeisterung zu nehmen. Optimale Begleitung zeichnet sich dadurch aus, dass sie ein lebendiges Umfeld und einen schützenden Raum schafft, ohne einzuschränken. Optimale Begleitung bedeutet, sich in den richtigen Augenblicken zurückzuhalten und in den erforderlichen da zu sein.

Der Trugschluss ist zu glauben, dass Spiel und Lernen nichts miteinander zu tun hätten und man Kinder ständig dazu anhalten müsse, sich ernsthaft lernend an einen Tisch zu setzen. Dabei zeigt sich schon in der Beobachtung von Babys und Kleinkindern, dass sie aus allem ein Spiel machen und dadurch begreifen und verstehen.

LERNEN DURCH SPIELEN

Nehmen wir beispielsweise einfache Tätigkeiten im Haushalt. Nichts scheint für die Kleinsten spannender zu sein, als all die Dinge anzufassen und auszuprobieren, die sie bei den Erwachsenen immer sehen. Waschmaschine, Wäsche, Geschirrspüler, Waschbecken, Geschirr, Kochutensilien, Besen, Schaufel und Wischlappen ... Die Anziehungskraft dieser Gegenstände ist enorm und sie sind in den Augen der Jüngsten viel besser als jedes ausgewiesene Spielzeug. Aus einem einfachen Grund: All diese Objekte haben wir laufend in der Hand. Sie bestimmen unseren Alltag und machen ihn für die Kleinsten aus. Sie sind Teil der die Kinder umgebenden Lebendigkeit und genau dieser wollen sie auf den Grund gehen.

Aber wer kommt in unserer Gesellschaft schon auf die Idee, die Kleinsten im Haushalt helfen zu lassen? Viel zu *gefährlich*, blinkt da wie eine rote Warnlampe im Kopf auf. Viel zu *mühsam* und *lästig*, gesellt sich als Einschätzung dazu. Schließlich geht es um Effizienz – um Zeit, die man nicht hat oder nicht haben will. Es geht um Zeit, die man dem Kind nicht geben, oder um Stress, den man sich nicht antun will.

Natürlich gehen die Jüngsten beim Ausprobieren wenig effizient an eine Sache heran. Sie nähern sich ihr eher kompliziert und noch dazu in einer Art und Weise, die für uns wenig verständlich ist. Denn wenn sie beispielsweise ein Wäschestück endlich auf der Leine haben, holen sie es gleich wieder herunter, um es erneut aufzuhängen. Und haben sie endlich einen kleinen Haufen Schmutz gekehrt, verstreuen sie ihn wieder in alle Windrichtungen, um nochmals von vorne beginnen zu können. Oder fangen mit dem Abwasch wieder von vorne an.

All das tun sie mit glänzenden Augen und einer Hingabe, die erstaunlich ist. Aber sie tun es nicht etwa, um sich die Zeit zu vertreiben, sondern weil sie lernen. Sie beobachten uns und ahmen nach. Sie sind interessiert an den Dingen, die uns beschäftigen und mit denen wir unsere Zeit verbringen. Weil es ihnen einerseits Freude bereitet und weil sie andererseits alles, was unser Leben ausmacht, lernen, begreifen und verstehen wollen.

Da es in unserer Gesellschaft aber nicht üblich ist, die Jüngsten im Haushalt helfen zu lassen, setzen wir alles daran, ihr Interesse und ihre Wissbegierde zu unterbinden beziehungsweise umzuleiten. Dabei könnte ihr *Mithelfen* – aus einem anderen Blickwinkel betrachtet – eine wirkliche Hilfe sein. Denn während das kleine Kind intensiv mit den nassen Socken und Unterhosen oder mit Besen und Schaufel beschäftigt ist, können wir uns anderen Dingen widmen.

Statt schnell und unter Zeitdruck mit einem unruhigen und unzufriedenen Kind am *Rockzipfel* das Mittagessen zuzubereiten, könnten wir ihm einfach kleine, unbedenkliche Arbeiten übertragen: Zwiebel oder Knoblauch schälen, eine Gurke schneiden, Zutaten holen, umrühren. Statt die Wohnung rasch nebenher zu putzen – immer etwas genervt, weil das Kind im Weg ist und dort wieder *Dreck* macht, wo man bereits geputzt hat –, könnte man mit dem Kind putzen. Wir könnten aus dem Putzen ein Spiel machen.

Natürlich wird das Kind für die Tätigkeiten etwas länger brauchen und selbstverständlich wird es die Arbeiten nicht so ausführen, wie wir gewohnt sind. Andererseits ist die Wahrscheinlichkeit groß, dass seine Freude am Tun erhalten bleibt und es später einmal nicht zu den gewohnten Krisen und Streitigkeiten zwischen Eltern und Jugendlichen wegen des Haushalts kommt. Einfach weil das Interesse und die Bereitschaft des Kindes mitzuhelfen nie ausgelöscht wurden. Es hat nicht gelernt, dass es in diesen Bereichen nichts zu suchen hat, und auch nicht vermittelt bekommen, dass es dafür noch zu *klein* oder *unfähig* oder *nicht effizient* genug sei.

Lernen und Begeisterung sollten nicht voneinander getrennt werden. Denn wirkliches Lernen im Sinne von Verinnerlichen und Verstehen ist untrennbar mit einer gewissen Freude und dem damit einhergehenden Spiel verbunden.

Ich würde sogar noch einen Schritt weitergehen und behaupten, dass Kinder tun müssen, worauf sie Lust und Laune haben, da sie nur dadurch erfahren können, was es heißt Verantwortung zu übernehmen. Ähnlich wie beim Egoismus ist es notwendig, dass ein Kind zunächst einmal vor allem Freude und Begeisterung an seinem Tun erlebt.

Ein Baby oder Kleinkind muss beispielsweise egoistisch sein, um seine essentiellen Bedürfnisse befriedigt zu wissen und um die im Laufe der Zeit erfahrene Liebe, Geborgenheit, bedingungslose Zuneigung und Zuwendung später einmal weitergeben zu können. Bekommt es dieses grundlegende Bedürfnis nicht erfüllt, wird sein natürliches und auch notwendiges Verhalten bestraft, wird es unter Umständen sein Leben lang egoistisch bleiben – eben der unerfüllten Bedürfnisse wegen.

Gleiches gilt für ein verantwortungsvolles Ausführen von Tätigkeiten. Ohne die Freiheit, tun zu dürfen, was Freude bereitet und begeistert, wird ein Kind kaum ein gesundes Verhältnis zu sich selbst, seinen Interessen und den notwendigen Arbeiten gegenüber entwickeln können. Darf ein Kind aber nach Lust und Laune und mit voller Begeisterung die Welt entdecken, mithelfen, ausprobieren und erfahren, wird es sich später mit großer Wahrscheinlichkeit einen Beruf suchen, der ihm wirklich liegt, und es wird diesen aller Voraussicht nach nicht als lästige Pflicht empfinden, sondern als Bereicherung erfahren. Gleichsam wird es an seiner Tätigkeit etwas ändern, wenn sich diese nicht mehr stimmig anfühlt, weil es den Bezug zu sich selbst und seinen Grenzen nicht aufgeben musste.

Es steht natürlich außer Zweifel, dass es auch immer wieder Tätigkeiten geben wird, die weniger schön sind und dennoch getan werden müssen, schlicht und einfach weil sie notwendig sind. Ums Zähneputzen kommt man ebenso wenig herum wie um ein gelegentliches Aufräumen oder Abstauben. Und wichtige Termine absolvieren muss man gelegentlich auch, obwohl man lieber in einem spannenden Buch lesen möchte. Nichtsdestotrotz wird der Zugang ein anderer sein, wenn in der restlichen Zeit jene Dinge Platz finden, die dem eigenen Wollen entsprechen.

Entwicklungs- und Lernprozesse brauchen achtsame Begleitung, die es versteht, sich im richtigen Augenblick zurückzuhalten, zuzuhören oder einfach nur da zu sein. Zwang, Leistungs- und Beurteilungsdruck, Belehrungen und Eingriffe behindern und zerstören diese sensiblen Prozesse und führen dazu, dass das Kind ein verzerrtes Selbstbild ebenso wie mangelndes Selbstvertrauen entwickelt.

Statt aber völlig sich selbst überlassen und alleine gelassen zu werden, erfährt das Kind beim freien und selbstbestimmten Lernen einen schützenden Rahmen. Er gibt ihm jene Möglichkeiten, die das Kind braucht, es nicht überfordert und ihm keine zu große (untragbare) Verantwortung überträgt.

BEURTEILUNG: WENN DIE FREUDE AM TUN ZUR LEISTUNG WIRD

Die Welt der Babys und Kleinkinder: In Ruhe begreifen, ohne sofort beurteilt zu werden.

Beurteilungen begleiten unser Leben. Wir nehmen sie als selbstverständlich und manchmal auch notwendig wahr. Wie würden wir sonst wissen, ob wir etwas gut gemacht haben ... oder schlecht, wenn uns das niemand sagen würde. Kommunikation ohne Beurteilung? Wertfreie Kommunikation? Irgendwie unvorstellbar, schon gar nicht im Zusammenleben mit Kind.

„Gut gemacht, könnte besser sein, toll, super ..."

Das Baby dreht sich auf den Bauch und erntet Begeisterungsstürme. Es lässt ein Spielzeug zu Boden fallen, lächelt, klopft mit der Hand auf den Tisch, spritzt in der Badewanne mit Wasser um sich ... und die Erwachsenen lächeln und kommentieren, oder besser gesagt beurteilen. Einerseits, weil es *normal* ist, andererseits aber auch, weil Beurteilungen als Notwendigkeit gesehen werden. In der Erziehung ebenso wie bei der Entwicklungsförderung und später dann in der Schule.

Dass sich die zu Beginn ausschließlich positiven Beurteilungen mit der Zeit in Tadel (negative Beurteilung) wandeln, scheint ebenso normal zu sein, wie der Umstand, dass das Kind mit zunehmendem Alter ausdrücklich nach Lob (positiver Beurteilung) verlangt. Die Mehrheit der Gesellschaft sieht darin ihre Annahme bestätigt, dass Kinder gelobt werden und gefallen wollen. Wesentlich kleiner ist der Anteil jener in unserer Gesellschaft, die darin eine Folge des wertenden Umgangs miteinander sehen und diesen kritisch betrachten.

NATÜRLICH ODER ANERZOGEN?

Sind das Verlangen nach Lob und Beurteilung und der Wunsch zu gefallen vollkommen natürlich oder handelt es sich dabei doch eher um eine Folgeerscheinung aufgrund der steten Beurteilungen?

Keine Frage, Menschen wollen Anerkennung und Wertschätzung erfahren, sie wollen geachtet und wahrgenommen werden. Aber wollen sie sich immer über die erbrachte Leistung definiert sehen? Wollen sie diese Rückmeldung nur in Zusammenhang mit ihrer Tätigkeit erfahren?

Um diesen Fragen auf den Grund gehen zu können, ist es wichtig, einen Blick ins Säuglingsalter zu werfen. Ein Baby schläft, isst, scheidet aus und macht sich bemerkbar, wenn es ein Bedürfnis hat. Das tut es nicht etwa, weil es gelernt hat, diese Dinge zu tun, sondern weil es ein vollkommen natürlicher Impuls des noch hilfsbedürftigen (aber nicht hilflosen) Babys ist. Es greift nach Dingen, entdeckt seine Bewegungsmöglichkeiten, erforscht und probiert aus, weil es einem natürlichen Streben nach Selbstständigkeit, Können und Wissen folgt.

Es wäre absurd anzunehmen, ein Baby würde all diese Dinge nur aus dem Grund tun, seinen Eltern zu gefallen. Es würde bedeuten, dass ein

Neugeborenes nicht in der Erwartung auf Erfüllung seiner Bedürfnisse und voller Vertrauen in seine Umgebung auf die Welt kommt, sondern voller Misstrauen und in dem Wissen, dass es sich *anstrengen* muss, um überhaupt die Aufmerksamkeit seiner Umgebung zu erregen, dieser zu gefallen und dadurch ihre Zuneigung zu erlangen.

Ein Baby dreht sich nicht auf den Bauch, um den Eltern Begeisterungsstürme zu entlocken und sie dazu zu bringen, sich um es zu kümmern, sondern weil es entdeckt hat, dass man in Bauchlage sehr viel mehr sehen und sich in weiterer Folge auch fortbewegen kann. Verlangt es für diese Erkenntnis, für sein Tun Beurteilung? Wohl kaum. Weiterentwicklung ist sozusagen „selbstbelohnend". Das Streben des heranwachsenden Individuums, seine Entwicklung und sein Lernen geschehen nicht im Hinblick auf die zu erwartende Beurteilung (Wertung), sondern im Hinblick auf Selbstständigkeit, Können und Wissenserwerb.

WARUM BEURTEILEN WIR?

Weil uns irgendwann irgendjemand gesagt hat, dass es ohne Beurteilung nicht geht? Weil wir in einer leistungsorientierten Gesellschaft leben, die sich über Erfolg oder Misserfolg und erbrachte Leistung definiert? Weil wir in einer Gesellschaft leben, in der Leistung mehr Wert hat als das Sein eines Menschen?

Vielleicht, weil wir meinen, dass es ohne Beurteilung gar nicht geht. Wir glauben vielleicht aus der Erfahrung der eigenen Erziehung, dass sich das Kind unserer Liebe und Zuneigung nicht sicher ist, wenn wir es und sein Tun nicht fortwährend bewerten und beurteilen. Die Frage ist, ob Beurteilungen wirklich ein Ausdruck von Liebe und Zuneigung sind oder ein verkapptes Machtmittel, an das wir uns gewöhnt haben.

Ein Baby forscht und probiert, um zu entdecken und zu verstehen. Es entwickelt sich, um irgendwann einmal selbstständig zu sein. Permanenter Wertung unterzogen verschiebt sich jedoch die eigentliche Priorität des Entdeckens und Erfahrens von der reinen Freude und Wissbegierde hin zum Streben nach Leistung. Eine – wenn man ehrlich ist – fatale Entwicklung. Denn wenn aus der Freude am Tun und dem Streben nach Selbstständigkeit ein permanentes Streben nach Erfolg und (falscher) Anerkennung wird, verliert sich auch die Leichtigkeit. Interesse und Begeisterung wandeln sich in Desinteresse und Abneigung. Was davor Freude bereitet hat und wovon das Kind selbst bei anfänglichen Fehlschlägen oder Misslingen nicht Abstand genommen hat, wird plötzlich mühsam und leidig. Das ist auch die Antwort auf die Frage, warum die Freude am Lernen nach Schuleintritt so schnell schwindet.

Die Kunst, ein Kind auf dem Weg zur Selbstständigkeit zu begleiten, kann nicht darin bestehen, es fortwährend in seinem Sein und Tun, seinem Handeln und Verhalten zu bewerten, zu unterdrücken und zu blockieren. Und nicht darin, dem Kind mit Misstrauen zu begegnen und ihm Versagen auszumalen, wenn es nicht permanent von einem Erwachsenen angetrieben wird.

Kinder brauchen Begleitung – keine Frage. Sie brauchen sie bedingungslos – in Form von Liebe, Geborgenheit, Zuneigung und Vertrauen. Sie brauchen sie auch durch klare Botschaften, welche Orientierung bieten. Das Problem ist: Das Hauptaugenmerk im Umgang mit Kindern liegt nach wie vor auf ihrer Erziehung zu einem *vollwertigen Mitglied der Gesellschaft*. Was aber heißt das im Grunde?

- Dass das Kind vor und während seiner Erziehung minderwertig ist?
- Dass es in der Gesellschaft, in die es hineingeboren wird, keine Rechte besitzt?
- Dass man mit ihm machen kann, was man will?

Beurteilungen schaffen Wertigkeiten. Sie erzeugen ein Gefälle und benötigen Richtlinien und Maßstäbe. Kinder werden durch Bewertungen herabgesetzt.

Und Individualität? Kann darin nur schwer überleben. Trotz allen Geredes über Toleranz und Gleichberechtigung leben wir immer noch in einer Klassengesellschaft, welche sich an einheitlichen Maßstäben und Richtlinien orientiert. Welche in Schubladen steckt und diese mit wertenden Etiketten versieht. Bei näherer Betrachtung muss man erkennen, dass wir weit davon entfernt sind, gleichwertig als Menschen beisammen zu leben. Das fängt bei der frühen Kinderbetreuung außerhalb des Elternhauses an, erstreckt sich über die Schulzeit bis hin zu den festgefahrenen Strukturen unserer Gesellschaft – alles scheint auf Leistungserbringung und Beurteilung ausgerichtet zu sein. Die einzelnen Systeme und Strukturen werden als Notwendigkeit dargestellt, um ein friedliches und gleichberechtigtes Miteinander garantieren zu können. Sie sind es aber nicht.

Nach wie vor gibt die immer weiter aufklaffende Schere zwischen Arm und Reich, nach wie vor regieren Betitelungen wie unter- und überprivilegiert, unter- und überqualifiziert sowie minder- und hochbegabt. Nach wie vor werden Leistung und Erfolg vor Individualität und Beziehung gestellt.

WERTSCHÄTZUNG UND ANERKENNUNG: DAS EIGENTLICHE LOB

Anders als bei dem Problem, ob zuerst die Henne oder das Ei auf der Welt war, lässt sich die Frage, ob Kinder nach Beurteilung verlangen, relativ einfach beantworten. Denn interessanterweise fordern Kinder, die kein *Gut gemacht!*, *Das kannst du aber besser!* oder Ähnliches erfahren haben, nicht nach Beurteilung. Interessanterweise streben sie nicht danach, ihr Können unter Beweis zu stellen. Mehr noch: Sie lassen ihre Umgebung nur phasenweise überhaupt an ihrem Tun teilhaben.

Kinder aber, für die Beurteilungen normal, wenn nicht sogar– um sich geliebt zu fühlen – zur Notwendigkeit geworden sind, verlangen häufig und intensiv nach Beurteilung. Ihr Wunsch danach ist oft dermaßen groß, dass sie jeden noch so kleinen Schritt kommentiert wissen wollen und die Beurteilung mitunter mehrmals einfordern.

- *„Habe ich das gut gemacht?"*
- *„Ist das schön? Kann ich das schon gut?"*
- *„Schau mal, was ich schon kann!"*

Wieso sind Bestätigungen für diese Kinder scheinbar so wichtig? Rührt ihr Verlangen nach Beurteilung von einer gewissen Unsicherheit her? Tun sie es aus Gewohnheit? Oder weil sie Wertschätzung und Anerkennung nur in Form von Bewertung erfahren haben?

Vielleicht ist es von allem ein bisschen. Es steht außer Frage, dass wir Wertschätzung und Anerkennung wünschen und auch brauchen. Ohne sie würden wir leiden. Wirkungsvoll sind sie aber nur, wenn sie authentisch und frei von Beurteilung geäußert werden.

Wer Wertschätzung und Anerkennung aber immer in Form von Beurteilung erfährt, fühlt sich mit der Zeit nur dann angenommen, wertvoll und wichtig, wenn er positiv beurteilt wird. Negative Bewertung wirkt dann rasch als Angriff und so schwindet die Wertschätzung sich selbst gegenüber, wohingegen Selbstzweifel, Versagensängste und Minderwertigkeitsgefühle zunehmen. Trotzdem verlangt das so gepolte Individuum weiter nach Beurteilung, und sei es nur um überhaupt gesehen, wahrgenommen zu werden. Zuneigung und Liebe werden damit – wenn auch unbewusst – an Bedingungen geknüpft. Das Kind erfährt sie nur, wenn es die Erwartungen Dritter erfüllt und die nötige Leistung bringt. Es bekommt Aufmerksamkeit dann, wenn es seine Sache gut gemacht hat.

In einer leistungsorientierten Gesellschaft aufgewachsen, ist dieser Zusammenhang den meisten von uns nicht bewusst. Wir sind überzeugt davon, dass wir unserem Kind mit gut oder super oder toll (beziehungsweise auch den negativen Gegenbeispielen) etwas Gutes tun. Wir sind sicher, dass wir unserem Kind damit zeigen, wie wichtig es für uns ist.

Aber betrachten wir das Ganze jetzt noch einmal aus einer anderen Perspektive – der vorhin erwähnten Gleichwertigkeit: Etablieren Urteile nicht ein gewisses Machtverhältnis und eine Abhängigkeit? Ganz zu schweigen davon, dass beinahe alles zur Leistung und diese zum Orientierungspunkt wird?

BEURTEILUNG ALS (ÜBER)LEBENSELIXIER?

Was geschieht mit dem Menschen, wenn er sich nur über seine erbrachte oder nicht erbrachte Leistung definiert?
Was passiert in diesem Fall mit dem Bild, welches wir uns im Laufe unserer Entwicklung von uns selbst machen?

Positive Bewertungen verlieren meist schnell ihre Wirkung und müssen – gefühlsmäßig – gleich durch das nächste, noch ausgiebigere Lob ersetzt werden, damit man sich der Zuneigung noch sicher sein kann. Bleibt das Lob aus oder begegnet uns die Beurteilung gar in Form von Tadel, folgt der Zusammenbruch. Wut, Trauer und Selbstzweifel beginnen zu wachsen und das Sein zu dominieren.

Fragt man Menschen danach, was nachhaltiger in ihnen wirke, Lob oder Tadel, so fällt die Entscheidung meist zugunsten des Tadels. Nur sehr wenige Menschen nehmen Tadel als Ansporn für intensivere Bemühungen. Gerade Kinder reagieren sehr intensiv auf Tadel, fühlen sich persönlich zurückgewiesen, gekränkt oder verlieren gar das Interesse an der Tätigkeit. Tadel wirkt intensiv und prägt sich ein. Er reißt mitunter ein schwarzes Loch in unser Gefühlsleben und lässt uns den Glauben an uns selbst (zumindest phasenweise) verlieren. Als Getadelte fühlen wir uns plötzlich minderwertiger und wertloser ... ganz gleich, welches Lob wir davor schon erfahren haben mögen.

Lob hingegen wird aufgenommen, wir freuen uns darüber, sind den einen oder anderen Augenblick vielleicht auch stolz auf uns selbst und meinen die Welt verändern oder Bäume ausreißen zu können. Sobald der erste Glanz aber verloren und der aus dem Lob resultierende Beifall der Umgebung verklungen ist, wächst der Wunsch oder gar die Gier nach weiterem Lob. Nach neuer Bestätigung dafür, dass wir noch geliebt sind. Denn recht bald sind wir uns der Zuneigung anderer nicht mehr ganz so sicher. Also muss neue Beurteilung, vorzugsweise neues Lob, her. Es ist ein in sich geschlossener, zerstörerischer Kreislauf aus erhaltenen Beurteilungen, der darauffolgenden Definition des Selbst, der neuerlichen Suche nach Bestätigung und (vermeintlicher) Anerkennung.

DER WERTENDE UMGANG UND SEINE FOLGEN

Ein wertender Umgang miteinander bleibt nicht ohne Folgen. Die Auswirkungen lassen sich gerade bei Geschwisterkindern sehr gut beobachten. Dominieren Beurteilungen das familiäre Miteinander und werden sie vielleicht gar als Druckmittel zum Zweck der Erziehung eingesetzt, bilden diese den perfekten Nährboden für Eifersucht und Rivalität.

Statt Empathie und Achtsamkeit entwickelt sich eine Art Machtkampf – um die Zuneigung der Erwachsenen, ihre Aufmerksamkeit und ihre Anerkennung. Die Kinder beginnen einander zu beobachten und vergleichen die erhaltenen Beurteilungen mit jenen der anderen Kinder.

- Wer wird mehr gelobt (geliebt)?
- Wer wird mehr getadelt (zurückgewiesen)?
- Wer bekommt mehr Aufmerksamkeit und Zuneigung?

Verstärkt wird dieses Verhalten nicht zuletzt dadurch, dass viele Erwachsene dazu tendieren, jüngere und kleinere Kinder ausgiebiger zu loben und bei ihnen wesentlich öfter ein Auge zuzudrücken oder nachgiebiger zu sein als bei älteren Kindern.

Letztere werden zudem sehr gerne zur Verantwortung gezogen, selbst dann, wenn Geschehenes nicht in ihrer Verantwortung liegt. Sie werden für Dinge getadelt, für die das jüngere Kind nicht unbedingt ein Lob, aber zumindest ein mildes Lächeln und Nachsicht erfährt. Wo dem jüngeren Kind eine gewisse *Narrenfreiheit* gewährt wird, appelliert man an die *Vernunft* des älteren Kindes.

Dass dadurch ein Gefälle entsteht, versteht sich von selbst. Die Rivalität zwischen den Kindern oder die Wut auf das jüngere Kind führen häufig zu Streit und nicht selten zu einem permanenten Spannungszustand. Nicht nur zwischen den Kindern, sondern im gesamten Familienleben. In Anbetracht der ständigen Beurteilung von Leistung und Verhalten darf man sich nicht wundern, wenn unter Geschwisterkindern – aber natürlich auch unter Klassenkameraden oder in Kinderfreundschaften – keine Achtsamkeit und Wertschätzung vorherrschen, sondern in erster Linie Rivalität.

Echte Wertschätzung und Anerkennung fordern die Bereitschaft von uns, unserem Gegenüber auf Augenhöhe zu begegnen und den Moment, in dem er/sie/es sich uns zuwendet, wahrzunehmen und aufzugreifen.Das gilt sowohl für den Erwachsenen als auch für das Kind.

Im ersten Moment mag dies recht einfach klingen, die praktische Umsetzung erweist sich dann aber häufig als wesentlich schwieriger. Nicht, weil sich Wertschätzung und Anerkennung im Alltag langfristig als nicht durchführbar erweisen würden, sondern weil Beurteilungen eng mit unserer Alltagssprache verknüpft sind.

Kaum ein Gespräch, welches ohne Wertungen geführt wird. Kaum eine an das Kind gerichtete Aussage, die nicht irgendwo ein kleines Urteil versteckt hätte.

Kinder kommen häufig, um ihre Erlebnisse zu teilen oder kleine Geschenke zu bringen beziehungsweise zu zeigen, was sie gemacht haben. Befriedigende Kommunikation findet dabei aber leider selten statt. Denn geantwortet wird in der überwiegenden Zahl der Fälle mit Floskeln, welche dann entweder von Belehrungen oder Mahnungen begleitet werden oder von schnell dahin gesagten positiven oder negativen Einschätzungen.

Meistens sind die Erwachsenen zu abgelenkt, zu sehr mit eigenen Dingen beschäftigt und zu selten bereit, sich wirklich auf ein Gespräch mit dem Kind einzulassen. Denn das kostet Zeit. Zeit, die vielen Erwachsenen zu kostbar erscheint. Oder von der sie meinen, dass sie immer intensiver eingefordert werden würde, wenn sie nur einmal nachgeben würden.

Aus Angst, das Kind könnte unersättlich werden, verwehren viele Eltern dem Kind lieber gleich Zuwendung und Aufmerksamkeit und speisen es mit kurzfristig zufriedenstellenden Floskeln (Beurteilungen) ab. In unserer schnelllebigen, auf Leistungserbringung und Erfolg/Misserfolg reduzierten Gesellschaft erscheint dieses Verhalten vielen Eltern erfolgversprechend. Aber was kostet der Augenblick Zeit, den wir uns für unser Kind nehmen wirklich? Wird das Kind wirklich unersättlich? Wird es möglicherweise gar egoistisch, weil wir ihm das Gefühl vermitteln wichtig zu sein?

Die Folgen eines wertenden Umgangs erscheinen mir wesentlich schwerwiegender zu sein als die möglichen Schäden, die ungeteilte Aufmerksamkeit je hervorrufen könnte. Die angenommenen Schäden existieren zweifelsohne nur in den Ängsten jener Menschen, die vor der Gefahr einer Verwöhnung des Kindes warnen. Denn sie haben nicht im Blick, dass irgendwann ein Sättigungsgefühl eintritt, welches so lange anhält, bis das Bedürfnis wieder zu wachsen beginnt.

Es wäre absurd anzunehmen, dass ein Bedürfnis bei Zuwendung stärker und intensiver werden würde. Das würde bedeuten, dass man nie auf sein Hungerbedürfnis würde reagieren dürfen. Schließlich liefe man dann Gefahr, dass der Hunger übergroß und man selbst unersättlich werden würde. Es würde bedeuten, dass wir nie schlafen gehen dürften, da wir sonst möglicherweise gar nicht mehr aufwachen würden, weil der Wunsch nach Ruhe stetig weiterwachsen würde.

Das Problem ist, dass Zuwendung und Aufmerksamkeit in unserer Gesellschaft gerne als belohnende *Süßigkeit* verstanden werden. Stimmen beispielsweise erbrachte Leistung und gezeigtes Verhalten mit den Erwartungen überein, so bekommt das Kind für einen Augenblick Aufmerksamkeit *geschenkt*.

NOTWENDIGE BEURTEILUNGEN?

Beurteilungen werden erstens damit begründet, positives Verhalten und gute Leistungen verstärken und negatives Verhalten sowie schlechte, mangelhafte Leistungen minimieren beziehungsweise eliminieren zu wollen. Zudem glaubt man, dass Beurteilungen zweitens dazu beitragen würden, einerseits den Selbstwert zu stärken und andererseits das Individuum anzuspornen. Abgesehen davon würden Beurteilungen dem Lernenden drittens zeigen, wo er sich leistungsmäßig auf der Skala befinde – ein interessanter Ansatz. Erzeugt er doch im Zusammenhang mit den üblichen Erziehungsmaßnahmen eine ganz eigene Dynamik.

Problematisch ist nämlich auch das bereits angesprochene Lob-Tadel-Verhältnis. Überwiegt im Säuglings- und Kleinkindalter noch das – mitunter übertriebene – Lob, geht es mit zunehmendem Alter des Kindes in vorwiegenden Tadel über. Recht plötzlich werden die Erwartungen ans Kind nach oben geschraubt.

Beinahe von einem Moment auf den anderen muss es Dinge können, die es davor noch nicht einmal probieren durfte: Weil es zu klein war oder zu lange gebraucht hätte oder die Sachen zu gefährlich waren.

- *„Das kannst du aber besser."*
- *„Jetzt stell dich doch nicht so an."*
- *„Mit x Jahren solltest du dich eigentlich schon besser zu benehmen wissen."*
- *„Das solltest du doch schon längst können."*
- *„Stell nicht so dumme Fragen."*
- *„Denk ein bisschen mehr nach."*
- *„Streng dich ein bisschen mehr an."*

Es lässt sich – das wurde in den vergangenen Kapiteln klar – nicht leugnen, dass Beurteilungen unseren Umgang mit Kindern ebenso prägen wie Suggestion, Manipulation und Drohungen (die berühmten *„Wenn nicht, dann"*-Sätze). Und auch Erziehungs- sowie Bildungssystem bauen auf Beurteilungen und einem Verständnis von Begleitung auf, welches Schwächen permanent hervorhebt und betont, während Stärken unterdrückt oder gar ignoriert werden.

Es stellt sich die Frage, ob eine Kultur lebendig und reich an Individualität sein kann, wenn sie an solch einem Umgang miteinander festhält. Ich bin überzeugt, dass das nicht gelingen kann: Vermutlich wird sich eine Gesellschaft mit durchschnittlichem Grundwissen entwickeln, in der alle alles nur mehr ein bisschen können und gleichzeitig Vieles an Wissen und Fertigkeiten verlorengeht.

Dem muss man hinzufügen, dass diese Entwicklung unter anderem durch den in den letzten Jahren massiv angestiegenen Medienkonsum unterstützt, wenn nicht gar forciert wird. Denn was sagt es über eine Gesellschaft aus, wenn Kinder zwar Smartphone, Tablet und Computer bedienen können, jedoch keine Ahnung davon haben, wie man einfühlsam kommunizieren kann, wo Karotten und Himbeeren wachsen, wie sich Matsch zwischen den Fingern anfühlt, warum Gewitter entstehen und woraus das Papier ist, auf dem sie (hoffentlich noch) zeichnen und schreiben?

Wenn die Begleitung heranwachsender Individuen von Beginn an darauf abzielt, eine möglichst homogene Gesellschaft zu erschaffen – was natürlich misslingen muss –, indem versucht wird, (vermeintliche) *Schwächen* in Stärken zu verwandeln, werden im Endeffekt auch die vorhandenen Stärken – mehr oder weniger – verkümmern. Denn Stärken können sie nur dann bleiben, wenn sie auch als solche behandelt werden.

Obwohl die großen Erwartungen und das unumstößliche Vertrauen, das man hierzulande in Beurteilungen steckt, beinahe ständig enttäuscht werden, hat das bis dato nicht wirklich zum Nachdenken angeregt oder gar dazu geführt, den Umgang mit Kindern und ihrem Lernen genauer unter die Lupe zu nehmen. Auch haben die ständigen Bildungsdiskussionen keinen anderen Inhalt bekommen und Lehrmethoden sowie -inhalte sind nicht in Frage gestellt worden.

Stattdessen wird der Grund für den mäßigen bis fehlenden Erfolg unseres Beurteilungs- und Bildungssystems bei den Kindern gesucht. Diesen werden dann nicht nur Unfähigkeit und Unwilligkeit attestiert, sondern auch alle möglichen Verhaltensauffälligkeiten, Minderbegabungen und mitunter sogar psychische Störungen. Natürlich lässt sich nicht leugnen, dass gewisse Problematiken gerade in den letzten Jahren gehäuft auftreten. Allerdings bringt es wenig, die Verantwortung einfach den Kindern zu übertragen und davon auszugehen, dass *DIE* Kinder immer *schlechter* werden.

Stattdessen müsste man der Wahrheit ins Auge sehen und sich auf die Suche nach dem Auslöser für derartige Entwicklungen machen. Abgesehen davon darf man sich in Zeiten massiven Informationsüberflusses der Tatsache bewusst sein, dass sehr viele Diagnosen einfach erzeugt werden, um vom eigentlichen Thema abzulenken. Lieber soll das Kind eine psychische Störung aufweisen oder als verhaltensauffällig eingestuft werden, als dass man sich Gedanken darüber macht, was eigentlich schief läuft im Umgang mit Kindern und warum. Das betrifft sowohl den Lern- und Entwicklungsfokus als auch den *Erziehungsbereich*.

Man kann davon ausgehen, dass Beurteilungen nicht den Erfolg bringen, den man ihnen gerne zuspricht. Einerseits weil sie das natürliche Streben nach Entwicklung und Wissen, nach Selbstständigkeit und Können zu einer Leistung machen, und andererseits weil sich durch die ständige Beurteilung Freude, Aufrichtigkeit und Ehrlichkeit verlieren.

Wo Lob als Liebesbeweis gesehen wird, wird Tadel als Bestätigung für die eigene (empfundene) Unzulänglichkeit, Unfähigkeit und Minderwertigkeit wahrgenommen. Von dem selbstbewussten, sich selbst vertrauenden, wissbegierigen Baby, welches das Kind einmal war, bleibt nicht mehr viel übrig.

Beurteilungen mögen als Notwendigkeit erachtet werden. In Wahrheit kann uneingeschränktes, unvoreingenommenes Lernen nur dann stattfinden, wenn sie ausbleiben und die Begleitung lediglich darauf abzielt, da zu sein und Unterstützung zu bieten, wenn es erforderlich ist beziehungsweise gefordert wird. Denn Lernen ist keine Leistung, die der Mensch bringen muss, sondern ein notwendiger und wichtiger Prozess, der Wachstum ebenso ermöglicht wie Weiterentwicklung.

LERNEN? ABER BITTE RICHTIG!

Erwachsene sind häufig überzeugt davon, ihr Elternsein oder ihre Verantwortung nur dann gut und richtig zu machen, wenn sie dem Kind irgendetwas beibringen. Wenn sie ihm zeigen, wie man Dinge *richtig* macht und Fehler vermeidet. Das beginnt oft schon bei ganz einfachen, unscheinbaren Beschäftigungen und reicht bis hin zu den großen Themen. Dieses Verhalten führt oftmals dazu, dass dann im Endeffekt der Erwachsene den Spielturm aufbaut, während das Kind zusieht. Welcher Eindruck mag im Kind entstehen, wenn der Erwachsene die tollsten Türme baut, während es danebensitzt und höchstens den einen oder anderen Baustein zureichen darf? Ohne Absicht wird das Kind hier ebenso in die Passivität gedrängt, wie das bei elektrischen Spielzeugen der Fall ist.

Oder: Was bleibt hängen vom Spielplatzbesuch, wenn dem Kind jegliche Chance auf eigenständiges Entdecken geraubt wird, weil es von den euphorischen Erwachsenen überall hinaufgesetzt oder -gehoben wird? Wie viel Zeit bleibt zum selbsttätigen Schauen und Erfahren, wenn da immer ein Erwachsener ist, der darauf drängt möglichst alle Geräte auszuprobieren und ständig irgendwelche Anweisungen ruft oder das Kind auf bestimmte Dinge aufmerksam macht?

Es spricht nichts dagegen, dass Erwachsene gerne mit dem Kind spielen beziehungsweise sich mit ihm beschäftigen. Ebenso wenig ist gegen ein Tun einzuwenden, an dem sich alle gemeinsam beteiligen. Schwierig wird es dann, wenn der Erwachsene nicht nur das Wirken des Kindes bewertet, sondern (manchmal auch nonverbal allein durch sein Handeln) sich selbst lobt und dem Kind zeigt, wie gut er selbst Dieses oder Jenes kann. Und in seiner Euphorie vielleicht gar vergisst, dem Kind seine eigenen Erfahrungen zu lassen.

Dass der Erwachsene Türme bauen und klettern kann und viele andere Dinge beherrscht, weiß das Kind. Dass er diese Dinge aufgrund seines Alters und seiner Erfahrung mitunter besser kann als das Kind, weiß es auch. Das muss man ihm nicht erst beweisen oder ständig vor Augen führen. Unbewusst wird dem Kind dadurch nämlich die Möglichkeit genommen, Geduld bei seinen eigenen Erfahrungen zu entwickeln. In dem Bestreben, dem Kind gleich alles richtig beizubringen, vergessen die Erwachsenen gerne einmal die Notwendigkeit von Ausprobieren, Fehlern und praktischen Erfahrungen.

Vielleicht ist der Turm bei den ersten Versuchen noch schief oder stürzt schon beim dritten Baustein um. Vielleicht kommt das Kind anfangs noch nicht bis ganz hinauf zur Rutsche. Vielleicht will es das in dem Augenblick aber auch noch nicht. Mit großer Wahrscheinlichkeit ist es für den Anfang zufrieden damit, ein paar Bausteine übereinanderzustapeln oder am Spielplatz erste Erfahrungen zu sammeln. Indem der Erwachsene aber zeigt, wie es seiner Meinung nach richtig geht, nimmt das Kind vor allem eines wahr: Das gesetzte Ziel erscheint unerreichbar. – Und sein Interesse schwindet.

JA, ABER ...

... würde ein Baby überhaupt etwas lernen, wenn man ihm nichts beibringt und ihm nicht zeigt, was es falsch oder gut gemacht hat oder wie etwas richtig gemacht wird?

Interessanterweise zeigt niemand einem Baby, wie man korrekt an der Brust saugt, und trotzdem beherrscht es diese äußerst komplexe und komplizierte Art der Muskelbewegung. Einem gesunden Neugeborenen muss man im Grunde nicht einmal den Weg zur Brust zeigen. Instinktiv folgt es – am Bauch der Mutter liegend – dem Impuls, die Brust zu finden. Beeindruckende Bilddokumentationen zeigen Babys, die kurz nach der Geburt vom Bauch der Mutter zur Brust *kriechen*.

Sie bewegen sich robbend und stoßend fort, während sie schleckende, saugende Bewegungen machen und sich scheinbar am Geruch orientieren. Instinktives Verhalten oder nicht – Fakt ist, dass sie es können, ohne dass es ihnen je irgendjemand gezeigt hätte. Niemand würde auf die Idee kommen, dem Baby vor dem ersten Anlegen an die Brust das korrekte Saugverhalten beizubringen. Man geht davon aus, dass das Baby das kann.

Es zeigt auch niemand einem Baby, wie man spricht, und trotzdem beginnt es irgendwann damit. Es versteht nach einigem Ausprobieren und Nachahmen, wie es Worte formen und richtig aussprechen kann. Niemand käme auf die Idee, einem Baby zu zeigen, wie es richtig Luft holen und die Stimmbänder einsetzen muss, damit ein Ton aus seinem Mund kommt.

In Anbetracht der Tatsache, dass die meisten Menschen überzeugt davon sind, dass ein Kind nur dann lernen würde, wenn man es dazu animiert, ist das schon erstaunlich und beeindruckend. Lernen liegt in der Natur des Menschen: Er will einen Blick hinter die Kulissen werfen, will verstehen und erkennen. Und das nicht erst in dem Augenblick, in dem ihn jemand darauf aufmerksam macht und dazu anregt. Nicht erst dann, wenn er geschubst, aktiv gefördert, animiert und beurteilt wird.

Abgesehen davon: Was ist eigentlich *richtig*? Wo werden die Grenzen zwischen *richtig* und *falsch* gezogen? Liegt die Richtigkeit eines Lernprozesses oder die Umsetzung eines Handlungsablaufes nicht im Ermessen jedes Einzelnen? Nur weil gewisse Handlungsabläufe einem selbst vielleicht mit einer bestimmten Umsetzungsart leichter fallen, heißt das noch lange nicht, dass es dem Kind ähnlich ergehen wird.

Eltern wollen dem Kind natürlich auch das Richtige zeigen, um es vor Fehltritten und Negativerfahrungen zu bewahren und ihm diese zu ersparen. Übersehen wird dabei, dass Lernen zum einen immer auch mit Misserfolgen und Fehlern verbunden und zum anderen nichts so wertvoll ist wie der eigene Erfahrungsschatz.

Als Erwachsener tendiert man zwar dazu, Kinder vor möglichen Gefahren zu warnen und ihnen zu zeigen, wie etwas geht. Meistens macht man jedoch folgende Erfahrung: Das Kind schaut oder hört zu. Selten aber hält es sich an die Anweisungen. Die Verlockung es selbst auszuprobieren – mitunter auch um die Worte des Erwachsenen zu prüfen – ist einfach zu groß.

Damit wir uns hier nicht falsch verstehen: Natürlich stehen Lernprozesse in engem Zusammenhang mit der Umwelt des Kindes und seiner Interaktion mit dieser. Allerdings müssen diese eben nicht erst angeregt, gefördert und in weiterer Folge beurteilt werden.

Kinder finden in einer lebendigen Umgebung immer etwas, was sie interessiert und womit sie sich beschäftigen können. Sie haben Augen und Ohren, sie können fühlen, tasten, schmecken und riechen. Man muss ihnen nicht erst zeigen, wie man diese Sinne zum eigenen Nutzen einsetzt.

Nimmt man das natürliche Streben des Kindes nach Selbstständigkeit vom Augenblick seiner Geburt zum Maßstab und vertraut auf seine Neugier und Entdeckerlust, so wird es sich mit vielen verschiedenen Dingen beschäftigen und unterschiedlichste Fertigkeiten erlernen.

Es erscheint – in Anbetracht dieser Tatsache – nur logisch, dass nicht der Wunsch eine Leistung zu erbringen Auslöser der Beschäftigung ist, sondern schlicht und einfach das Spiel und in ihm das Streben nach Selbstständigkeit und Wissen.

OB LOB ODER TADEL: KEIN UNTERSCHIED

Wenn man das natürliche Streben des Kindes nach selbstständigem Entdecken und Erlernen voraussetzt, wird klar, was durch Beurteilung geschieht: Das Kind verliert nicht nur den Glauben daran, dass es alles erlernen und selber einschätzen kann, es entwickelt möglicherweise auch eine gewisse Scheu davor, neue Dinge auszuprobieren.

Noch schlimmer sind die Auswirkungen, wenn das Kind nicht nur permanente Bewertung seines Tuns erfährt, sondern zudem ständigen Eingriffen und Korrekturen ausgesetzt ist.

- Wem würde da nicht die Freude an der Beschäftigung mit einer bestimmten Sache vergehen?
- Wer würde da nicht irgendwann frustriert aufgeben?
- Kinder haben ein Recht darauf, eigene Erfahrungen zu sammeln.
- Sie haben ein Recht auf Freude am *Tun*.
- Und sie haben ein Recht auf kurzweiliges Scheitern.

Im Zusammenhang mit Tadel werden diese Aussagen den meisten Menschen schlüssig erscheinen. Nicht aber mit Lob. Wo doch Lob positiv bestärken soll.

Aber ob Lob oder Tadel: Es macht keinen Unterschied. Denn eine Beurteilung bleibt immer eine Bewertung und macht aus einer Tätigkeit, einem Handlungsablauf, einem Verhalten ... eine Leistung. Und: Es erhebt den Beurteilenden zu einer Instanz, das Kind zu einem „Untertanen".

Lob hat vielleicht nicht im ersten Augenblick ein Aufgeben zur Folge, aber aus falscher Einschätzung dann vielleicht im nächsten oder übernächsten.

Denn gerade bei kleinen Kindern wird oft und gerne gelobt – auch in Momenten, wo das Lob unangebracht ist oder im Kind einen falschen Eindruck hinterlässt. Nämlich den Eindruck, gewisse Dinge schon zu beherrschen, obwohl dem nicht so ist.

Dazu ein simples Beispiel: Stellen Sie sich vor, Sie lernten gerade schwimmen und könnten im seichten Wasser mit ein bisschen Hilfe ein bis zwei Züge machen. Sie seien unheimlich glücklich und enthusiastisch, Sie hätten das Gefühl, nur mehr ganz knapp vom Ziel entfernt zu sein.

Vor lauter Freude zeigten Sie Ihr Können also einem nahestehenden Menschen, dem Sie vertrauen. Freut er sich mit Ihnen, ohne Ihr Können in irgendeiner Weise zu beurteilen, werden sie uneingeschränkt einfach so lange weiterüben, bis Sie Ihr Ziel (ohne Hilfe zu schwimmen) erreicht haben.

Was aber geschieht, wenn Sie über alle Maßen gelobt werden und hören, wie toll und großartig Sie schon schwimmen können? Als Erwachsener haben wir schon gelernt, dieses Lob nicht ganz für bare Münze zu nehmen. Nicht aber als Kind. Als Kind glauben wir, was wir hören – vor allem, wenn es aus dem Mund eines uns nahestehenden Menschen kommt, dem wir vertrauen. Und wenn dieser meint, dass wir schon großartig schwimmen können, können wir uns vielleicht auch ein Stückchen weiter ins Wasser wagen, ganz alleine womöglich und ohne die kleinste Hilfe.

Aber: Wir werden im nächsten Moment wahrscheinlich bitter enttäuscht. Entweder weil wir merken, dass wir es doch noch nicht können und somit vor der schwierigen Entscheidung stehen, woran wir nun glauben sollen (an unsere eigene Erfahrung oder an das erfahrene Lob). Oder weil uns der nächste, waghalsige Schritt von eben dem Erwachsenen, der uns gerade noch über die Maßen für das angebliche Können gelobt hat, verboten wird.

In jedem Augenblick, den wir mit Kindern verbringen, sollten wir uns ins Bewusstsein rufen, dass wir ihr vollstes Vertrauen genießen und wir mit jedem Schritt ihre Entwicklung beeinflussen können. Situationen immer wieder aus der Position des Kindes zu betrachten kann schon sehr viel verändern. Sich in Zurückhaltung und Vertrauen zu üben und sich Wertungen zu verkneifen noch mehr. Dem Kind zudem in jeder Situation ehrlich zu begegnen ist eine weitere wichtige Voraussetzung dafür, auch in Zukunft eine vertrauensvolle Beziehung zum Kind zu haben.

Beurteilungen mögen in unserem Umgang miteinander vollkommen normal und im Miteinander mit Kindern gar als Notwendigkeit erachtet werden. Das Entdecken, Erfahren, Erkennen und Ausprobieren, um sich ständig weiterzuentwickeln und nach Selbstständigkeit und Wissen zu streben, wird dadurch jedoch zur Leistung gemacht und seiner Natürlichkeit beraubt.

Voneinander und miteinander lernen in freier Natur.

DIE SACHE MIT DER BEGABUNG

Was ist Begabung, wie erkennt man sie – und sind wir nicht alle in gewisser Weise begabt?

Ein Kind ab dem Schulalter, das einfach nur Kind ist, gerne spielt, wissbegierig ist und manchmal gerne Worte verdreht oder kuschelt, um noch einmal ganz klein sein zu können, scheint heute nicht mehr zeitgemäß zu sein. Je erwachsener es ist, desto besser. Je unabhängiger und abgebrühter, desto besser.

Nicht zu vergessen sind dabei natürlich die lange Liste an wünschenswerten Begabungen und ein Intelligenzquotient über dem Durchschnitt, damit sich das Kind von der Masse abhebt, etwas Besonderes ist und den Titel *hochintelligent* tragen darf oder *hochbegabt*.

Eltern wird es heute keineswegs leicht gemacht. Wer keinen Kalender vorweisen kann, der in entscheidendem Maße auch mit Terminen des Kindes gefüllt ist, muss sich den Vorwurf gefallen lassen, zu wenig für sein Kind zu tun und es nicht ausreichend zu fördern. Wer nicht mindestens eine Begabung des Kindes in Gesprächen anführen kann, ist im Grunde schon uninteressant.

Begabung – das ist ein Begriff, der in unserer Gesellschaft von einem besonderen Glanz umgeben ist. Nicht zuletzt seit sich Talent- und Castingshows in den Medien großer Beliebtheit erfreuen. Wer eine Begabung sein Eigen nennen kann, gehört in unserer Gesellschaft allem Anschein nach zu den wenigen Glücklichen, die sich von der breiten Masse abheben. Von all jenen unterscheidet, die ihrer Meinung nach keine besonderen Begabungen besitzen, *nichts* können.

Aber hat nicht jeder Mensch irgendeine Begabung?

Die meisten Menschen widersprechen an diesem Punkt vehement. Schließlich könne gar nicht jeder eine besondere Begabung haben. Und schon sind wir wieder mitten im Wertesystem. Dort, wo es die wenigen Guten, die vielen Durchschnittlichen und einige Schlechte gibt. Ist es wirklich so?

Verschaffen uns dieser Glauben und der Begriff selbst nicht jenen Raum, in dem wir uns jeglicher Verantwortung für unser Tun und unser Leben entziehen können? Ermöglicht uns nicht gerade diese Überzeugung, die Hände in den Schoß zu legen und gar nicht erst den Versuch zu starten, irgendetwas anders zu machen?

WAS IST BEGABUNG?

In unserer Gesellschaft gibt es also offenbar zwei Möglichkeiten. Entweder man hat eine *Begabung* oder man hat keine.

Dabei stellt sich die Frage, ob es so etwas wie Begabung von Natur aus überhaupt gibt? Dass es Neigungen gibt, steht außer Frage. Aber Begabungen? Liegt eine vermeintliche Begabung nicht eher in der durch das Umfeld erfahrenen Prägung beziehungsweise in der Auseinandersetzung mit der Neigung und den eigenen Interessen? Aus Neigung kann Perfektion werden. Das liegt aber nicht an der besonderen Begabung, mit der man zur Welt kommt, sondern am mitunter beinharten Training oder in der Auseinandersetzung mit der Thematik. Neigung alleine reicht nie aus, um aus dem geneigten Menschen ein *Genie* auf seinem Gebiet zu machen.

Es erscheint bei näherer Betrachtung nur natürlich, dass Menschen ganz unterschiedliche Neigungen haben, dennoch bedeutet dies noch lange nicht, dass ein Mensch ohne besondere Neigung zur Musik in diesem Bereich gänzlich unbegabt ist. Und würde die Annahme, dass es Menschen ohne jegliche Begabung gibt, nicht bedeuten, dass die einen besser ausgestattet zur Welt kommen als die anderen?

Das passt natürlich perfekt ins Bild unserer Leistungsgesellschaft, welche an Beurteilungen ebenso festhält wie am Erziehungsgedanken und einer Klassengesellschaft. Und die scheinbar nach wie vor davon überzeugt ist, dass es *bessere* und *schlechtere* Menschen gibt.

Heinrich Jacoby hat in seinem Buch *„Jenseits von begabt und unbegabt"* sehr schön zum Ausdruck gebracht, dass Begabung – in jenem Sinne, mit dem landläufig vieles erklärt wird – gar nicht existiert. Seiner Meinung nach ist unser Gehirn in einer Art und Weise gestrickt, bestimmte Informationen so zu verarbeiten, dass sie fortan unser Tun beeinflussen.

Besonders beeindruckend sind seine Erzählungen (und die dazugehörigen Fotografien) von Männern und Frauen ohne Hände und Arme. Diese Männer und Frauen verrichten jede Tätigkeit mit ihren Füßen und Zehen. Da ist etwa der Mann, der sich rasiert, oder die Frau, die stickt. Es gibt das Selbstbildnis einer Frau ohne Arme und eine junge Frau mit ihrem Baby, welches sie in ihre Beine gebettet hält, in den Zehen eine Babybürste. Man sieht Männer, die lesen – das Buch in den Füßen haltend und mit den Zehen umblätternd –, und den Mann, der einen Brief schreibt mit Füßen und Zehen.

Hat diesen Männern und Frauen je jemand gesagt, dass man ohne Arme und Hände (vermeintlich) zur Unselbstständigkeit verdammt ist? Hat ihnen je jemand nahegelegt, dass sie nichts werden tun können ohne Arme und Hände? Sind sie bemitleidet worden? Oder hatten sie das Glück, Menschen um sich zu haben, die der Tatsache, dass sie ohne Arme und Hände auf die Welt gekommen sind, keine größere Bedeutung beigemessen haben als der Information, dass jemand mit einem Feuermal im Gesicht oder einer Zehe mehr geboren ist?

Man mag im ersten Augenblick an das furchtbare Schicksal dieser Menschen denken und die Last, mit der sie anders als andere Menschen leben müssen. Aber ist es wirklich eine Last? Wer sagt denn, dass unsere Zehen und Füße nicht ebenso fähig und funktionstüchtig sind wie unsere Finger? Wer sagt denn, dass uns irgendetwas verwehrt sein würde ohne Hände und Arme? Wer sagt denn, dass wir in diesem Falle ein trostloses, unselbstständiges Leben fristen müssten?

Hände und Arme sind für uns derart normal und selbstverständlich, dass wir uns gar keine Gedanken darüber machen, wie es ohne sie wäre. Gleichzeitig messen wir unseren Zehen und Füßen lediglich die Bedeutung bei, uns täglich im aufrechten Gang zu tragen. Dass wir mit diesen Körperteilen aber weit mehr könnten – mit ihnen sozusagen begabt wären – und eine ähnliche Beweglichkeit in Füßen und Zehen erlangen könnten, wie wir sie in den Händen haben – daran denken wir nicht.

Fakt ist, dass wir Zehen und Füße nicht vollständig nutzen und ihnen aus eben diesem Grund wenig Aufmerksamkeit schenken. Fakt ist auch, dass unsere Möglichkeiten weit vielfältiger sind, als wir glauben, und dass wir nur einen Bruchteil unserer eigentlichen Fähigkeiten und Ressourcen nutzen. Teils weil wir es verlernt haben. Teils weil uns vielleicht niemand gesagt hat, dass es möglich ist. Teils weil wir keine Notwendigkeit darin sehen oder davon überzeugt sind, es nicht zu können.

Bleiben wir bei Letzterem: Dem Glauben daran, es nicht zu können. Dieser Glaube ist es, dem wir nicht nur selbst anhängen, sondern den wir auch unseren Kindern weitergeben. Wir reden uns selbst und unseren Kindern ein, dass gewisse Dinge nicht möglich sind, weil für ihr Können Begabung notwendig sei. Eine Fähigkeit, die wir nicht zu besitzen glauben. Statt einfach auszuprobieren, zu üben und uns selbst zu vertrauen, resignieren oder träumen wir lieber ein Leben lang und begnügen uns mit der Erklärung fehlender Begabung.

Gerade in der so sensiblen Zeit des Heranwachsens, wo das Vertrauen in die ein Kind umgebenden Erwachsenen groß ist, sind es Aussagen und Meinungen dieser Art, welche einen Menschen in seinem Tun und seiner Entfaltung sowie seinem Wachsen behindern und blockieren können. Kinder orientieren sich an den Erwachsenen in ihrer Umgebung. An ihren Aussagen, ihrer Meinung und ihrem Handeln. Sie nehmen wahr und verwerten Gehörtes wie auch Gesehenes zu einem eigenen Bild von der Welt und sich selbst. Wird ihnen jetzt im Zuge von belehrenden Eingriffen, von Forcierung oder auch Erziehung immer wieder erklärt, dass es für gewisse Tätigkeiten Begabung braucht und sie diese nicht besäßen, dann kann ihr Interesse an einer Tätigkeit noch so groß sein, sie werden diese entweder gar nicht erst ausprobieren oder beim ersten Fehlschlag gleich aufgeben.

Man kann Kindern jedoch durch achtsame Zurückhaltung und wertfreien Umgang alle Möglichkeiten offen halten und darauf vertrauen, dass sie ihren Weg finden werden. Man kann ihnen aber auch durch eine ganz eigene Art der Begrenzung, durch Beurteilungen und Belehrungen sowie das Übertragen von Ängsten und Überzeugungen die Welt verschließen und ihnen dadurch viele Möglichkeiten rauben.

„DAS LIEGT DIR EINFACH NICHT."

- „Lass das sein."
- „Das kannst du nicht."
- „Dafür bist du noch zu klein."
- „Dafür hast du keine Begabung."
- „Das liegt dir einfach nicht."
- „Dafür bist du einfach ungeeignet."

So und so ähnlich klingen die Glaubenssätze, die die Welt verschließen. In der Überzeugung, dass Begabungen irgendetwas Angeborenes seien, sowie in dem Glauben an die Notwendigkeit zu bewerten und zu kommentieren, nimmt man Kindern jegliche Möglichkeiten auszuprobieren und gibt ihnen die oben genannten ungünstigen Grundbotschaften mit auf den Weg.

Entwicklungstechnisch gesehen zählen jene Aussagen zu den schlimmsten überhaupt. Denn sie zeugen nicht nur von dem Misstrauen gegenüber dem Heranwachsen und dem Kind selbst, sondern setzen auch klare Richtlinien und Grenzen, was Können und Fähigkeiten betrifft. Und wer übertritt diese schon, wenn sie von jemandem kommen, an dem man sich eigentlich orientiert, dem man vertraut und alles glaubt?

Lernen und Entwicklung sind kein Mysterium und sie folgen auch keiner komplizierten Logik. Wenn wir einmal verstanden haben, dass wir alle in Beziehung zueinander stehen und uns gegenseitig beeinflussen und wenn wir bemerken, dass sich Kinder an uns und unseren Aussagen orientieren, dann erscheint es nur logisch, dass das Kind alles daran setzt, unsere Erwartungen zu erfüllen. Es liebt und vertraut uns und selbst in den Augenblicken, wo es ganz anders empfindet, wird es die eigenen Gefühle für nichtig erklären und daran glauben, was wir ihm sagen.

Wenn also die Erwartungen in ein Kind niedrig sind und die Erwachsenen um es herum davon ausgehen, dass es unfähig und ohne besondere Begabung ist, wird es dies zeigen. Wenn Erwachsene davon überzeugt sind, dass das Kind nur *Blödsinn* im Kopf hat und *nichts auf die Reihe bekommt*, wird es sich mit der Zeit diesen Erwartungen entsprechend verhalten.

In Anknüpfung an das vorherige Kapitel: Befinden Erwachsene ein Kind aufgrund seiner schlechten Noten als *lernschwach* und bekommt es auch noch ständig seine vermeintliche Unfähigkeit vor Augen geführt (durch Aussagen, Bloßstellung und ständigen Hinweis auf seine – vermeintlichen – Schwächen), wird es sich irgendwann so daran gewöhnt haben, dass es selbst an seine *Unfähigkeit* zu glauben beginnt. Es fügt sich in die ihm zugewiesene Rolle. Mögliche Interessen werden dabei im Keim erstickt. Ebenso Wissbegierde, Offenheit und Freude am Entdecken. Gleiches gilt im Grunde für Begabungen. Bekommt ein Kind ständig zu hören, dass es gänzlich unbegabt sei und zu nichts fähig, wird es mit der Zeit daran glauben und sich damit begnügen, lediglich von dem zu träumen, was es gerne ausprobieren würde.

Ein Kind wird immer die Erwartungen seiner Umgebung erfüllen und es wird immer danach streben, diese nicht zu enttäuschen. Der Grund dafür ist relativ einfach: Erfährt das Kind Wertschätzung und Anerkennung nur in

Zusammenhang mit der Erfüllung einer bestimmten Leistungserwartung, wird es den Weg des geringsten Widerstandes gehen, um wenigstens ein Minimum dieser positiven Rückmeldung zu erlangen.

Es wird aber vielleicht auch *schlimm, nachlässig, unaufmerksam, ehrgeizig, verbissen* sein, um die notwendige Aufmerksamkeit zu bekommen. Und trotzdem nie die Befriedigung erfahren, welche echte Wertschätzung und Anerkennung nach sich ziehen. Denn die an Erwartungen und Leistung geknüpften Beurteilungen, gleich ob positiver oder negativer Art, sorgen dafür, dass sich das Kind immer irgendwie *hungrig* fühlt.

Es ist sich des *Angenommenseins*, der Zuneigung und Liebe nicht wirklich sicher. Es zweifelt ständig. Ein Kreislauf, aus dem auszubrechen kaum möglich ist. Zumindest nicht, solange der Mensch Kind und im Hinblick auf Bedürfnisse, Gefühle und Bindung bedürftig ist.

Manchen Menschen gelingt es im Erwachsenenalter, sich von den Prägungen zu lösen, anderen nie. Aber wer würde – bei angeblich lernschwachen, unaufmerksamen oder verhaltensauffälligen Kindern – schon auf die Idee kommen, Lernumgebung und Umgang mit dem Kind genauer unter die Lupe zu nehmen? Statt Erziehung und Belehrung einmal kritisch zu betrachten, geht man lieber davon aus, dass es einfach Kinder gibt, die gänzlich unbegabt und bei denen alle Bemühungen umsonst sind.

Allerdings bleibt – bei Schubladendenken und Problemsuche kombiniert mit der Idee, dass man hier nur die richtige Behandlung einsetzen müsse, um das Kind dahin zu bringen, wo man es gerne sehen möchte – kein Raum für die Einzigartigkeit jedes Einzelnen. Gemeint ist hier aber nicht die Einzigartigkeit im Sinne des besonders Positiven, sondern Individualität. In dem Bestreben, das Kind nämlich zu einem strahlenden Wesen zu machen, geht man über die wirkliche Einzigartigkeit und das Sein des Kindes einfach hinweg.

Jeder noch so kleine Funken an Interesse wird genauestens unter die Lupe genommen, jedes Ausprobieren als vermeintliche Begabung interpretiert. Kurse und Programme werden gebucht – schließlich soll die Förderung des Genies nicht zu kurz kommen. Auf der Strecke bleiben: das Kind, seine Kindheit und letztendlich auch die Beziehung zu seinen Eltern. Da die eigentlichen Interessen des Kindes bei solchem Elternverhalten oftmals übergangen werden, zeigt sich meist rasch die Realität: Eltern müssen sich mit dem Gedanken auseinandersetzen, dass ihr Kind eben nicht das Genie ist, das sie in ihm gerne gesehen hätten. Aus Euphorie wird Enttäuschung, welche nicht selten auf das Kind übertragen wird. In ihrer Wut werfen Eltern ihrem Kind dann Unwilligkeit, Unfähigkeit und fehlende Begabung vor – womit der Kreislauf aus Misstrauen und negativen Erwartungen und dem Erfüllen dieser Erwartungen seinen Anfang nimmt.

Gerade der Umstand aber, dass man durch Training, Übung und Willen im Prinzip alles erlernen kann, was man will, sollte als ausreichender Beweis für das Fehlen von Begabung im landläufigen Sinne dienen. Für das Erlernen braucht es hingegen eine Voraussetzung: das Vertrauen in sich selbst und das eigene Können. Fehlt es, wird jeder misslungene Versuch als Bestätigung der eigenen Unfähigkeit gesehen, wird auch das tägliche Üben nichts bringen. Ganz zu schweigen davon, dass eine solch unangenehme Tätigkeit über kurz oder lang beendet werden wird.

Gleiches lässt sich über so gut wie jeden anderen Bereich sagen. Ist das Interesse gegeben und wird es befriedigt, kann aus Neigung Können entstehen und letztendlich das, was gerne als Begabung bezeichnet wird. Wie eingangs beschrieben, geht es im Endeffekt lediglich um Neigung und Willen, woraus im Laufe der Zeit und mit ausreichend Übung das *Mysterium* Begabung werden kann.

BEGABUNG: DIE IDEE VOM BESONDERSSEIN

Die obligatorische Begabung – die man angeblich besitzt oder eben auch nicht – ist eines der vielen Werkzeuge unserer leistungsorientierten Gesellschaft, die mit Vorliebe wertet und klassifiziert. Und wie so viele dieser Werkzeuge ist sie etwas, was uns einschränkt. In unserem Sein, unserer Entwicklung, unserem unvoreingenommenen Lernen und Aufeinanderzugehen.

Wie bereits beschrieben, bestimmt letztendlich eine bestehende Begabung oder fehlende Begabung – die uns bescheinigt wird –, in welche

Richtung wir uns wenden und ob wir den Dingen nachgehen, die uns wirklich interessieren oder ob wir sie, in dem Glauben keine Begabung zu haben, sein lassen. Dabei scheint es irrelevant zu sein, ob unser Interesse weiterhin besteht oder nicht. Begabt sein, besser sein ... etwas Besonderes sein: Betörend daran ist das Gefühl, in der (erschaffenen) Werteskala einen Schritt nach oben zu rutschen. Denn damit würden wir zu den ganz Wenigen gehören, die ganz oben sitzen, die es geschafft haben, die bewundert werden, denen alle zu Füßen liegen, die bestaunt und hofiert werden und die auf andere hinunterschauen können.

Man wird den Eindruck nicht los, als sei genau das Ziel allen Strebens und Wirkens. Es ist in unserer Gesellschaft nicht nur üblich, sich am Schicksal anderer zu ergötzen, sondern auch gierig den Reichtum und Erfolg anderer zu betrachten. Ständig wird uns von Seiten der Medien suggeriert, dass wir nach mehr streben sollen, mehr wollen müssen. Mehr Erfolg, mehr Geld, mehr Luxus, mehr Ansehen, mehr Eigentum, mehr *Wert* ...

Interessant ist, dass genau diese Entwicklung aber scheinbar dazu führt, dass sich die Menschen immer ähnlicher werden und dadurch das Streben nach dem *Mehr* noch angeheizt wird. Es ist kein Geheimnis, dass Eltern häufig ihre eigenen unverwirklichten Wünsche und Träume auf das Kind projizieren. Das Kind soll jenes Ziel erreichen, das ihnen selbst verwehrt geblieben ist. Sei es nun in beruflicher oder anderer Hinsicht. Kombiniert mit dem Wunsch ein kleines Genie heranzuziehen, wird das Kind immer mehr zum Vehikel eigener Vorstellungen. Das Kind soll nicht nur so sein, wie man es sich erträumt, sondern es soll auch dorthin streben, wo man es sehen möchte. Es muss in jeglicher Hinsicht perfekt sein und den eigenen Erwartungen entsprechen.

Der Wunsch nach diesem perfekten Kind mit den besten Aussichten im Leben ist dermaßen groß, dass beinahe alles in Kauf genommen wird, um es dorthin zu dirigieren. Da wird die Tatsache, dass das Kind eigentlich gar nicht Fußballspielen möchte, ebenso ignoriert, wie der Umstand, dass es eigentlich gar kein Interesse an der Musik hat. Da werden Trainier und Lehrer mitunter wüst beschimpft und als vollkommen ungeeignet für ihren Beruf dargestellt, nur weil sie sich erlauben, das Desinteresse des Kindes anzusprechen.

Statt den Tatsachen ins Auge zu sehen, konzentrieren Eltern sich lieber darauf, jede noch so kleine mögliche oder auch unmögliche Auffälligkeit im Verhalten des Kindes als Hinweis dafür zu nehmen, dass eine besondere Begabung vorliegt – die nur bis dato außer ihnen niemand erkannt hat. Nicht einmal das Kind selbst.

Das trotzige Kind beispielsweise ist dann plötzlich nicht mehr in einem Entwicklungsschub und auf der dringenden Suche nach Orientierung, sondern so intelligent, dass es ständig aufbegehrt.

Das leise vor sich hin singende Kind singt plötzlich nicht mehr nur einfach aus Lust an Tönen, sondern muss unbedingt Gesangsunterricht bekommen, weil es der zukünftige Megastar sein wird.

Und seit Fußballer ebensolche Berühmtheiten sein können, hat das Kind, welches ab und an mit dem Ball kickt, ein noch unentdecktes Talent fürs Fußballspielen oder ist gar der zukünftige Ballkünstler.

Das Kind in jeder nur erdenklichen Hinsicht zu fördern wird hier beinahe zur Obsession und führt nicht selten dazu, dass Eltern die Realität aus den Augen verlieren. Bei allen Bemühungen um das *Accessoire Kind* – mit dem man sich schmücken möchte – wird dieses mit seiner individuellen Persönlichkeit und seinen Bedürfnissen total übersehen.

Zu Problemen kommt es meist dann, wenn die Wünsche und Erwartungen der Eltern nicht in Erfüllung gehen und sie erkennen müssen, dass ihr Kind einfach nur Kind ist. Ohne irgendwelche Besonderheiten oder spezielle Begabungen, kein Genie und auch nicht hochintelligent, sondern eben einfach Kind.

Leider werden die gemachten *Fehler* in den seltensten Fällen erkannt und dem Kind jener Raum und jene Zeit gegeben, die es für seine Entwicklung und das Forcieren seiner Interessen braucht. Die überwiegende Zahl der Eltern ist enttäuscht vom Kind und lässt es das auch spüren – durch Liebesentzug, Zurückweisung und Ignoranz. Diese Eltern machen keinen Hehl daraus, dass ihre Erwartungen unerfüllt geblieben sind. Womöglich werfen sie dem Kind gar vor, Zeit und Geld für es investiert zu haben und keinen Dank dafür zu bekommen.

Die Forcierung einer möglichen Begabung lässt sich mit der übertrieben fürsorglichen Behandlung eines gerade aus der Erde sprießenden Pflänzchen vergleichen. In der Hoffnung, es dadurch groß und stark zu machen und es bei seiner Entwicklung zu unterstützen, wird es aus der Erde herausgezogen und in die richtige Position gedrückt. Überleben wird es eine derartige Behandlung – wenn überhaupt – nur mit etlichen Verletzungen. Groß, prächtig und gesund wird es aber sicherlich nicht sein. Von Kindern, denen man eine derartige Behandlung angedeihen lässt, erwartet man aber genau das.

NEIGUNG, TRAINING, PERFEKTION

Von Natur aus steht dem Menschen alles offen. Er bringt die besten Voraussetzungen mit, um Fähigkeiten und Fertigkeiten zu erwerben, welche ihn interessieren und faszinieren.

Dabei muss anfängliches Desinteresse noch lange nicht bedeuten, dass sich im Laufe der Jahre kein Interesse entwickeln wird. Das anfänglich am Sport uninteressierte Kind wird später vielleicht Radfahren lieben oder das Schwimmen für sich entdecken. Möglicherweise wird diese Beschäftigung ein reines Hobby bleiben, eventuell ergibt sich aus der Neigung heraus auch Training und letztendlich Perfektion.

Andererseits bedeutet ein augenblicklich bestehendes Interesse nicht, dass dieses bleiben muss. Man kann vieles ausprobieren, bevor man weiß oder merkt, was einem wirklich liegt. Wird einem aber von vorneherein die Möglichkeit des Ausprobierens genommen, kann man auch keine Erfahrungen sammeln und in weiterer Folge Entscheidungen treffen. Manche Interessen verlieren sich wieder, andere bleiben interessant, spannend und erfüllend.

Neigungen und Interessen können zudem wieder verschwinden, wenn der Lernende das Pech hat, an den *falschen Lehrer* zu geraten. Manchmal klappt es mit der Kommunikation nicht, ein anderes Mal hapert es mit der Vermittlung von Inhalten oder Übungen. Beurteilungen werden ausgesprochen, um das Kind beziehungsweise den Lernenden zu animieren und anzuregen, vielleicht gar Drohungen.

Es kommt zu Frust und im Endeffekt zu dem Gefühl (eventuell auch zur verbalen Bestätigung von außen), ungeeignet und unbegabt zu sein. Und all das nur, weil die Begleitung in einer Art und Weise stattfindet, die einschränkend und wenig hilfreich ist.

Was einen *guten Lehrer* beziehungsweise Begleiter des Kindes ausmacht, ist seine Fähigkeit das Kind immer dort abzuholen, wo es sich gerade befindet, sich in Zurückhaltung zu üben, wenn es für das Kind spannend wird, und zu sehen, wo es Unterstützung und Hilfestellung benötigt – ohne dabei in irgendeiner Art und Weise einschränkend oder belehrend zu sein und Entwicklungsschritte vorwegzunehmen.

Begabung hingegen klingt in den Ohren vieler nach einer Fähigkeit, mit der man geboren wird. Aber kein Mensch kommt als Primaballerina oder Mathematikgenie auf die Welt. Es fallen auch keine Maler oder Wissenschaftler vom Himmel, ebenso wenig Musiker oder Extremsportler. Computerfreaks haben ebenso irgendwann einmal damit begonnen, sich mit ihrer Thematik auseinanderzusetzen, wie Köche mit dem Kochen angefangen haben.

Sie alle haben irgendwann einmal ganz am Anfang gestanden – noch ganz ohne Können, dafür mit großem Interesse und dem Wunsch, immer ein Stückchen weiter zu gehen. Sie alle haben tägliche intensive Beschäftigung mit der Thematik oder hartes Training, mitunter auch Enttäuschungen und Rückschläge in Kauf genommen, um ihrer Neigung und ihrem Interesse gerecht zu werden und an jenen Punkt zu gelangen, an dem sie heute stehen. Training und intensive Auseinandersetzung bleiben aber auch weiterhin ein wesentlicher Bestandteil ihres Alltags.

Angeborene Begabungen sind Illusion. Fertigkeiten und Können erreichen dann Perfektionsstatus, wenn sie bedient und trainiert werden. Wer Kindern beim Entdecken der Welt zusieht, erlebt eben dieses fortwährende Probieren und Trainieren. An kindlichem Tun lässt sich der eingangs erwähnte Umstand, dass uns im Grunde alles offensteht, sehr gut erkennen.

Entdecken, erkennen, erfahren – in einem Alter, in dem der Glaube an sich selbst noch ungebrochen ist.

Allein die Entwicklung in den ersten Lebensjahren vom liegenden, hilfsbedürftigen Neugeborenen zum aufrecht gehenden, kommunizierenden, motorisch immer besser werdenden Kleinkind grenzt an ein Wunder der Natur. Ohne ständiges Training ist das nicht möglich.

Natürlich verläuft die Entwicklung bei jedem ein wenig anders und nicht jedes Baby kann mit einem Jahr schon laufen oder sprechen. Vielleicht kann es laufen und klettern, dafür aber noch nicht sprechen. Vielleicht kann es schon sprechen, dafür aber noch nicht laufen. Vielleicht läuft es nicht und spricht auch wenig und ist dafür feinmotorisch äußerst geschickt?

Ich kann mich an einen kleinen Jungen erinnern, der mit seiner Mutter lange Zeit eine meiner Gruppen besucht hat. Er war äußerst kommunikativ – auf eine ganz eigene Art und Weise. Was immer er mitteilen oder erzählen wollte, machte er durch Handzeichen und Gesichtsausdrücke verständlich. Letztere waren so vielfältig und intensiv, dass man nicht umhin kam, sie jedes Mal wieder zu bestaunen. Ihm zuzuschauen war einfach herrlich. Es war unterhaltsam, und dass er anfangs nur sehr wenig und nur dann sprach, wenn es unbedingt notwendig war, tat der Verständigung keinen Abbruch. Ganz im Gegenteil, die Kommunikation wurde auf eine gewisse Art intensiver, denn sein Verhalten zwang einen dazu, wirklich hinzuschauen.

Man hätte natürlich beunruhigt sein können. Man hätte ihn zu Therapeuten und Ärzten bringen können. Man hätte ihn dazu anhalten können mehr zu sprechen oder ihm erst dann etwas geben oder ihn beachten können, wenn er Worte für seine Kommunikation verwendet hätte. Man hätte ihm fehlende Sprachbegabung attestieren können oder ihn gar als zurückgeblieben einstufen können.

Aber was hätte das gebracht? Man hätte ihm damit nicht nur seine Freude an der nonverbalen Kommunikation und Ausdruckskraft des Körpers geraubt, sondern ihm auch generell die Freude an der Kommunikation genommen.

Andererseits hätte man ihn natürlich auch über die Maßen für seine vermeintliche *Begabung* loben und den Versuch unternehmen können, diese zu fördern. Man hätte ihn wie ein Zirkusäffchen vorführen und allen zeigen können, wie großartig er schauspielern kann.

Man hätte ihn in dem Glauben aufwachsen lassen können, etwas Besonderes zu sein, und ihn in ein enges Trainingskorsett drängen können. Geraubt hätte man ihm dadurch vielleicht nicht nur sein Interesse beziehungsweise seine Fähigkeit, sondern auch seine Freude und Natürlichkeit, auf genau diese Art und Weise zu kommunizieren.

ENTWICKLUNG IN EINER LEISTUNGSORIENTIERTEN GESELLSCHAFT

Was Kinder im Säuglings- und Kleinkindalter antreibt, sind Interessen, Wissbegierde, das Streben nach Selbstständigkeit und der (noch) ungebrochene Glaube an sich selbst und seine Fähigkeiten. Das Erlernen dieser Fähigkeiten jedoch kann nur bedingt an einen Zeitraum gebunden werden. Die Variabilität im Vollziehen bestimmter Entwicklungsschritte ist viel größer, als das gemeinhin zugelassen wird.

Natürlich ist es wichtig, mögliche Auffälligkeiten in der Entwicklung und diesen zugrunde liegende Ursachen (wie etwa Seh- oder Hörschwächen) zu erkennen. Ebenso notwendig ist es, diese dann zu begleiten und dem Kind dadurch die Möglichkeit zu geben, trotz der Beeinträchtigung seinen Weg zu finden.

Ist der Zeitrahmen für Meilensteine in der Entwicklung aber zu eng gesetzt, werden bei etwaiger Nichterfüllung voreilige Schlüsse gezogen oder das Kind wird gar unnötig unter Druck gesetzt. Das wiederum kann die Entwicklung des Kindes sowie seinen Umgang mit dem Lernen nachhaltig beeinträchtigen. Die mögliche Fehlentwicklung, das eventuelle Defizit, die angebliche Lernschwäche, die fehlende Begabung wird zwischen den Eltern und ihrem Kind stehen. Es wird die Erwachsenen beschäftigen und zu Schritten veranlassen, die oftmals nicht nur erfolglos sind, sondern auch großen Stress verursachen. Das Miteinander kann nicht mehr ungetrübt und spannungsfrei sein.

Die Erwartungen unserer leistungsorientierten Gesellschaft in das Kind und seine Entwicklung sind enorm. Auch hier lässt sich der Trend nach *schneller, besser, mehr* erkennen. Schlechteres Abschneiden des Kindes auf gleich welcher Tabelle hinterlässt in vielen Eltern ein Gefühl des Versagens. Raum für individuelle Entwicklung gibt es kaum – nicht zuletzt wegen massiver Förderung und der Suche nach einer möglichen Begabung sowie dem Wunsch nach einem besonderen Kind. Entwickelt sich das Kind nicht dem Zeitrahmen gemäß, fühlen sich die Eltern mitunter schuldig. Sie meinen es nicht ausreichend gefördert und irgendwo Fehler gemacht zu haben. Die glorreiche Zukunft ihres Kindes, von der sie vielleicht geträumt haben, sehen sie durch das Nichterfüllen von Maßstäben als gefährdet an. In der Folge veranlassen sie häufig noch intensivere Förderung und Beurteilung.

Dabei darf nicht übersehen werden, dass Eltern oftmals selbst nur Marionetten in diesem Spiel sind. Die Erwartungshaltung an Eltern ist heute beinahe ebenso groß wie jene an die kindliche Entwicklung. Eltern müssen perfekt sein, neben Haushalt und Beruf auch noch Kinder großziehen und diese intensiv fördern. Sie müssen diesen Kindern materiellen Wohlstand bieten und sie laufend mit Förderprogrammen versorgen, damit ihnen alle Bildungsmöglichkeiten offenstehen und sie immer vorne mit dabei sein können. Beziehung, harmonisches Miteinander, innige Kommunikation, Zeit, Dasein – derlei Werte verblassen neben all den Forderungen und Erwartungen, die heute in Eltern und Kinder gesetzt werden.

In einer leistungsorientierten (Klassen-)Gesellschaft aufzuwachsen bedeutet nicht nur, sich selbst über die erbrachte Leistung zu definieren, sondern sich zudem auch daran zu orientieren. Prägende Erfahrungen in der Kindheit werden in Situationen des Erwachsenenlebens häufig wieder abgerufen und als Maßstab herangezogen. So werden angeblich unpassende Bedürfnisse ignoriert und das eigene Handeln und Tun kritisch betrachtet. Kritischer als nötig.

Statt sich selbst wertschätzend und achtsam zu begegnen, geht man mit sich selbst meist am härtesten ins Gericht. Das durch ständige Beurteilungen angeknackste oder gar nicht mehr vorhandene Selbstvertrauen lässt einen zudem ständig an sich selbst zweifeln. Aus Gewohnheit, weil man es nie anders erfahren hat oder auch weil man im Laufe der Jahre begonnen hat, an die eigene Unzulänglichkeit zu glauben, stellt man sich lieber in einem schlechten Licht dar.

Je häufiger man in der Kindheit Kritik geerntet hat und je negativer die Erwartungshaltung der Umgebung war, desto mehr wird man dazu neigen, sich selbst ganz unten zu sehen und davon überzeugt zu sein, es zu nichts zu bringen und nichts zu schaffen. Wahrscheinlich ist auch, dass diese Einstellung in weiterer Folge an das eigene Kind weitergegeben wird.

- *„Wir können das nicht."*
- *„Bei uns in der Familie hat noch niemand studiert, also brauchst du es auch nicht zu tun."*
- *„Glaub ja nicht, dass du zu denen gehörst, die etwas Besseres sind als wir."*

Nur äußerst selten schafft es ein Kind – trotz aller Widerstände und mit viel Glück (eventuell durch einen Erwachsenen, der ihm mit Vertrauen begegnet und an es glaubt) –, diese Abwärtsspirale zu durchbrechen. Der Großteil der Kinder hingegen wird jenen Weg gehen, der ihnen vorgelebt und vorgezeichnet wird. Neben der geringen Erwartung der Umgebung in sie und ihr Leben ist es oftmals auch das viel zu geringe Vertrauen in sich selbst, das den Menschen das Streben nach weiterer Entwicklung aufgeben und das Vertrauen in sich selbst verlieren lässt. Sich ein Leben ohne all dieses Streben nach Leistung vorzustellen ist natürlich schwer:

- Was würde geschehen, wenn wir einmal all diese irrwitzigen Ideen von Begabung und notwendiger Förderung wie auch Beurteilung und Belehrung links liegenlassen würden?

- Was würde geschehen, wenn wir uns einmal nicht von Tabellen und Richtlinien den Kopf verdrehen lassen würden und einfach nur das nehmen, was ist?

Zunächst einmal würde uns das enorm schwerfallen. Schließlich ist es in unserer Gesellschaft üblich, dank immer besseren Ultraschalls bereits während der Schwangerschaft ziemlich genau über das Baby Bescheid zu wissen. Statt gänzlich unvoreingenommen in die Eltern-Kind-Beziehung zu gehen, herrschen ganz bestimmte Erwartungen vor. Man hat ein Bild vor Augen – das dann mit ziemlich hoher Wahrscheinlichkeit von der Realität nicht (gänzlich) bestätigt wird. Aber es ist vorhanden. Es wirkt und bewirkt.

Tabellen, Maßstäbe und Erwartungen zu ignorieren ist nicht einfach, aber es würde dazu führen, das Kind zu sehen, wie es ist. Mit all seinen Fähigkeiten und Fertigkeiten, mit seinen Eigenheiten und seiner ganz individuellen, persönlichen Entwicklung. Auch wenn man es anfangs vielleicht nicht glauben mag, würde dieses Fehlen von jeglichen Erwartungen es viel einfacher machen, wirklich zu vertrauen und dieses Vertrauen ins Kind als Haltung im Umgang miteinander zu leben und weiterzugeben.

Es würde dazu führen, dass man Neigungen und Interessen – ohne jegliche Erwartungshaltung – begegnen könnte. Statt diese dem Kind auf Anhieb wieder auszureden oder gleich den nächsten Superstar vor sich zu sehen, könnte man sie einfach als das nehmen, was sie sind. Ob sie auch weiterhin Bestand hätten oder nicht, wäre unwichtig.

Ebenso irrelevant wäre es, ob das Kind nun schnell oder langsam vorwärts schreiten würde, ob es intensiv oder nur flüchtig ausprobieren und wie lange es bei einer Sache verweilen würde. Letztendlich würde es bedeuten, sich mit dem Kind *wirklich im Augenblick* zu bewegen und sich an seiner Entwicklung erfreuen zu können, statt ständig angstvoll zehn Schritte in die Zukunft zu denken. Wertigkeiten wären plötzlich irrelevant. Statt besser oder schlechter, statt begabt oder unbegabt und bis zur Nasenspitze kategorisiert, wäre man einfach man selbst. Ganz einzigartig und alleine aus diesem Grund schon etwas Besonderes. Etwas Besonderes ohne besonderen Status.

Utopisch? Nicht durchführbar? Ein naiver, realitätsferner Traum? In einer leistungsorientierten Gesellschaft allemal. Einer Gesellschaft, die es gewohnt ist, ständig einzuteilen, zu beurteilen und zu kategorisieren.

Nicht aber für jene Menschen, die danach streben, Veränderung zu bewirken. Veränderung für ein anderes, achtsameres, wertfreies Miteinander.

Die „Bewegung im Augenblick" aus anderer Perspektive.

WO FINDET BILDUNG STATT?

Allgemeinbildung wird in unserer Gesellschaft zwar groß geschrieben und von allen Seiten als äußerst wichtig dargestellt. Ob es sich dabei aber wirklich um nachhaltig wirkendes Lernen und individuelle Weiterentwicklung handelt, scheint nicht mehr ganz so wichtig zu sein. Wie lässt sich der Begriff *Allgemeinbildung* eigentlich am besten erläutern?

„ALLGEMEINBILDUNG" UND DIE QUALITÄT DES LERNENS

Ist Allgemeinbildung das, was an geschichtlichen, geografischen, biologischen und vielleicht auch religiösen Fakten, an als notwendig erachteten Fertigkeiten (wie etwa Lesen, Schreiben und Rechnen) und wissenschaftlich (angeblich) bewiesenen Erkenntnissen in Kindheits- und Jugendjahren auswendig gelernt werden soll, um es später auf Knopfdruck zum Besten geben zu können?

Unhinterfragt selbstverständlich. Denn Fragen sind unbequem. Wer fragt, könnte eben auch hinterfragen und eventuelle Fakten widerlegen oder eine andere Sichtweise ins Spiel bringen oder noch schlimmer: die angeblich Gelehrten und Allwissenden in Bedrängnis bringen, weil sie plötzlich nicht mehr ganz so allwissend dastehen.

Ich denke, nein. Allgemeinbildung sollte das sein, was für das Leben, Überleben und Miteinanderleben wichtig ist. Etwas, das gewisse Fähigkeiten und Fertigkeiten mit einschließt, die der Selbstständigkeit ebenso dienlich sind wie auch der Weitergabe von eben diesem Wissen und diesen Fähigkeiten und Fertigkeiten an Jüngere.

- Ist Allgemeinbildung das, was die Allgemeinheit wissen soll oder auch wissen darf, oder doch eher das, was es im Allgemeinen über das Leben zu wissen gibt?

- Was hat es auf sich mit der Allgemeinbildung, von der überall gesprochen wird und die jeder haben sollte?

- Und braucht Allgemeinbildung Schule beziehungsweise ist Beschulung nötig, um Allgemeinbildung zu erlangen?

Allgemeinbildung kann im Grunde nicht schlecht und sollte üblicherweise auch vorhanden sein. Es lebt sich als Gesellschaft einfach leichter, wenn ein grundlegendes Basiswissen vorhanden ist. Ganz zu schweigen davon, dass Selbstständigkeit im Grunde nur durch vorhandenes Basiswissen möglich wird.

Und trotzdem stellt sich die Frage, ob sich dieses Basiswissen nicht automatisch einstellt, wenn Kinder den Alltag miterleben und darin eingebunden werden. Ist das Erlernen grundlegender Fakten, Fähigkeiten und Fertigkeiten nicht eine logische Folge des kindlichen Lernens? Lernt es gewisse Dinge nicht ganz selbstverständlich, so wie Laufen und Sprechen, weil es zum Streben nach Selbstständigkeit und Wissen gehört, immer weiter zu forschen und zu entdecken?

Aus meiner Sicht sind das alles rhetorische Fragen. Aber die Voraussetzung dafür wäre natürlich, alles, was es zu wissen und zu können gibt, täglich oder zumindest häufig im Lebensumfeld beobachten zu können. Sieht ein Kind seine Eltern lesen, schreiben und rechnen, kann es sie oder andere Menschen der Umgebung bei gewissen Tätigkeiten beobachten, sind Bücher vorhanden, in die es schauen kann ... dann wird es automatisch und ganz selbstverständlich irgendwann mehr können wollen.

Geht man davon aus, dass ein Kind erst durch Belehrung und Forcierung lernen muss – so wie im herkömmlichen Verständnis von Lernen und Entwicklung üblich –, kann man derlei Gedanken natürlich mit einem Kopfschütteln abtun und als verrückt darstellen. Lässt man aber all diese Ideen vom Lernen beiseite und konzentriert sich lediglich auf Tatsachen, sieht es schon ganz anders aus. Nicht zuletzt zeigen Sichtbefunde, dass Kinder fernab von Schule und Unterricht ebenso lernen und Fertigkeiten erwerben wie Kinder im regulären Schulbesuch. Mit einem einzigen Unterschied: Ihr Lernen ist *selbstgesteuert* und *nachhaltig*.

Statt aber die Selbstverständlichkeit des Lernens anzuerkennen, geht man davon aus, dass dieses Lernen und das Aneignen von Basiswissen nur durch Beschulung erzeugt werden kann. Durch Druck erzeugtes Lernen wirkt jedoch nicht nachhaltig. Lerninhalte können in solch einer Zwangsatmosphäre, wenn überhaupt, nur teilweise verstanden und begriffen werden. Ist es in dem Zusammenhang gesehen nicht verständlich, dass die Allgemeinbildung rapide abnimmt? Wie viel bleibt vom gehörten Basiswissen inhaltlich bestehen, wenn es unter Druck und mit Androhung von schlechter Beurteilung in die Köpfe der Kinder gepresst wird?

Die Antwort lautet: recht wenig. Gelerntes ist oft schon wenige Tage nach der Prüfung nur mehr lückenhaft vorhanden, am Ende der Schulzeit mitunter gar nicht mehr. Was bleibt, sind die notwendigsten Fakten, die man zur Not abrufen kann, von denen inhaltlich aber kaum etwas fundiert ist.

Statt die Schule nach all den Jahren mit einem starken Wissensfundament zu verlassen, gleicht das Wissen eher einem Haus, bei dem nur vage Strukturen vorhanden sind.

Wenn nicht einmal das einfachste Grundwissen präsent ist, stellt sich natürlich die Frage, was in der Schule eigentlich gelernt wurde.

Wenn Schulabgänger weder sinnerfassend lesen noch einfache Sätze formulieren können, wenn Grundrechenarten und räumliches Denken den jungen Erwachsenen vor massive Probleme stellen und für alles und jedes das Ersatzhirn Computer (Smartphone) gebraucht wird, darf man sich die Frage stellen, was in der Schule eigentlich gelernt wurde.

Schulbesuch und Unterrichtsmethoden erscheinen plötzlich in einem ganz anderen Licht. Der jahrelange Schulbesuch wird ebenso wie das vorherrschende Bildungssystem ad absurdum geführt.

Ganz zu schweigen vom angeblich so notwendigen Förderprogramm und vom Beurteilungssystem, welches allem Anschein nach nicht dazu dient, Negativergebnisse und Lernmüdigkeit zu verhindern, sondern diese geradezu bedingt.

Die Kritik gegenüber dem gängigen System wiegt schwer. Und sie lässt sich kaum entkräften. Trotzdem wird sie kaum wahrgenommen. Warum?

AUF DEM WEG ZU QUALITATIV HOCHWERTIGER BILDUNG

In dem uns bekannten Schulsystem ist man besser *unauffällig* und *durchschnittlich*. Die meisten Menschen gehen diesen Weg des geringsten Widerstands. Sie möchten gar nicht, dass das Gesamtsystem in Frage gestellt wird. Woran sollten sie sich sonst orientieren? Damit sorgen sie für den Fortbestand wichtiger Glaubenssätze des schulischen Lernens:

- Illegitim ist es, vom Lernschema abzuweichen (in jeder Richtung).
- Illegitim ist es, andere Interessen und individuelle Zugänge zu den Themen zu haben.
- Illegitim ist es auch, unangenehme Fragen zu stellen oder auch schneller oder langsamer zu sein als im Lehrplan vorgesehen.

Wenn aber Individualität und eigenständiges Denken eingeschränkt werden, wo bleibt dann Bildung? Wo bleiben Vielfalt und Lebendigkeit? Ganz zu schweigen davon, wie qualitativ hochwertig Lernen überhaupt noch sein kann, wenn es von Beginn an eingeschränkt, manipuliert, forciert und beurteilt wird? Wie ist Lernen einzuschätzen, wenn es im Begleiten des Lernenden nicht darum geht, dass er Zusammenhänge versteht und begreift, sondern darum, irgendwelche Quoten zu erfüllen sowie bei Tests und Prüfungen gut abzuschneiden?

Die Antworten auf diese Fragen zeigen, warum das Interesse am Lernen plötzlich und unmittelbar nach Schuleintritt rapide schwindet. Aus der Selbstverständlichkeit des Lernens wird plötzlich eine pflichtbehaftete Notwendigkeit.

Es ist das MUSS, die Pflicht, die mit einem Mal ins Leben des Kindes tritt und seine ganz eigenen Interessen und Lernwege zu verdrängen und unterdrücken beginnt. Plötzlich darf es nicht mehr ausschließlich jene Dinge tun, die ihm Freude bereiten, sondern muss sich mit Dingen auseinandersetzen, für die es oftmals noch gar nicht bereit ist.

Vieles würde anders aussehen, würden Kinder frei von Beurteilung und Einschränkung lernen können. Hätten sie die Möglichkeit im eigenen Tempo und den eigenen Interessen entsprechend zu lernen, mit einer Begleitung, die ihr Wachstum und ihre Entwicklung wirklich bereichert, dann wäre ihre Bildung tatsächlich hochwertig.

Dazu müsste jedoch erkannt werden, dass es nicht um den Lehrenden und seine Ideen geht, sondern um das Kind und seine Wachsamkeit, seine Aufmerksamkeit, seine Begeisterung, seine Neugierde. All das aber geht verloren, wenn plötzlich vorgegeben wird, wohin ein Kind seine Aufmerksamkeit richten sollte, wohin es schauen, was es hören und womit es sich beschäftigen muss.

In der Erwachsenenbildung ist teilweise schon die Erkenntnis angekommen, dass es ums Erkennen und Begreifen geht. In der Bildung von Kindern und Jugendlichen hat diese Idee noch kaum Einzug gehalten. Lediglich einige Alternativschulen beziehungsweise alternative Schulprojekte richten ihr Hauptaugenmerk darauf, dem Kind den größtmöglichen Raum zu schaffen, in dem es frei und selbstbestimmt lernen kann. Derlei Schulen und Projekte finden jedoch nur sehr schwer Anerkennung im herkömmlichen Bildungssystem und in der Gesellschaft.

Das zeigt sich auch durch die fehlende staatliche Finanzierung, was den Besuch solcher Schulen zu einer Frage der Finanzierungskraft der Eltern werden lässt.

WAS FÜR ERWACHSENE GUT IST, KANN KINDERN NICHT SCHADEN. ODER?

Als gängige Unterrichtsmethode herrscht immer noch der zumeist abstrakte Frontalunterricht vor, der keine Rücksicht darauf nimmt, ob Interesse vorhanden ist oder nicht. Bei diesem geht es allem Anschein nach auch nicht darum, Lehrinhalte verständlich zu vermitteln. Lehrplan und Lehrer bestimmen üblicherweise, womit das Kind seine Zeit zu verbringen hat.

Hat das Kind dann Probleme mit dem Lehrplan und dem Lernen oder den äußeren Gegebenheiten, wird selten nach dem Warum gefragt, sondern gleich diagnostiziert und danach therapiert:

- Lernschwäche,
- Verhaltensauffälligkeit,
- Aufmerksamkeitsdefizit,
- Hyperaktivität,
- fehlende Kooperationsbereitschaft ...

die Diagnosemöglichkeiten sind vielfältig und führen häufig dazu, dass Eltern irgendwann entnervt das Handtuch werfen und ihre Erwartungen ins Kind nach unten schrauben.

Bildung ist jedoch nichts, was man dem Kind einer Dauerinfusion an Nahrung gleich verabreichen muss, in der Hoffnung dass sie irgendwann drinnen bleibt. Sondern Bildung entsteht, wenn Lernen uneingeschränkt, frei und selbstbestimmt stattfinden kann.

Solche Bildungsformen werden heutzutage im Erwachsenenalter hochgeschätzt – im Kindes- und Jugendalter aber gelten sie als unzureichend. Niemand würde auf die Idee kommen zu behaupten, dass ein Erwachsener, der aus eigener Initiative und reinem Interesse Kurse und Fortbildungen besucht, Bücher liest und neue Dinge ausprobiert, nichts lernt. Oder sein Wissen nicht erweitert.

Das würde nämlich bedeuten, dass jedes gelesene Sachbuch, jeder Museumsbesuch und jeder Vortrag, den man aus reinem Interesse besucht, für Bildung irrelevant ist, weil dort niemand belehrt, forciert oder beurteilt. Doch ganze Wirtschaftszweige bauen darauf auf, dass Erwachsene genau das tun: sich selbstbestimmt mit Themen auseinandersetzen, die sie beschäftigen und interessieren. Dadurch reichert sich Wissen an – ganz selbstverständlich.

DIE ANGST VOR ZU VIEL FREIHEIT

Was geschieht, wenn man ein Kind frei und selbstbestimmt lernen lässt? Die Angst davor, dass es bei dermaßen viel Freiheit einfach nur faul in einer Ecke sitzt und nichts macht, ist groß. Und sie nicht ganz unbegründet, wenn man davon ausgeht, dass das Kind von Beginn an animiert und – als besondere Form davon – beschult wurde.

Im ersten Moment der Freiheit weiß das derart *programmierte* Kind möglicherweise nicht, was es tun könnte.

Ein bestimmtes Programm gewohnt und darauf trainiert, dieses zu absolvieren oder gar brav wiederholen zu müssen (um die notwendige Beurteilung zu erfahren), wird es eine Zeit dauern, bis sich Wissbegierde und Entdeckerlaune wieder einstellen.

Vielleicht wird das Kind lange Zeit nur spielen oder lustlos in einer Ecke sitzen und wirklich nichts mit sich anzufangen wissen.

Möglicherweise will es zunächst einmal gar nichts mehr wissen vom Lesen oder Schreiben oder Rechnen oder irgendeinem anderen Thema, das auch nur im Entferntesten etwas mit Schule zu tun haben könnte.

Eventuell genießt es die plötzliche Befreiung und beginnt, sich stundenlang mit all den Dingen zu beschäftigen, für die davor keine Zeit war. Diese Beobachtungen teilen zahlreiche Eltern, die ihre Kinder nach Jahren der Beschulung dem Schulsystem entzogen haben.

Nichts davon aber sollte man mit Faulheit gleichsetzen oder nutzlosem Nichtstun. Ganz im Gegenteil. Diese Phase ist wie eine Art Regeneration. Eine Art Atempause, die der (heranwachsende) Mensch sich nimmt, um wieder zu sich selbst zu finden. Zu den eigenen Interessen und Bedürfnissen. Je länger das Kind in dem (mitunter) krankmachenden und einschränkenden Schulsystem verweilt hat, desto länger wird voraussichtlich auch die Phase der Regeneration dauern.

Diese Zeit kennen wir übrigens alle. Mehr oder weniger intensiv haben wir sie am Ende unserer Schulzeit durchgemacht. Wem kam im Augenblick des Endes (oder kurz davor) nicht der Gedanke *„Nie wieder!"*? Wer war nicht froh darüber, diese Zeit endlich beendet zu wissen?

KRANK DURCH BESCHULUNG

Ich verwende das Wort *krank* hier bewusst, denn ein System, welches die Freiheit des Einzelnen ebenso wie seine selbstbestimmte und freie Entfaltung durch Forcierung, Unterdrückung und Beurteilung einschränkt, macht über kurz oder lang krank.

Natürlich haben die wenigsten Menschen irgendwelche offensichtlichen Schäden durch die Beschulung erlitten.

Und kaum jemand würde auf die Idee kommen, mangelndes Selbstvertrauen, ständige Selbstzweifel, übertriebenen Perfektionismus und die Angst vor Fehlern, das ständige Gefühl, Außenseiter oder nicht genug zu sein, der durchgemachten Beschulung und Dauerbeurteilung zuzuschreiben. De facto rühren derartige Lebenseinstellungen mitunter jedoch genau daher.

- Hat ein Kind aber nie irgendeine Form von Forcierung, Belehrung oder Beurteilung erfahren, ist die Angst, dass es nur faul in einer Ecke sitzen und nichts tun könnte, vollkommen unbegründet.
- Da es nie durch Animation, Förderung, Belehrung und Beurteilung in die Passivität gedrängt wurde, hat es auch nie damit aufgehört zu erforschen, zu entdecken und wissbegierig all das zu erkunden, was es umgibt beziehungsweise interessiert.
- Entwicklung, Lernen und eigenständiges Denken haben jenen Raum bekommen, den sie brauchen, um sich entfalten und zur Individualität wachsen zu können.

EIN KIND WEISS DOCH NOCH GAR NICHT, WAS GUT UND RICHTIG FÜR ES IST!

Warum sollte ein Kind nicht wissen, was sich gut und richtig für es anfühlt? Oder *stimmig*? Warum sollten sein Interesse oder seine Wissbegierde falsch sein?

Bedürfnisse und Gefühle ebenso wie Interesse wahrzunehmen, wird Kindern in unserer Gesellschaft gerne abgesprochen. Es scheint wesentlich einfacher, ihnen zu sagen, was sie tun und lassen, was sie empfinden, wahrnehmen und letztlich auch, was sie lernen sollen, als ihnen zu vertrauen und davon auszugehen, dass sie sehr wohl merken können, was ihnen gut tut, was ihnen Freude bereitet und wo ihre Interessen liegen.

Letzteres setzt nicht nur die Bereitschaft voraus, dem Kind zu vertrauen, sondern auch die Bereitschaft, dem Kind zuzuhören, für es da zu sein und es auf eine Art und Weise zu begleiten, die ihm einerseits Freiheiten und Möglichkeiten gibt, andererseits aber auch jenen Rahmen schafft, der Sicherheit vermittelt. Kein leichtes Unterfangen.

Ein Kind weiß, was es braucht. Es weiß, wann der richtige Zeitpunkt dafür gekommen ist, sich auf den Bauch zu drehen oder sich aufzusetzen. Wann es an der Zeit ist, zu krabbeln oder aufzustehen und erste Schritte zu wagen. Es weiß, wann es schreiben und lesen lernen möchte oder dass es sich für Zahlen interessiert. Es möchte irgendwann wissen, warum die Sonne scheint oder warum es regnet, warum es nachts dunkel ist und warum Hunde hecheln.

Im Prinzip möchte ein Kind alles wissen – dann, wenn der richtige Zeitpunkt für es selbst gekommen ist. Wenn sein Interesse geweckt wurde und dadurch Fragen entstehen. Die Aufgabe des Erwachsenen besteht darin, es auf diesem Weg zu begleiten und bestmöglich auf angemessene Art und Weise zu unterstützen.

Schauen wir doch einmal auf uns selbst: Sitzen wir faul herum? Nein: Üblicherweise sind wir den ganzen Tag beschäftigt, abgesehen von Ruhephasen, die wir uns bewusst nehmen. Ebenso macht es ein frei und selbstbestimmt lernendes Kind.

Es kennt die Passivität nicht, in die Kinder durch Belehrung, Zurechtweisung, Beurteilung und Unterdrückung gedrängt werden. Es spielt, probiert aus, fragt, erforscht, entdeckt, hilft mit ... vielleicht sitzt es auch mal in einer Ecke und macht nichts.

Oder anders gesagt: Es ist nicht aktiv beschäftigt. In das Kind hineinschauen kann man letztendlich nicht, und viele Überlegungen und Denkprozesse offenbaren sich erst im Nachhinein, zum Beispiel in Gesprächen, die es mit uns führt, oder in Beschäftigungen, denen es nachgeht.

Oft sind es gerade die Ruhephasen, die notwendig sind, um weitere Denk-, Arbeits-, Lern- und Entwicklungsprozesse möglich zu machen.

Kunstwerke ... der eigenen Fantasie entsprungen – individuell und speziell.

TRADITIONELLE BESCHULUNG: AM KIND VORBEI

Es wäre utopisch anzunehmen, dass sich alle Kinder einem erdachten Lehrplan gemäß entwickeln. Oder den erschaffenen Maßstäben getreu. Sobald grundlegende Entwicklungen – wie zum Beispiel die Bewegungsentwicklung oder das Erlernen von Sprache –, welche in den ersten Lebensjahren bei allen Kindern in etwa demselben Tempo ablaufen, abgeschlossen sind, beginnen sich Kinder in ganz unterschiedliche Richtungen zu entfalten. Einerseits natürlich aufgrund der Umgebung, in der sie leben, andererseits, weil sie ganz eigene Interessen zeigen.

Ebenso utopisch wäre es, anzunehmen, dass sich alle Kinder in der gleichen Art und Weise mit den auftauchenden Interessen auseinandersetzen. Schule und Unterricht setzen aber genau das voraus. Kinder müssen sich in einem bestimmten Alter mit bestimmten Dingen in gleicher Form befassen.

Stellen wir uns einmal vor, wir müssten uns immer mit den Dingen beschäftigen, die für unser Alter vorgesehen sind:

- Mit 20 müssten wir beispielsweise Interesse für Kunst aufbringen,
- mit 25 für Technik,
- ein Jahr später für Chemie
- und noch ein Jahr weiter für klassische Musik;
- dann müssten wir alle Stricken lernen,
- daraufhin das Nähen;
- zwischendurch sollten wir noch ein paar Fremdsprachen erlernen
- und uns letztendlich mit pädagogischen Themen vertraut machen, weil danach das Elternwerden vorgesehen ist.

Eine Beschäftigung mit den Themen alleine würde aber nicht ausreichen. Denn alle paar Wochen müssten wir uns einer Prüfung unterziehen.
Die Beurteilung, die wir darauf erhalten, würde darüber entscheiden, ob wir die Thematik fallenlassen dürften oder uns weiter damit herumplagen müssten. Sie würde darüber entscheiden, ob wir *aufsteigen* dürften oder *sitzenbleiben* würden. Alle Themen, welche uns interessieren, für unser Alter aber nicht vorgesehen sind, müssten wir ignorieren.

Eine lächerliche Vorstellung, weil wir die Schule bereits absolviert haben? Weil wir schon wissen, wie es geht und nicht mehr erst lernen müssen, wie man lernt? Eine lächerliche Vorstellung, weil wir die Erwartungen bezüglich Schule schon erfüllt, Allgemeinbildung erhalten und uns einen Beruf gesucht haben?

Was macht den Unterschied zwischen Kindern auf der einen Seite und Erwachsenen auf der anderen Seite aus? Die Idee, dass der Erwachsene bereits fertig ist? Oder – wie oben erwähnt – die Annahme, dass ein Kind noch nicht selbst entscheiden könne?

Letzteres ist eine Annahme, die einmal mehr das generelle Misstrauen zeigt, welches Kindern und ihrer Entwicklung entgegengebracht wird. Wollen wir Lebendigkeit und Vielfalt unserer Gesellschaft und Kultur erhalten, wäre es wichtig, hier keinen Unterschied zu machen. Es wäre bedeutsam, Kindern in Bezug auf ihre Entwicklung und das Perfektionieren von Fähigkeiten und Fertigkeiten jenen Freiraum einzuräumen, auf dem wir als Erwachsene bestehen.

Es wäre natürlich falsch zu behaupten, dass Kinder an gestellten Aufgaben – wenn sie im richtigen Moment kommen – keine Freude hätten. Oder davon auszugehen, dass man sich komplett zurückhalten und jegliche Interaktion unterbinden müsse, damit freies Lernen stattfinden kann. Freies Lernen heißt keinesfalls, dass das Kind sich selbst überlassen wird. Ganz im Gegenteil, gerade die Interaktion sowie das Zusammenspiel aus Beobachtung, Interessensbildung und dem Bedienen des Interesses sind es, welche den Reiz des freien Lernens im Grunde ausmachen. Bedient eine Aufgabe das Interesse und wird vom Kind als Angebot angenommen beziehungsweise sogar eingefordert, weil es einfach Spaß daran hat, dann wäre es absurd, ihm das zu verwehren.

Der Trugschluss ist zu glauben, dass Lernen in irgendeiner Art und Weise auffallen und noch dazu anstrengend sein muss. Lernen geschieht einfach – automatisch und ganz von selbst. Wenn ich beispielsweise weiß, dass sich mein Kind gerade für verschiedene Länder, deren Städte und geografische Fakten interessiert, dann kann ich mir diese Dinge einfach mit ihm anschauen. Dann kann ich entsprechende Bücher in der Bibliothek ausborgen und mit ihm darin lesen; ich kann gemeinsam mit ihm – sofern es das möchte – ein paar wesentliche Dinge zusammenschreiben; ich kann in Zeitungen etwas über dieses Thema lesen oder auch Menschen besuchen, die über diese Länder etwas erzählen können, oder Dokumentationen darüber anschauen; und ich kann, wenn möglich, sogar eine Reise in dieses Land machen. Ich kann Museen und Ausstellungen besuchen und all das ganz ohne Stress oder Prüfungen oder Beurteilungen. Einfach weil ich davon ausgehen kann, dass sich das Kind die gehörten und gelesenen Dinge aufgrund seines Interesses merken wird.

Das mag für manche unglaubwürdig klingen – herrscht doch die Meinung vor, dass ein Kind ohne Antrieb, Belehrung und Förderung nicht lernen würde. Oder dass es das Lernen erst lernen müsste. Denkt man aber an sich selbst als Erwachsener, klingt es schon gar nicht mehr so abwegig, sondern durchaus plausibel.

Interessiert man sich für ein Thema wirklich, merkt man sich mitunter auch die kompliziertesten Dinge ohne Schwierigkeiten. Man hat keine Probleme damit, dicke Bücher zu lesen oder sich stundenlang mit einer Thematik auseinanderzusetzen. Meist unbewusst bleibt der dabei stattfindende Lernprozess.

Das Bild der kleinen Pflanze passt auch hier. Im Ehrgeiz, sie zu schnellerem, intensiverem, besserem Wachstum zu bringen, werden ihre eigentlichen Bedürfnisse und Vorlieben gerne übersehen. Obwohl die Pflanze sich im Schatten möglicherweise wohler fühlen würde, wird sie permanenter Sonneneinstrahlung ausgesetzt, weil Sonne angeblich wichtig und für das Wachstum einer Pflanze notwendig ist. Und weil Pflanzen angeblich viel Feuchtigkeit brauchen, wird ihr Bedürfnis nach wenig Wasser ignoriert. Dass die Pflanze eine derartige Behandlung überleben wird, ist unwahrscheinlich.

Erstaunlicherweise wachsen Kinder – im Gegensatz zu Pflanzen – jedoch auch dann weiter, wenn sie manipuliert, unterdrückt, in ihren Bedürfnissen ignoriert, ihrem Tun forciert und beurteilt werden. Sie werden auch in den widrigsten Umständen eine Entwicklung durchmachen. Ob es eine hin zu einem selbstbestimmten, gesunden, fähigen Erwachsenen ist, der eigenverantwortlich handelt und ausreichend Vertrauen in sich selbst hat, ist allerdings fraglich. Ebenso ungewiss ist, ob das Kind in diesem Fall mit einer guten Bindung zu seinen Eltern (beziehungsweise jenen Erwachsenen, die ihn begleitet haben) sein Leben meistern und sich ihrer bedingungslosen Wertschätzung und Anerkennung sicher sein kann.

MUSS SCHULE SEIN?

Schule wird nicht oft in Frage gestellt. Kaum jemand macht sich Gedanken darüber, ob Schule wirklich das ist, was sie zu sein verspricht:

Ein Ort zum Lernen, ein Ort, der Wissen vermittelt und jene Materialien zur Verfügung stellt, die Wissenserwerb erleichtern und ermöglichen. Ein Ort, an dem es Menschen gibt, die Kinder auf ihrem Weg des Wissenserwerbs begleiten und der ihnen alle nur erdenklichen Möglichkeiten bietet.

In den meisten Fällen ist die Schule kein solcher Ort. Im ungünstigen Normalfall ist sie ein Platz, an dem sich ein paar Erwachsene und viele Kinder treffen und wo häufig Frust sowie Resignation vorherrschen. Einerseits geschieht dies, weil nicht einfach das gemacht werden kann, was gefällt oder gefallen würde, andererseits natürlich auch, weil Machtspiele oft ebenso auf der Tagesordnung stehen – sowohl bei Schülern als auch bei Lehrern.

Hinzu gekommen ist in den letzten Jahren die Migrationsthematik, auf die die herkömmliche Schule keine befriedigenden Antworten findet. Fehlende Deutschkenntnisse erschweren die Arbeit der Lehrer, Kriegs- und andere Traumata – die den Alltag der Kinder belasten und ihnen ihre Unbeschwertheit rauben – bleiben unbearbeitet. Kulturelle Fragen werden nicht so thematisiert, dass ein ungestörter Unterricht möglich ist.

Außerdem gibt es immer mehr Eltern, die – aus welchem Grund auch immer – Lehrern und Schulen die ganze Verantwortung für die Erziehung ihres Kindes übertragen. Das sind Umstände, die neben vielen anderen kleineren und größeren Themen Lehrer, Schüler und auch Eltern frustrieren. Sie führen dazu, dass der Trend immer häufiger in Richtung *Elite-Schulen* geht und Eltern sich bereits im Kindergartenalter ihrer Sprösslinge

Gedanken darüber machen, welche Grundschule sie für ihr Kind wählen, damit es in Zukunft den (vermeintlich) besten Bildungsweg beschreitet.

In Kombination mit der Tatsache, dass wirkliches Lernen in Schulen nur selten stattfinden kann und der Leistungsdruck mitunter enorm ist, führen diese äußeren Faktoren dazu, dass die Möglichkeiten, ein positives Lernumfeld zu schaffen, häufig gering sind.

DIE TRAUMSCHULE: GLEICHBERECHTIGUNG, BILDUNGSFREIHEIT, MOTIVATIONSSCHUB?

Es wäre schön, wenn Schulen einfach Orte wären, wo Bildung wirklich stattfinden kann und Lernen begleitet statt forciert und beurteilt wird. Wenn dort Erwachsene und Kinder auf Augenhöhe miteinander kommunizieren könnten, ohne den Druck von Belehrung, Bewertung und Lehrplan im Nacken. Derartige Schulen sind selten.

In der Realität sieht es zumeist so aus, dass sich Lehrer an einen fixen Lehrplan halten müssen und nur sehr wenig Spielraum für die individuelle Herangehensweise an die Lehrstoffvermittlung bekommen. In den meisten Fällen sind ihnen die Hände gebunden oder sie sind mit einer Klasse konfrontiert, in der die Schüler bereits verlernt haben, eigenständig und eigeninitiativ zu arbeiten. Diesen Kindern wurde die Freude am Lernen bereits gründlich ausgetrieben.

Das Traumbild Schule gibt es nicht. Mag der Ort, der sich Schule nennt, noch so *schön* hergerichtet sein. Mag er architektonisch einladend gestaltet und (angeblich) auf die Grundbedürfnisse der Kinder ausgerichtet sein. Äußerlichkeiten sagen bekanntlich rein gar nichts über das Vorgehen im Inneren aus. Das ist mit ein Grund, warum all die Reformen bis dato keine Veränderung bewirkt haben. Sie haben stets nur das Äußere ein wenig nachjustiert und neu arrangiert.

Ob Ganztagsschule oder Mehrstufenklasse, Gesamtschulmodell, früherer oder späterer Unterrichtsbeginn: Solange der Lehrplan gleich bleibt, solange Beurteilungsdruck vorherrscht und Kindern ihre individuelle Herangehensweise ans Lernen abgesprochen wird, wird sich nichts verändern.

AUFBEWAHRUNGSSTÄTTE STATT BILDUNGSEINRICHTUNG

Übertrieben ausgedrückt sind Schulen Orte, an denen Kinder zu Schülern werden und unter Aufsicht sogenannter Lehrkörper lernen sollen, was Lernen ist. Man könnte fast so weit gehen zu behaupten, dass Schulen Orte sind, an denen Kinder aufbewahrt und kontrolliert werden, um – unter Einhaltung vorgesehener Lehrpläne – Allgemeinbildung zu erhalten und auf den späteren Ernst des Lebens vorbereitet zu werden. Es sind Orte, an denen Leistungsdruck vorherrscht und Individualität und selbstständiges Denken unerwünscht sind. Dort werden künstliche Situationen erzeugt, welche den Kindern das *echte Leben* näherbringen soll.

Ein echtes Leben, welches in Wahrheit vor den verschlossenen Schultoren mit all seiner Lebendigkeit und Vielfältigkeit stattfindet. Dieses Leben ist der Schule und den Kindern im Grunde also recht fern.

Schulen sind in den letzten Jahren aber auch immer häufiger zu Erziehungs- und Aufbewahrungsstätten für Kinder gemacht worden. Aufbewahrungsstätten, weil Eltern immer länger arbeiten müssen; Erziehungseinrichtungen, um Kindern all das beizubringen (Sozialverhalten und Verhaltensgrundregeln), was Eltern aufgrund immer längerer Arbeitszeiten oder mitunter auch aufgrund mangelnder Bereitschaft nicht mehr möglich ist. Zusammengerechnet verbringt ein Kind in der Schule dann mitunter mehr Zeit als zu Hause bei den Eltern. Werden Wochenenden und Ferien dann auch noch – zumindest teilweise – in irgendwelchen Betreuungseinrichtungen verbracht und kommen Fernseher und Computer als Animateure und Spielgefährten zum Einsatz, bleibt für eine intensive und innige Eltern-Kind-Beziehung geschweige denn überhaupt ein Miteinander nur mehr wenig Zeit. Gespräche und Nähe, Zuhören und Dasein müssen oft mangels Zeit auf ein Minimum reduziert werden. Wer darunter leidet, ist im Endeffekt das Kind. Die Umstände machen es ihm oftmals unmöglich, sich an den Eltern zu orientieren.

Es stimmt schon: Innigkeit ist nicht zwangsläufig an Quantität gebunden und kann auch dann stattfinden, wenn Eltern arbeiten gehen. Aber dann braucht es Raum für den Austausch. Schließlich lebt die Eltern-Kind-Beziehung vom gemeinsamen Erleben und dem Da-Sein der Eltern während wichtiger Entwicklungsmomente. Sie lebt davon, dass Eltern Bescheid wissen, ohne dass das Kind lang und breit erzählen muss und dass gerade für andere kindliche Erzählungen neben all den anderen wichtigen Punkten des Miteinanders ausreichend Zeit bleibt.

Besteht diese Möglichkeit nicht, müssen Eltern nachfragen. Oder müssten. Denn wer abends müde von der Arbeit kommt, noch den ganzen Haushalt vor sich und ein paar hungrige Mägen zu füllen sowie alles für den folgenden Tag herzurichten hat, der hat nur wenig Gehör für mögliche Erzählungen und noch weniger Energie, vielleicht näher nachzufragen. Um aber eine intakte Eltern-Kind-Bindung leben zu können, in der sich das Kind an den Eltern orientiert, braucht es gerade dieses Zuhören und Da-Sein, diese intensive Zeit miteinander.

Je weniger es davon gibt, desto mehr wird das Kind im Außen nach der nötigen Orientierung und Bindung suchen. Hat es Glück, findet es diese bei den begleitenden Erwachsenen im Schul- und Betreuungsumfeld. Findet es diese dort nicht, wird es sie bei Gleichaltrigen suchen.

Der sogenannten Gleichaltrigenorientierung haben sich Gabor Mate und Gordon Neufeld in ihrem Buch *„Unsere Kinder brauchen uns"* gewidmet. Sie beschreiben dort nicht nur, wie es zu einer Gleichaltrigenorientierung kommt, sondern zeigen auch die vielfältigen Probleme auf, zu denen sie führen kann. Denn von ebenso bedürftigen und lernenden Menschenkindern – was Gefühle und Verhaltensweisen, aber auch Fähigkeiten und Fertigkeiten betrifft – wird man nie die erfüllende Bindung und Orientierung bekommen, die bei einem Erwachsenen möglich ist.

LÄNGER, INTENSIVER, FRÜHER

Ist das die neue Devise in puncto Kinderbetreuung mancher Politiker, mit der sie das Bildungsniveau steigern und Probleme des Schulsystems beheben wollen? Schenkt man ihren Forderungen, Versprechungen und Aussagen Gehör, gewinnt man den Eindruck, dass es so ist.

Übersehen wird dabei, dass im Endeffekt schon aufgrund der vielen gemeinsam verbrachten Stunden ein Großteil des Begleitens an den Pädagogen hängenbleibt. Dementsprechend hoch sind die Erwartungen an Letztere. Neben Basiswissen (inklusive anschaulichem Erfolg) sollen sie den Kindern auch grundlegende Verhaltensweisen beibringen und jene Defizite ausgleichen, welche die Kinder mitunter von zu Hause mitbringen – aus mangelnder Bereitschaft oder auch fehlender Zeit.

Das klingt wie eine Aufgabe, die durchaus lösbar ist. Aber: 20 bis 30 Kindern nicht nur Allgemeinwissen – ohne Rücksicht auf ihre Interessen, aber dafür selbstverständlich mit dem Druck des Lehrplans im Nacken – beizubringen, sondern ihnen auch teilweise *Elternersatz* zu sein, stellt vor eine enorme Herausforderung. Alles hat Grenzen, auch die Bereitschaft der Pädagogen – von denen ich annehme, dass sie ihren Beruf aus guten Gründen gewählt haben.

Ist es schon beim eigenen Kind manches Mal schwer, genau hinzuhören, geduldig zu bleiben und ihm achtsam zu begegnen (ohne dabei sich selbst zu vergessen), kann es bei einer ganzen Gruppe von Kindern unmöglich sein, sich um jedes einzelne zu kümmern. Läuft etwas schief, haben letztendlich in der öffentlichen Wahrnehmung ganz oft die Pädagogen versagt oder nicht rechtzeitig Bescheid gegeben. Es hätte ihnen doch auffallen müssen ...

Es ist mir ein Anliegen, hier eben nicht die Pädagogen an den Pranger zu stellen. Auch wenn sie möglicherweise in dem Glauben an unser Bildungssystem und an die Art des Lernens handeln, gehe ich doch davon aus, dass zumindest der Großteil von ihnen ebenso wie Eltern im Grunde nur das Beste für die Kinder will. Ich möchte auch gerne glauben, dass sie ihren Beruf mit den besten Absichten gewählt haben und gerne ausüben.

Aufgewachsen als Tochter einer Pädagogin, verheiratet mit einem Pädagogen, aufgrund meines Berufs ständig mit Pädagogen im Gespräch und nicht zuletzt aus der intensiven Auseinandersetzung mit der Thematik bekomme ich viel Einblick ins Schulsystem. Ich höre von den Schwierigkeiten des Systems ebenso wie von den Schwierigkeiten mit Schülern oder mitunter auch mit Eltern. Lehrer stoßen oft genug an ihre Grenzen.

Die Vielzahl an kleinen und größeren Problemen, mit denen sie sich täglich konfrontiert sehen, ist ein gesamtgesellschaftliches Problem und sollte nicht allein auf Schulen und Lehrer abgewälzt werden. Denn im Grunde finden all die Probleme ihren Anfang in der Art und Weise, wie Kinder gesehen und wie sie vom Säuglingsalter an begleitet werden. Es ist aber auch wichtig, klar zu sagen, dass wir heute de facto in einer Zeit leben, in der Eltern sich einer noch nie dagewesenen Informationsflut gegenübersehen und ihnen bereits vor Geburt des Kindes eingetrichtert wird, die Erziehungsarbeit wahren Experten zu überlassen und nur das zu tun, was diese ihnen sagen – statt ihrem Bauchgefühl zu folgen und darauf zu achten, was sich für sie und ihre Familie richtig und stimmig anfühlt.

Ein Phänomen unserer Zeit ist, dass Eltern, die für ihr Kind da sein und es selbst betreuen wollen, schlechter dastehen und weniger Ansehen genießen, als jene Eltern, die ihr Kind sobald als möglich einer Betreuungseinrichtung übergeben. Dabei stellt sich natürlich die Frage, warum die Betreuungsarbeit eines Pädagogen mehr Ansehen und Wert genießt als das Dasein einer Mutter oder eines Vaters.

Eltern wird heute gerne eingeredet, dass ihr Kind im Kindergarten oder in der Schule *besser aufgehoben* sei als zu Hause, weil es dort alles bekommen würde, was es braucht. Weil dem Kind dort ein Umfeld geboten werde, welches Eltern daheim gar nicht schaffen könnten, und es dort optimale Förderung erhalte. Je älter ein Kind wird, desto größer wird der diesbezügliche Druck auf die Eltern.

Wer sein zweijähriges Kind noch nicht im Kindergarten hat, erntet heute oft schon schiefe Blicke, und wer es nicht in die schulische Nachmittagsbetreuung gibt, der gilt mitunter gar als *Glucke*. Das geht sogar so weit, dass vom Österreichischen Institut für Familienforschung 2015 eine Studie vorgelegt wurde, die der Fragestellung nachgeht, ob Kinder, die bereits im Kleinkindalter fremdbetreut wurden, später eher aufs Gymnasium gehen – sprich intelligenter sind (vgl. Kapella 2015, Die Presse 2015).

Nicht zuletzt ist da noch der Druck auf die Eltern, in jedem Fall die richtige Einrichtung für ihr Kind zu wählen. Eine Einrichtung, für die sie ihr (zukünftiges) Kind gegebenenfalls noch vor dem Ende der Schwangerschaft anmelden sollten. Dass Eltern sich im Hinblick auf all die Erwartungen, Forderungen und Empfehlungen, die sie laufend zu hören bekommen, immer weiter zurücknehmen oder gleich gar nicht anfangen mit persönlichem Engagement, ist vielleicht nicht nachvollziehbar, trotzdem aber verständlich.

Ob das aus Angst Dinge falsch zu machen geschieht, aus Unsicherheit, Hörigkeit oder schlichtweg Trotz, ist im Grunde vollkommen egal. Denn letztendlich handeln Eltern in dem Bestreben, alles richtig zu machen und aus Sicht der Gesellschaft, gute Eltern zu sein.

Leicht gemacht wird es niemandem. Nicht den Eltern, nicht den Kindern und auch nicht jenen Personen, die mit Kindern arbeiten. Dabei wird bei näherer Betrachtung eines klar: Unsere Gesellschaft macht es sich selbst unnötig schwer. Durch Normen ebenso wie durch die Institutionalisierung und Schubladisierung sowie den Glauben an die Notwendigkeit einer leistungsorientierten Gesellschaft um wirtschaftlich gut dazustehen.

BILDUNGSDEBATTEN UND PRÜFUNGSWAHN

„So schlimm wird es schon nicht sein! Oder etwa doch?"

Ich bin mir meiner verunsichernden Kritik bewusst, sehe darin aber eine Möglichkeit, Veränderung zu bewirken. Wer an der Oberfläche kratzt, muss der Realität und den Tatsachen zwangsläufig ins Auge blicken. Es gilt zu erkennen, dass oberflächliche Korrekturen wenig bringen und sich erst dann etwas wandeln wird, wenn die Bereitschaft gegeben ist, grundlegende Dinge zu ändern. Bildungsdebatten laufen nun schon seit Jahrzehnten und leider immer nur auf Dasselbe hinaus. Das Schulsystem bekommt einen neuen Putz verpasst, welcher dann für politische Wahlzwecke missbraucht und bis zum Gehtnichtmehr gelobt wird, während im Inneren alles beim Alten bleibt. Diskussionen über Kosten, Testergebnisse und Kompetenzerwerb erscheinen wichtiger als die Frage, ob man nicht besser etwas am Lernumfeld und der Unterrichtsart ändern sollte.

Anstatt an der Wurzel anzusetzen und dort zu verändern, wo es wirklich notwendig wäre, werden lediglich die sichtbaren Auswirkungen diskutiert, für ursächlich erklärt und behandelt. Man wird den Eindruck nicht los, dass es gar nicht so sehr um die Kinder und die Schaffung eines optimalen Lernarrangements für sie geht, sondern vielmehr darum, sie möglichst intensiv und lange in Einrichtungen zu verwahren, damit ihre Eltern als Arbeitskraft zur Verfügung stehen und sowohl als fleißige *Produzenten* als auch potentielle *Konsumenten* ein fragwürdiges Wirtschaftssystem am Laufen halten.

Kindern soll hier offenbar nicht wirklich nachhaltiges und Freude bereitendes Lernen ermöglicht werden, sondern eine Art von Lernen vermittelt werden, welche den Umgang mit ihnen als zukünftige Arbeitskraft erleichtert und die mehr mit Auswendiglernen und Wiedergeben als mit Begreifen und Verstehen zu tun hat. Selbstbestimmte, eigenständig und eigeninitiativ denkende Erwachsenen sind nicht das Ziel, sondern leicht zu beeinflussende Bürger.

Der anfängliche Idealismus und die aufkeimende Hoffnung durch Reformvorschläge und die dazugehörigen Bildungsdiskussionen sind einer generellen Resignation gewichen. Das Interesse an Debatten zur Ausbildung unserer Kinder ist abgeflaut. Sich daran zu beteiligen, scheint die Masse nicht mehr zu interessieren. Viele eher scheint die Tendenz immer häufiger in Richtung Eigeninitiative und Projektverwirklichung zu gehen. Mehr und mehr Menschen schließen sich zu Initiativen zusammen oder gründen Projekte, um ihren Kindern ein anderes Lernen zu ermöglichen. Diese Engagements sind mitunter wieder den Behörden ein Dorn im Auge und bringen den Staat zu immer neuen Regelungen und Gesetzen, in dem Versuch diese Bestrebungen des Ausbrechens zu unterbinden.

Was haben all die Reformen der letzten Jahrzehnte gebracht? Es gab zahlreiche Rechtschreibreformen, wodurch kaum jemand mehr weiß, wie man überhaupt schreibt – oft nicht einmal mehr die Pädagogen. Es gab unzählige Lehr- und Stundenplanänderungen, Personal- und Stundenkürzungen, Erneuerungen der Zugangsbestimmungen für bestimmte Schulen, Ausbildungs- und Namenswandel. – Das klingt ja alles recht nett, aber mehr als kurzzeitige (oder auch langfristige) *Verwirrung* ist nicht zustande gekommen.

Es scheint, bei Lichte betrachtet, bei all den Bildungsdebatten nur darum zu gehen, Schulen so zu gestalten, dass sie dem äußeren Schein gerecht werden; oder auch darum, Schritte zu setzen, um im Ranking internationaler Testergebnisse nicht noch weiter nach unten zu rutschen. In Wahrheit aber haben die sogenannten Bildungsexperten augenscheinlich nicht verstanden, worum es beim Lernen und dem Wissenserwerb eigentlich geht.

Bildungsdebatten haben die schlechte Angewohnheit, nicht darüber geführt zu werden, was wirklich wichtig wäre, etwa über die Sinnhaftigkeit von Leistungsdruck, Förder- und Prüfungswahn. Es sollte doch im Wortsinn bei Bildungsdebatten um die Anerkennung der kindlichen Wissbegierde und Lernfreude gehen! Und darum zu erkennen, dass Kinder selbstverständlich lernen und interessiert sind, solange man ihnen das nicht nimmt. Auch sollte klar werden, dass Überprüfungen überflüssig sind und es lediglich aufmerksame Pädagogen braucht, die es verstehen, zurückhaltend zu begleiten.

In einem freien Lernumfeld hätten Pädagogen Zeit zum Beobachten und Begleiten, zum Da-Sein, Zuhören und Wahrnehmen. Sie hätten Zeit für ein Miteinander auf Augenhöhe und das Erkennen von wirklichen Interessen. Selbst in vielen Alternativschulen ist freies Lernen nur eine Wunschvorstellung. Sogar dort, wo man dem ersten Anschein nach meint, Freiheit und Selbstbestimmung des Kindes im Hinblick auf sein Lernen zu finden, kommen Lehrpläne und Überprüfungen sowie Beurteilungen zum Einsatz. Alternativpädagogische Methoden sind leider oftmals nur der gute *Aufmacher* für eine ganz normale Schule. Dass Schule aber ohne ständige Überprüfung möglich ist, beweisen die wenigen Alternativschulen ohne Leistungsdruck und Beurteilung oder auch finnische Schulen, wo es Benotungen zum Beispiel erst ab der siebenten Klasse gibt.

Abgesehen davon: Stellt es einem Schulsystem und in weiterer Folge nicht den Erwachsenen (seien es nun Eltern oder Pädagogen) ein Armutszeugnis aus, wenn sie sich ständig durch Tests und Prüfungen davon überzeugen müssen, ob das Kind bei ihnen etwas gelernt hat? Bedeutet das nicht, dass im Grunde über das Kind hinweggesehen wird, es nicht in seinem Tun beobachtet und auch die Gespräche mit ihm nicht in voller Aufmerksamkeit geführt werden?

Eigentlich sollten solche Wahrnehmungen ausreichen, um zu erkennen, ob ein Kind sich fortwährend weiterentwickelt oder ob es stehenbleibt.

Man muss ein Kind keiner Fahrradprüfung unterziehen, nur um zu sehen, ob es wirklich Fahrrad fahren kann.

Ebenso wenig muss man seine Schreib- und Rechenkenntnisse, sein Leseverständnis oder auch sein Wissen in den verschiedensten Bereichen überprüfen, wenn man ihm mit offenen Ohren und Augen begegnet.

Wer Kinder aufmerksam begleitet und ihnen in Gesprächen wirklich zuhört, kann sich im Grunde ein sehr gutes Bild von ihrem Wissensstand und Können verschaffen, ohne sie dafür extra überprüfen oder auch beurteilen zu müssen.

OHNE SCHULE GEHT NICHTS?

„Schule muss sein." – Ein Standardsatz, den man immer wieder zu hören bekommt. Schule muss sein, impliziert die Annahme, dass es irgendwelcher, auf einem Leistungs- und Beurteilungssystem aufgebauter Institutionen bedarf, damit Kinder sich überhaupt für etwas interessieren und lernen. Der Satz impliziert die Annahme, dass ein Kind vor Eintritt in die Schule nur unzureichend oder mitunter gar nicht lernt und auch nie damit anfangen würde, wenn es nicht in die Schule gehen würde.

In einem derartigen System ist der Gedanke, dass ein Kind ohne Zutun eines dazu befähigten (sprich durch das System gegangenen) Erwachsenen gänzlich dumm und unwissend bleiben würde, Mutter aller Gesetze. Es ist dieser Gedanke, der in unserer Gesellschaft immer und überall zum Tragen kommt und den Umgang mit dem Kind ebenso beeinflusst wie die Beziehung zum eigenen Lernen.

Lernen ohne Lehrer und Belehrung? Undenkbar. Die persönlichen Zweifel, dass das überhaupt gutgehen kann, sind häufig enorm groß. Noch umfassender ist mitunter die Kritik der sogenannten Experten, die zu so einem *heiklen* Thema natürlich immer gerne befragt werden. Von Verantwortungslosigkeit der Eltern bis hin zu sozialer Verwahrlosung der Kinder ist da die Rede, von fehlender Führung und mangelndem Konfliktlernen, weil den Kindern ohne Schule angeblich die nötigen Aushandlungsmöglichkeiten in größeren sozialen Gruppen fehlen würden.

Interessant ist, dass viele der immer wieder angeführten Kritikpunkte rein gar nichts oder nur sehr wenig mit dem Lernen an sich zu tun haben. Kaum einer dieser Experten bringt den Kritikpunkt ein, dass Lernen ohne Schule nicht klappen kann, und wenn, dann geht es zumeist nur darum, dass wichtige Themen eventuell nicht im vorgesehenen Zeitfenster angesprochen würden und das Kind dadurch eine falsche Einstellung zum Lernen und Leben generell gewinnen würde. Die kritischen Argumentationen zielen in der Mehrzahl auf das Drumherum und den angeblich viel zu isolierten Alltag ab.

Ganz zu schweigen davon, dass sie häufig nur so vor Widersprüchen strotzen: Denn obwohl das scheinbare Fehlen anderer Kinder das soziale Lernen nicht beschulter Kinder angeblich beeinträchtigt, obwohl die Kinder vorgeblich isoliert und ohne Freunde aufwachsen *müssen* und obwohl es ihnen scheinbar viel zu einfach gemacht wird; wird unmittelbar darauf in Gesprächen gerne angemerkt, wie kompetent und sozial frei lernende Kinder sind, wie selbstständig und lösungsorientiert sie arbeiten und wie aufmerksam und interessiert sie sich in Interaktionen verhalten. Das sind Argumentationen, die nicht zusammenpassen und den Eindruck vermitteln, dass das Thema zum einen recht oberflächlich behandelt wird (weil gar nicht die Bereitschaft gegeben ist, sich wirklich damit auseinanderzusetzen) und es zum anderen Einigen mitunter ganz und gar nicht passt, wenn sie keinen Einfluss mehr auf das heranwachsende Individuum nehmen können.

Der Verzicht auf Manipulation, Suggestion und Drohung, anders gesagt auf Indoktrination, die bei immer früherer und längerer Fremdbetreuung natürlich leicht zu bewerkstelligen ist, wird von mir als gefährdend angesehen. Es ist kein Geheimnis, dass Menschen vor allem in der frühen Kindheit leicht zu formen sind und dass sich viele Diktaturen diese Tatsache zunutze gemacht haben beziehungsweise immer noch ausnutzen. Es ist auch kein Geheimnis, dass man genau aus diesem Grund Kinder auch hierzulande immer noch gerne – wenn auch unausgesprochen – möglichst früh in Betreuung sehen möchte. Unter dem Vorwand von Integration oder Sprachförderung natürlich und unter dem Vorwand des wirtschaftlichen Aspekts.

Schule gehört zu dem Lebensbild, welches sich in den Köpfen der Menschen manifestiert hat. Man wird geboren, man kommt in den Kindergarten, man geht zur Schule, man wählt eine Ausbildung, ergreift einen Beruf, steigt in diesem langsam auf, entscheidet sich vielleicht irgendwann für einen zweiten Bildungsweg, arbeitet weiter, schafft sich materielle Sicherheiten und geht irgendwann einmal – nach einem erfüllten Arbeitsleben – in die wohlverdiente Pension, in der man sich dann alles gönnt und erlaubt, was man sich in jungen Jahren verwehrt hat – sofern man gesundheitlich dazu noch in der Lage ist und es einem die wirtschaftliche Situation erlaubt.

Und ebenso wie Berufsleben oder Pension eng mit gewissen Lebensabschnitten in Verbindung stehen, werden Kindergarten und Schule mit Kindheit und Jugendjahren in Verbindung gebracht. Dabei wird der Schule nicht nur das Lernen zugeschrieben, sondern auch der Freundeskreis und die damit verbundenen tollen Erlebnisse.

Ohne Schule könnte all das nicht stattfinden – so der weitverbreitete Glaube. Denn wo sonst solle man Freunde finden? Oder wunderbare Erlebnisse mit anderen Kindern haben?

Ohne Schule scheint das Lebensbild in den Köpfen der meisten Menschen plötzlich ins Wanken zu geraten. Die Angst davor, dass ein Kind ohne Schule sein Leben nicht meistern könnte, ist beinahe ebenso groß wie die Angst, dass es durch zu viel Freiheit nur faul in einer Ecke sitzen würde, ohne sich weiterzuentwickeln.

Erlaubt sich der Mensch aber einen Umdenkprozess und eine andere Sichtweise der Dinge, wird er eventuell erkennen, dass es viele mögliche Lebenswege gibt und der Weg ohne Schule nicht zwangsläufig ein asoziales, eingekerkertes Leben bedeutet, ohne Freunde und ohne richtige Ausbildung.

Konzentriertes Lernen als Freilerner:
Eintauchen in die Welt der Forscher.

FREIES LERNEN

Das Netzwerk der freilernenden Kinder und ihrer Familien ist in den letzten Jahren sowohl in Österreich als auch in Deutschland wie auch der Schweiz trotz der gedanklichen Verknüpfung von Kindheit und Schule stetig gewachsen.

Alleine im Schuljahr 2014/15 gab es 100 Abmeldungen zum häuslichen Unterricht mehr in Wien als im Jahr davor. Insgesamt waren es in Wien knapp 400 Kinder, die keine Schule besucht haben. Mehr als 2.000 Kinder sind es in Gesamtösterreich, die nicht zur Schule gehen bzw. eine Schule ohne Öffentlichkeitsrecht besuchen – Tendenz steigend. (Profil 2015)

Auch in Deutschland findet die Bewegung der Initiative für freies Lernen immer mehr Zustrom, laufende Treffen stehen dort ebenso auf dem Programm wie das jährliche Schulfrei-Festival. Auch in anderen Ländern Europas steigt die Zahl jener Eltern, die nach Alternativen zum herkömmlichen Bildungsweg suchen.

VOM EXOTISMUS ZUM NORMALFALL?

Es lässt sich nicht leugnen, dass diese Entwicklungen nicht unbemerkt bleiben, und die Zukunft wird zeigen, in welcher Art und Weise Politiker und letztendlich Behörden darauf reagieren werden. Ob Veränderungen stattfinden werden oder die Schlinge versuchsweise noch enger gezogen wird, um die (de facto nicht gegebene) Freiheit des Einzelnen noch weiter einzuschränken.

Früher gerne als elitäre Angelegenheit abgestempelt und belächelt, ist freies Lernen beziehungsweise Leben ohne Schule heute zum Glück nicht mehr der gar so große Exot. Dies geschieht vielleicht weniger aus dem Bestreben heraus, das Kind ungern in Fremdbetreuung zu geben, sondern vielmehr aus einer generellen Unzufriedenheit mit dem Schulsystem und seinen Auswirkungen sowie dem Gefühl, keine andere Möglichkeit zu haben.

Trotz der offensichtlichen Entwicklung hin zu immer mehr Förderung und Belehrung, zu immer intensiveren Interventionen, damit das Kind in seiner Entwicklung nur ja nicht zurückbleibt – gibt es auch eine Gegenbewegung. Sie wird von den Menschen gebildet, die sich bewusst für einen anderen Weg entscheiden aus der Überzeugung heraus, dass Lernen selbstverständlich ist und einer gewissen Freiheit bedarf, damit es stattfinden kann.

Viele Eltern wollen nicht mehr nur einfach über ihr Kind hinwegerziehen oder merken nach der ersten Zeit in Kindergarten und Schule, dass sich ihr Kind gar nicht wohlfühlt und eine gewisse Veränderung hin zum Negativen durchgemacht hat, seit es diese Institutionen besucht. Dass sich aus diesem Bestreben heraus natürlich auch gewisse Probleme entwickeln können, ist unbestritten – das zeigt mir die Arbeit mit Familien immer wieder. Denn der Grat zwischen einer gesunden, authentischen Beziehung zwischen Eltern und ihrem Kind und einer ungesunden Beziehung, wo Freiheit als Absage an Grenzen und Orientierung gesehen wird, ist schmal.

In dem Bestreben, alles für das Kind zu tun, ihm die nötige Freiheit zu geben und es frei aufwachsen zu lassen, vergessen Eltern gerne einmal sich selbst und ihre Bedürfnisse sowie die Notwendigkeit, diese auch zum Ausdruck zu bringen.

Freies Lernen – wie letztendlich auch das freie Aufwachsen – würde in letzterem Fall zu einer sehr großen Belastungsprobe für Eltern und Kind werden. Denn gerade das freie Lernen braucht einen schützenden Rahmen, der von den Eltern geschaffen werden muss. Ein Rahmen, der von ihrem verantwortungsvollen Handeln und ihren Entscheidungen das Äußere betreffend getragen wird.

Gewisse Entscheidungen können beispielsweise noch nicht vom Kind getroffen werden, weil es aufgrund fehlender Erfahrungen mitunter gar nicht weiß, was es hier zu entscheiden gilt. Es mag vielleicht recht frei und demokratisch klingen, ein Kind selbst entscheiden zu lassen, ob und in welche Schule es gehen möchte. In Wahrheit aber bedeutet diese Entscheidung eine Verantwortung, die das Kind noch nicht tragen kann. Einem sechsjährigen Kind fehlt nicht nur der Weitblick, sondern auch der Einblick. Es denkt nicht in Monaten oder Jahren, sondern entscheidet aus dem Bauch heraus, was jetzt gerade interessant ist. Wenn es ihm aber nach einer Woche in der Schule nicht mehr gefällt, kann es nicht einfach wieder aufhören damit. Ob Schule oder nicht und, falls ja, welche Schule, sollte demnach zumindest in den ersten Jahren Entscheidung der Eltern sein und auch bleiben. Erst später, wenn das Kind älter ist und eine gewisse Vorstellung davon hat, was eine derartige Entscheidung bedeutet, ist es möglich, das Kind selbst entscheiden zu lassen beziehungsweise es in die Entscheidungsfindung miteinzubeziehen.

Schule muss nicht sein, um lernen zu können oder das Leben zu erfahren. Trotzdem bleibt Eltern oft – trotz angeblicher Bildungsfreiheit – keine andere Wahl, als das Kind zur Schule zu schicken. Aus eben diesem Grund wäre es wichtig, Veränderungen im gesamten Bildungssystem herbeizuführen und Schule in einer Art und Weise zu verändern, die Lernen ohne Druck, Belehrung und Beurteilung möglich macht.

Es reicht nicht aus, dem System einfach den Rücken zu kehren und damit indirekt dagegen aufzubegehren. Gegenbewegungen machen nämlich nur dann Sinn, wenn sie Missstände und Veränderungsmöglichkeiten aufzeigen und konstruktive Lösungen anbieten, anstatt lediglich zu verteufeln und abzuwerten.

EINE LEBENDIGE UMGEBUNG SCHAFFEN

Lernen setzt keine Beschulung beziehungsweise Belehrung voraus, wie sie in unseren Breiten üblich ist. Was Lernen in erster Linie neben der Freiheit, seinen Interessen nachgehen zu können, braucht, ist eine lebendige Umgebung.

In Schulen lernt man das wirkliche Leben überwiegend aus Büchern kennen. Dialoge werden künstlich erzeugt, um Fremdsprachen wie auch die eigene Sprache kennenzulernen und zu verstehen, Rechenbeispiele werden durch Einkaufsszenen untermauert, Sachthemen mit – wenn überhaupt – Bildern und Zeichnungen vermittelt und in nachgestellten Szenen soll das Kind Kommunikation und Konfliktbewältigung erfahren. All dies geschieht aus der Überzeugung, Kindern nur so die Realität beibringen und es auf den Ernst des Lebens vorbereiten zu können. Wer diese Art von Simulation gut findet, sieht die Entwicklungen der letzten Jahrzehnte vermutlich ausschließlich positiv.

Der Unterricht ist (angeblich) freier geworden, Schulbücher sind bunter und praxisnäher aufbereitet, mit Bildern aufgelockert und versuchsweise so gestaltet, dass sie Kindern die einzelnen Themen schmackhaft machen. In einigen Schulen wird der Frontalunterricht verwässert, was letztendlich dazu führt, dass die Einhaltung des vorgesehenen Lehrplans zum Problem wird, wodurch der Leistungsdruck noch weiter ansteigt.

Wahlfächer und Projektarbeiten sowie Freiarbeit werden in den Unterricht integriert, haben in Wahrheit aber wenig Relevanz, weil Kindern das selbstständige Arbeiten bereits abtrainiert wurde und letztendlich wiederum der Lehrer vor den Kindern steht und sie in ihrer Freiarbeit Schritt für Schritt anleitet. Vieles klingt vielversprechend, scheint bei näherer Betrachtung aber lediglich als werbeträchtiger Pluspunkt für die immer anspruchsvolleren Eltern zu dienen.

Ob sich Fragmente eines freieren Lernens wirklich im Unterricht wiederfinden und wie sinnvoll es ist, sie durch willkürliche Kombination zu verwässern und aufzuweichen, bleibt fraglich. Nicht zuletzt aufgrund der meist fehlenden Ausbildung der Pädagogen in der entsprechenden Richtung und dem eigentlichen Widerspruch, freies Lernen und Frontalunterricht zu verknüpfen.

- Bieten das Leben selbst und die Geschäftigkeit des Alltags nicht alles, was ein Kind zum Lernen braucht?
- Lässt sich Mathematik nicht am besten durch die aktive Verwendung von Zahlen verstehen – beispielsweise beim Kochen oder Einkaufen?
- Gewinnt man Fremdsprachenkenntnisse nicht am ehesten dann, wenn man die Sprache auch spricht und im Alltag anwendet (anwenden muss)?

Vor den Antworten auf diese Fragen steht eine andere Überlegung: Welchen Zweck erfüllt das angeeignete Wissen – sofern es überhaupt einen Zweck erfüllt – und was bringt es dem Kind in seinem weiteren Leben?

Nützliches Lernen braucht Vielfalt, eine gewisse Sprunghaftigkeit und vor allem Vernetzung. Gerade Letztere kommt beim auf einzelne Fächer konzentrierten Frontalunterricht zu kurz.

Anders als in der Regelschule beschränkt sich das Lernen ohne Beschulung und Beurteilung nicht auf einzelne Fächer, sondern findet umfassend und übergreifend statt. Stellen wir uns einen Waldspaziergang mit Kind vor oder eine Tour durch die Stadt:

Welche Gespräche führen wir? Wo gehen wir hin – zu Fuß und in Gedanken? Stellen wir uns die Fragen und Antworten vor, die unvorhersehbaren Wendungen, die Gespräche mit Kindern immer wieder nehmen. Sie sind nicht vorhersehbar und erst recht nicht an Fächergrenzen gebunden. Im Vorhinein wissen wir nicht, wohin diese Gespräche aufgrund kindlicher Fragen und Sichtweisen führen.

Bei dieser Vorstellung gibt es interessanterweise keinen einzigen Augenblick, in dem ein Kind nicht interessiert ist, mit offenen Augen und Ohren seine Umgebung betrachtet und Fragen stellt. Desinteresse taucht erst dann auf, wenn das Kind gelernt hat, keine Fragen zu stellen. Wenn es oft genug *abgedreht* wurde, seine Fragen unbeantwortet blieben und ihm gezeigt wurde, dass es einfach nur lästig ist.

In einer lebendigen Umgebung hingegen wird es immer etwas geben, wofür sich ein Kind interessiert. Man wird dort, wo der Wissenserwerb frei und selbstbestimmt vor sich gehen kann, kein Kind erleben, das nichts mit sich selbst und seiner Freiheit anzufangen weiß. Es wird sich höchstwahrscheinlich nicht immer für das interessieren, was in einem Lehrplan stände. Aber ist das relevant? Wer entscheidet eigentlich darüber, was ein Mensch zu einem bestimmten Zeitpunkt wissen muss? Wo wird die Grenze gezogen zwischen Norm und Abnormität?

In einer Umgebung, in der es keine strenge Gliederung – was Lernen ist und was nicht – und Bewertung – was gut ist und was nicht – des kindlichen Tuns gibt, zählen Unlust und Angst zu den großen Unbekannten. Ganz anders in einer Umgebung, in der Wissenserwerb künstlich und unter Druck erschaffen wird.

Ich möchte nicht behaupten, dass Schule eine generell tote Umgebung darstellt, sicherlich aber eine künstliche. In den meisten Schulen fehlt nicht nur die Lebendigkeit des Umfeldes, sondern auch ein natürlicher Umgang mit Wissenserwerb und Lernen. Schule – mit ihrem einheitlichen Klassensystem und fixen Lehrplänen – schafft eine künstliche Umgebungs- und Gemeinschaftssituation, die man im realen Leben vergeblich sucht.

Das Erschreckende und zugleich Einfache ist: Eine lebendige Umgebung muss nicht erst erschaffen werden, sie muss nur existieren dürfen, in ihrer ganzen Vielfalt und ihren ganzen Gegensätzen.

Ganzes, Halbes, Viertel, Achtel – und wieder zurück. Verstehen durch Ausprobieren und Begreifen.

SOZIALES LERNEN ERMÖGLICHEN

Soziales Lernen ist ein Thema, das gerne und immer wieder dann auf den Tisch gebracht wird, wenn die Sprache auf die Nachteile eines Lebens ohne Schule beziehungsweise des freien Lernens kommt.

Hört man Experten zu, was sie zum Thema soziales Lernen zu sagen haben, gewinnt man leicht den Eindruck, dass dieses ausschließlich in Kindergärten und Schulen stattfinden kann. Niemandem scheint dabei aufzufallen, dass wir als Menschen schon richtige Einzelgänger sein müssten, um sozial zu verwahrlosen. Und selbst dann würde es schwierig werden, kein empathisches Wesen zu sein. Trotzdem ist die Angst davor, ein Kind könne ohne Kindergarten und Schule zu genauso einem isolierten Wesen werden, enorm. Viel größer im Übrigen als die Angst davor, dass ein Kind nichts lernen könnte oder dumm bliebe.

Aber verkümmert ein Kind wirklich ohne Kindergarten und Schule? Wird es zum asozialen Einzelgänger, der es nicht schafft, sich in eine Gruppe von Menschen zu integrieren, nur weil es nicht in den Kindergarten oder zur Schule geht? Wie kann es überhaupt sein, dass sich soziales Lernen angeblich nur auf derartige Institutionen reduziert?

Das würde nicht nur bedeuten, dass wir bis vor einigen Jahrhunderten asoziale, anarchische Wesen ohne Kultur gewesen wären, sondern auch, dass soziales Lernen in den Jahren vor Kindergarten und Schulbesuch sowie außerhalb dieser Institutionen nicht stattfindet. Und es würde bedeuten, dass jegliche zwischenmenschliche Interaktion im Säuglings- und Kindesalter für die soziale Entwicklung irrelevant wären.

Was verstehen Experten eigentlich unter *sozialem Lernen*? Und gilt in Expertenkreisen möglicherweise nur das als soziales Lernen, was sich innerhalb der künstlich erzeugten Lebensstruktur in den genannten Institutionen abspielt? Oder gar nur das, was in Gesetzestexten unter toleriertem *Sozialverhalten* verankert ist?

Toleranz, achtsamer Umgang miteinander, Zuhören, wertfreier Umgang, angemessene Konfliktbewältigung – das sind alles Begriffe, die mir zum sozialen Lernen einfallen. Sie bringen mich aber auch augenblicklich ins Grübeln. Schließlich werden sie in Wahrheit nur äußerst selten gelebt und umgesetzt – weder im Umgang der Erwachsenen untereinander noch im Umgang mit Kindern.

So mag es zum Beispiel in Gesetzestexten verankert sein, dass Kinder keiner körperlichen Gewalt mehr ausgesetzt werden dürfen. Geschlagen oder unterdrückt werden sie trotzdem noch allzu oft. Zumindest verbale Gewalt wird nicht bestraft. Nicht nur, weil sie schwer nachweisbar ist, sondern auch, weil sie häufig gar unter dem Deckmantel einer notwendigen Erziehung stattfindet. Und auch mit der gegenseitigen Toleranz ist es nicht weit her. Toleranz wäre eigentlich etwas, worüber man gar nicht nachzudenken bräuchte, wenn sie wirklich gelebt werden würde. Man müsste nicht groß darüber sprechen oder sie einfordern. Sie wäre dann nicht nur selbstverständlich, sondern auch logisch.

Im Dienste der medialen Massenunterhaltung jedoch wird es mit der Toleranz nicht mehr ganz so genau genommen. Da werden Menschen durch den Dreck gezogen oder lächerlich gemacht, es werden Unwahrheiten verbreitet und Feindbilder erzeugt. Bei näherer Betrachtung und einem Blick hinter die Kulissen erscheint unsere Welt nicht mehr ganz so sozial. Man erkennt vor allem eins: dass gerne mit zweierlei Maß gemessen wird.

Sieht so das Sozialverhalten aus, welches wir Kindern näher bringen wollen und das wir in weiterer Folge von ihnen erwarten?

Die Annahme, ein Kind müsse von Gleichaltrigen soziales Verhalten lernen, ist absurd. Es steht außer Frage, dass Kinder natürlich auch durch den Kontakt mit anderen Kindern etwas lernen, aber nicht ausschließlich. Ganz im Gegenteil. Um die wesentlichen Verhaltensweisen zu begreifen, braucht ein Kind Menschen um sich, die ihm in seiner Entwicklung ein Stück voraus sind. Von denen es sich wichtige Informationen mitnehmen, achtsamen Umgang miteinander beobachten und an deren Verhalten es sich orientieren kann. Hat das Gegenüber aber denselben Wissenstand wie das Kind, befindet es sich mehr oder weniger auf derselben Stufe sozialer Entwicklung wie es, wird das wenig weiterhelfen.

Als Beispiel möchte ich hier eine Konfliktsituation unter Kleinkindern anführen. Da ist zum Beispiel ein Gegenstand, der beide Kinder interessiert. Beide wollen damit spielen, ihn anschauen und erkunden. Zuerst werden die Kinder also versuchen, sich gegenseitig den Gegenstand des Begehrens wegzunehmen. Das tun sie nicht etwa vorsichtig oder auf Nachfrage, sondern in erster Linie gewaltsam. Woraufhin logischerweise ein Gerangel entstehen wird.

Je weniger verbale Verständigungsmöglichkeiten Kinder haben, desto brutaler sind sie mitunter im Umgang miteinander. Da wird geschubst, an den Haaren gerissen, geschrien, gezwickt und vielleicht sogar gebissen. Soziales Verhalten im Sinne von achtsamem Umgang miteinander lernen die Kleinen hier sicherlich nicht voneinander.

Erfahrungsgemäß lernen sie in derartigen Situationen vor allem eines: die jeweiligen Möglichkeiten, sich Gegenstände zurückzuholen oder an Konfliktsituationen heranzugehen. Ohne Begleitung eines Erwachsenen, der achtsam eingreift und den Kleinen einen Weg zeigt, wie sich Konflikte noch lösen lassen, werden sie kaum einen friedlichen Weg finden.

Miteinander und voneinander lernen.

Soziales Lernen lebt von der Interaktion. Das ist jedoch etwas, was vor allem im Schulbetrieb nur bedingt möglich ist. Schließlich dürfen Gespräche nur in den Pausen stattfinden – während des Unterrichts müssen die Kinder leise sein und das tun, was von ihnen verlangt wird. Und nicht zuletzt liegt das Hauptaugenmerk des Unterrichts nicht im Einüben korrekten Sozialverhaltens, sondern in der Vermittlung des nötigen Lehrstoffs. Also ist es doch nicht so, dass soziales Lernen nur in Kindergärten oder Schulen stattfinden kann! Denn wenn es beim sozialen Lernen gar nicht um die Zeit des Unterrichts geht, dann hebt sich der Bezug von Institution und sozialem Lernen auf.

Interaktion findet letztendlich überall statt – unabhängig davon, ob man sich nun in einem Kindergarten, einer Schule oder auch gar keiner Einrichtung befindet.

Hinzu kommt, dass soziales Lernen bereits wenige Augenblicke nach der Geburt beginnt, beim ersten Blickkontakt mit Mutter und Vater, den ersten innig erlebten Momenten mit ihnen und den Erlebnissen, die diesen folgen. Soziales Lernen findet immer und überall statt. Sei es nun in der Interaktion mit jenen Menschen, die ein Baby halten oder mit ihm sprechen, oder in der Beobachtung des Babys anderer in ihrem Miteinander.

Mauricio Wild, der Mitbegründer der freien Lernumgebung *Pesta* in Ecuador sowie Initiator des Netzwerkes *Ecosimia*, eines lokalen Tauschsystems, meinte in einem Gespräch über das soziale Lernen des Kindes einmal, dass man einen Fisch im Wasser nicht schwimmen lehren müsste. Kinder sind von Beginn ihres Lebens an soziale Wesen und leben soziale Kontakte. Ihr Umfeld ist ihnen bekannt, sie leben Kommunikation und Interaktion. Ganz gleich, ob diese nun mit Eltern, Großeltern oder Geschwistern, Nachbarskindern, Freunden oder der Verkäuferin vom Supermarkt stattfindet.

In jedem einzelnen dieser Momente findet soziales Lernen statt. Soziales Lernen IST – ebenso wie Lernen einfach IST. Es wäre unnatürlich, müsste dieses erst forciert und in bestimmter Art und Weise erzeugt werden.

Schon Neugeborene beherrschen Kommunikation und „wissen“ um die Notwendigkeit, auf sich und ihre Bedürfnisse aufmerksam zu machen, um überleben zu können. Sie beobachten aufmerksam Mimik und Gestik, reagieren auf Worte, die an sie gerichtet werden, oder versuchen in ruhigen, innigen Momenten gar die Mimik des Gegenübers nachzuahmen. Werden sie älter, beginnen sie bewusst zu lächeln, suchen Blickkontakt, ahmen Gesten nach und treten durch ihre eigene Initiative in Interaktion mit dem Gegenüber. Mit jedem Lächeln, jeder Geste und jedem Laut, welche im Kontakt mit Menschen aus seinem Umfeld ausgetauscht werden, geschieht soziales Lernen.

- Kleine Auseinandersetzungen mit anderen Kindern oder auch mal mit den Erwachsenen, weil das Kind etwas möchte, was es nicht haben kann;
- erste Kontaktaufnahmen mit bis dato fremden Menschen;
- Spielkameraden, mit denen man über Wünsche und Gefühle reden muss, um sich etwas ausmachen zu können;
- kleinere Geschwister, mit denen man zurechtkommen, deren Individualität und ganz eigenständige Aktivität erst mal verstanden werden muss;
- Konflikte, die auftreten und gelöst werden wollen;
- Gespräche mit anderen Menschen ...

Wie könnte all das für das soziale Lernen des Kindes irrelevant sein? Niemand würde auf die Idee kommen, all das als leere Kontakte zu bezeichnen, die keinerlei Bedeutung für das Lernen und Entwickeln des Kindes haben.

Und trotzdem steht immer wieder die Behauptung im Raum, dass soziales Lernen außerhalb von Kindergarten und Schule nicht ausreichend möglich sei. Diesen Institutionen wird mehr Bedeutung beigemessen als natürlichen zwischenmenschlichen Kontakten im familiären Umfeld beziehungsweise Alltag.

Es wäre natürlich ebenso falsch zu behaupten, dass in Kindergärten und Schulen kein soziales Lernen stattfinden kann. Dass es dort aber in einer anderen Form stattfindet, lässt sich nicht bestreiten. Denn anders als im täglichen Leben muss das Kind dort mit allen anderen Kindern seiner Gruppe oder Klasse in Kontakt treten. Es hat selten Wahl- und noch seltener Rückzugsmöglichkeiten. Abgesehen davon sind da ständig Erwachsene, die beobachten und mitunter bestimmend einschreiten, wenn nicht gar vorgeben, worüber geredet werden soll.

Grüppchenbildung und Rivalität werden dadurch nicht verhindert, sondern erst recht forciert. Verstärkt wird das zudem durch die Orientierung auf Leistung und Erfolg.

AUSGRENZUNG VERMEIDEN

Dass ein Kind in der Schule von anderen Kindern ausgeschlossen, ausgelacht und gehänselt wird, ist keine Seltenheit. Es mögen vielleicht nur Einzelfälle sein. Einzelfälle aber, die es in beinahe jeder Klasse in ein- oder mehrfacher und unterschiedlicher Intensität gibt.

Ob ein Kind nun aufgrund seiner Hautfarbe, seines Aussehens, seiner Ausdrucksform, seiner Kleidung, der Dinge, mit denen es sich beschäftigt, oder der Lebensweise seiner Eltern wegen verspottet wird, ist im Grunde egal. Mitunter gibt es gar keinen Grund im Speziellen, sondern das Kind wird von den anderen Kindern einfach als Objekt der Begierde ausgesucht.

Nicht immer erzählt das Kind dies seinen Bezugspersonen, sondern leidet stumm, ohne sich jemandem anzuvertrauen. Möglicherweise beginnt es gar daran zu glauben, was es von den anderen Kindern hört, und nimmt diese Erfahrungen in jede neue Begegnung mit hinein. Nicht selten werden derartige Erlebnisse der Kindheit bis ins Erwachsenenalter mitgeschleppt und bestimmen über das Gelingen oder auch Misslingen von Sozialkontakten.

- *„Da muss es halt durch."*
- *„Die eine oder andere Hänselei gehört halt dazu."*
- *„Da kann man nichts machen."*

So oder ähnlich reagieren viele Eltern, wenn sich ihr Kind mit dem Problem an sie wendet. Es mag schon sein, dass gelegentliche Streitigkeiten und Ausgrenzungen sowie Hänseleien zur Kindheit dazu gehören. Die Frage ist jedoch immer, in welcher Intensität diese stattfinden und ob es Erwachsene in der Umgebung gibt, die einem Stärkerwerden der Konflikte Einhalt gebieten oder ob sie sie vielleicht gar durch ihr Nichteinschreiten, ihr Desinteresse oder gar durch ihre Aussagen verstärken.

Abgesehen davon scheint man der Meinung zu sein, dass ein Kind solche Zumutungen des Lebens aushalten lernen muss. So macht es aber nur die Erfahrung, dass seine Bedürfnisse ignoriert werden und es bestimmte Erwartungen zu erfüllen hat, die nicht mit seinen persönlichen Interessen konform gehen. Es merkt, dass es nur dann Liebe und Zuneigung erfährt, wenn es die nötige *Integrationsleistung* erbringt und ausgeschlossen wird, wenn es nicht ins allgemeine Schema passt.

Sollten derartige Erfahrungen – die ein Kind psychisch, mitunter sogar physisch belasten – wirklich als wichtige Entwicklungsschritte gelten? Erleidet ein Kind gar einen Mangel, wenn es diese Erfahrungen nicht macht? Hat das Kind vielleicht irgendeine spezielle Veranlagung, die es zum Opfer von Spott und Hohn werden lässt? Ist es also mehr oder weniger selbst schuld daran, dass es gehänselt wird oder sich nicht eingliedern kann? Tragen vielleicht gar die Eltern Verantwortung für das Geschehen, weil sie ihr Kind nicht normal aufwachsen lassen?

Ein wesentlicher Teil sozialen Miteinanders ist die wechselseitige Toleranz. Sie ist etwas, das in unserer Gesellschaft deutlich zu kurz kommt und durch die Einstellung der Erwachsenen, dass man *da nichts machen könne* und ein Kind da halt *durch muss*, behindert wird. Denn davon auszugehen, dass sich ein Kind Hänseleien, Ausschluss und Mobbing gefallen lassen muss, gibt derartigen Vorgehensweisen von Kindern eine Legitimation, die nichts mehr mit sozialem Lernen zu tun haben kann. Um anders miteinander umzugehen, sollten Kinder Begleitung erfahren, die ihnen die Möglichkeit gibt, über ihre Vorgehensweisen zu sprechen beziehungsweise zu erkennen, dass andere zu verletzen nichts mit Heldentum oder Ritterlichkeit zu tun hat.

Hänseleien und Ausschluss als vollkommen normal, wenn nicht gar wichtig zu erachten, lässt in der Gegenperspektive die Frage auftauchen, wie Sozialverhalten vom betroffenen Kind wahrgenommen wird. Und was es dadurch lernt. Um einen Vergleich zu bemühen: Die Tatsache, dass ein Kind, welches zu Hause geschlagen wird, mit hoher Wahrscheinlichkeit in Stresssituationen selbst zuschlägt, ist bekannt. Warum sollte es sich hier anders verhalten? Ein gehänseltes Kind wird mit großer Wahrscheinlichkeit – bei gegebenen Möglichkeiten – schwächere Kinder selbst hänseln und ausschließen. Weil es einen derartigen Umgang miteinander als wirksam erfahren hat.

KONFLIKTMANAGEMENT ERLERNEN

- *„Aber man kann sich seine Bekanntschaften doch nicht immer aussuchen!"*
- *„Im Leben muss man auch einmal Kontakt mit Menschen haben, die man nicht so gut leiden kann."*
- *„Diese Erfahrungen in der Kindheit zu machen, ist sicherlich wertvoll."*

Solche oder ähnliche Einwände hört man oft. Und ja, es ist richtig, dass wir bestimmten Kontakten nicht immer ausweichen können. Aber um derlei Erfahrungen zu machen, braucht es nicht unzählige Schuljahre. Dafür reicht schon ein einziger Besuch auf einem Spielplatz oder im Freibad.

Es wird immer wieder Momente im Leben eines Menschen geben, in denen er auf einen anderen Menschen trifft, mit dem er nicht so gut zurechtkommt – der ihm nicht so sympathisch ist. Die freie Wahl hat man im Alltag dennoch. Man hat immer die Möglichkeit, derlei Kontakte auf ein Minimum zu reduzieren oder ihnen ganz auszuweichen.

Kaum ein Erwachsener wird mehr Zeit als unbedingt nötig mit einem Menschen verbringen, zu dem er keinen rechten Draht findet. Mehr noch wird er versuchen diesen Kontakt, wenn irgendwie möglich, zu vermeiden.

Einem Kind in Kindergarten oder Schule bleibt diese Option weitestgehend verwehrt. Ganz im Gegenteil wird von den Kindern sogar verlangt, dass sie diese ungute Konstellation einfach aushalten und damit umgehen lernen müssen. Ein interessanter Ansatz. Denn statt für das Kind da zu sein und sich die Frage zu stellen, ob eine derartige Erfahrung für das Leben des Kindes wirklich wertvoll ist, ist man mehr oder weniger davon überzeugt, dass es das Kind *schon nicht umbringen, sondern maximal härter und widerstandsfähiger machen wird*, wenn es ständig Zeit in einer Umgebung verbringt, in der es sich nicht wohlfühlt.

Kinder lernen in Kindergarten oder Schule nicht mehr über das Sozialverhalten, als sie im täglichen Leben darüber lernen können. Ich tendiere sogar stark dazu, davon auszugehen, dass in einer Bildungsinstitution, die ja immer eine künstlich erzeugte Gemeinschaftsstruktur ist, weniger sozial gelernt wird. Diese Orte können nie dasselbe bieten wie die Lebendigkeit und Vielfalt des täglichen Lebens. Die meisten Kontakte, welche für das soziale Lernen relevant sind, werden schließlich in der schulfreien Zeit gepflegt.

Trotz allem liegt es mir fern, Kindergärten und Schulen generell an den Pranger zu stellen. Gerade jene Kinder, die im familiären Lebensumfeld wenig bis gar keine soziale wie auch emotionale Zuwendung erfahren, haben dort zumindest die Chance, (bei optimalen Voraussetzungen) ein Mindestmaß an Zuwendung und Aufmerksamkeit zu erfahren.

Natürlich kann das bei Weitem nicht die Eltern als Bezugspersonen ersetzen, aber so ist die Chance auf kompetente und fähige Begleitung gegeben. Zumindest wenn Kinder hier auf Erwachsene stoßen, die es verstehen, Orientierung zu bieten und den Mangel an häuslicher Zuwendung zu erkennen und auszugleichen.

Bedauerlicherweise ist das letztendlich nicht nur eine Frage des pädagogischen Willens, sondern oftmals auch der Möglichkeiten, wie Pädagogen reagieren können. Gerade in Ballungszentren gibt es Schulen, in die mitunter mehr Kinder aus desolaten Familienverhältnissen gehen als solche aus intakten.

Die Gründe, warum es Pädagogen in Klassen mit überwiegend *Problemkindern* (wie sie in der Fachsprache dann gerne bezeichnet werden) unmöglich ist, ausreichend Rückhalt zu schaffen und Orientierung zu bieten, sind altbekannt: Es mangelt an Zeit, an Geld, an Lehrkräften mit speziellen Ausbildungen. Schließlich soll der Lehrplan eingehalten werden. Ganz zu schweigen davon, dass eine eventuelle Annäherung dann möglicherweise vom Kind abgewiesen wird, weil es vielleicht bereits sehr früh gelernt hat, wenig zu erwarten und sich abzugrenzen beziehungsweise die eigenen Empfindungen nicht zu zeigen.

In erster Linie muss man Kindergärten und Schulen als das sehen, was sie sind: Betreuungseinrichtungen für Kinder, in denen mehr oder weniger Programm gemacht wird und in denen es im Wesentlichen um eine gewisse Art der Indoktrination sowie einheitliche Wissensvermittlung geht.

Was sie nur sehr selten sind, im Grunde aber sein könnten, ist ein Nährboden für freies und selbstbestimmtes sowie auch soziales Lernen. Ein Raum für Entfaltung und Reifung als Individuum – ohne Altersbegrenzung und Zugangsbestimmungen, ohne Wertungen und Schubladen und mit der Möglichkeit, Interaktion, Lebendigkeit und Vielfalt wirklich zu leben.

KINDER BRAUCHEN DOCH KINDER!

Kinder brauchen in erster Linie Menschen. Sie brauchen – wie jeder andere Mensch auch – soziale und emotionale Zuwendung durch andere.

Um ein Kind frei jeglicher sozialer Kontakte aufwachsen zu lassen, müssten Eltern heute schon sehr viel anstellen. Sie müssten es einsperren, nicht nach draußen lassen und jeglichen Kontakt zu anderen Menschen unterbinden. Im Grunde dürften nicht einmal sie selbst mit dem Kind sprechen.

Abgesehen von individuellen und charakterlichen Unterschieden kann man prinzipiell davon ausgehen, dass der Mensch eher Herdentier als Einzelgänger ist. Ein Mensch lebt von sozialen und emotionalen Kontakten zu anderen Menschen. Von Zuwendung, Nähe und Miteinander. Ein Mensch, der keine oder nur unzureichend soziale Zuwendung und Kontakt erfährt, verkümmert.

Ganz gleich, ob Kind oder Erwachsener. Beispiele von alten, einsamen Menschen, die aus Mangel an sozialer Zuwendung und Kontakt oder in Trauer um einen geliebten Menschen – und dadurch entstandener Vereinsamung – gestorben sind, hört und liest man immer wieder. Und es kennt wohl auch jeder die Geschichten von Kindern, die im Laufe der Geschichte – aus welchem Grund auch immer – längere Zeit ohne menschliche Sozialkontakte aufgewachsen sind.

Ebenso sind die Auswirkungen eines derartigen Aufwachsens bekannt. Sie reichen von massiver Entwicklungsverzögerung, Hospitalismus und gestörtem Sozialverhalten bis hin zum Tod.

Die Befürchtung einer solchen Einschränkung alleine ist allerdings noch kein Grund, Kindergärten und Schulen die Hauptzuständigkeit für das Entwickeln sozialer Kompetenzen und sozialem Verhalten zuzusprechen. Positive Effekte des Seins in einer Gruppe bestätigen lediglich, dass ein Kind Menschen um sich braucht. Menschen, die es im Normalfall in seinem Umfeld findet. Menschen, die alle Altersgruppen umfassen.

Natürlich spielen Kinder gerne mit anderen Kindern. Ebenso gerne aber sprechen sie mit Erwachsenen oder beobachten deren Tun. Vor allem sind es in den meisten Fällen Erwachsene, deren Anwesenheit, Tätigkeit oder Wissen sie für ihre Lernprozesse und ihre Wissenserweiterung sowie ihre soziale Entwicklung brauchen.

Sobald Paare zu Eltern werden, suchen sie bekanntlich Kontakt zu anderen Menschen mit Kindern. Treffen mit Freunden und deren Kindern sind ebenso üblich wie Besuche von Spielplätzen, Bädern oder anderen Orten, an denen Familien anzutreffen sind. Zwar mag es auch hier Unterschiede geben und nicht jede Familie wird ständig eine Vielzahl an Freunden und Verwandten treffen, trotzdem ist es üblich, Kontakte zu pflegen und miteinander zu leben.

Vergessen werden darf hierbei nicht die übliche Zeit, die es braucht, um Kontakte und in weiterer Folge Freundschaften zu knüpfen. Kindsein bedeutet nicht zwangsläufig mit jedem Kind sofort zu spielen, das einem über den Weg läuft. Sympathie, Vertrauen und Verständnis spielen – wie auch beim Erwachsenen – eine große Rolle.

Mit der Bereitschaft der Eltern aber, das Interesse des Kindes an weiterem Kontakt zur neuen Bekanntschaft zu erkennen und darauf einzugehen beziehungsweise laufenden Kontakt zum anderen Kind zu ermöglichen, können enge Freundschaften entstehen – fernab jeglicher Institution.

Zusammenfassend lässt sich sagen, dass soziales Lernen keine Schule braucht und Schule soziales Lernen nicht unbedingt fördert. Was soziales Lernen braucht, ist ein lebendiges, anregendes Umfeld. Nicht beschultes Aufwachsen bedeutet demnach keinesfalls, dass ein Kind vollkommen abgeschottet und isoliert, ohne Freunde und Sozialkontakte zu Hause sitzt.

Ganz im Gegenteil bietet das Leben fernab von Kindergarten und Schule einen Reichtum, den diese Institutionen nur schwer erreichen, geschweige denn aktiv bieten können. Denn künstlich erzeugte Gemeinschaftsstrukturen werden nie – so sehr die Bestrebungen auch dahin gehen mögen – an ein natürliches Miteinander heranreichen.

Das große Ganze im Blick: Ein Treffen der Freilerner-Gemeinschaft.

DAS LEISTUNGSSYSTEM UND SEINE AUSWIRKUNGEN

Zeugnisse, Wettbewerbe, Abschlüsse, Titel, die Stellung in der Arbeitshierarchie, auch das Anhäufen von materiellen Gütern als Ausdruck von Erfolg ... das Erbringen von Leistung bestimmt, wenn vielleicht auch unbewusst, unser Leben. Ein Leben ohne den bestimmenden und hohen Stellenwert der oben erwähnten Punkte ist kaum vorstellbar.

Nicht, wer man ist und was einen als Menschen auszeichnet, bestimmt unser Leben, sondern das, was wir erreicht haben, was wir arbeiten und in welche Schublade wir dadurch passen. Gleich wo wir hinkommen oder wen wir kennenlernen, die ersten Fragen drehen sich meist um jene grundlegenden Leistungsfragen. Schließlich soll sich unser Gegenüber ein Bild von uns machen können.

Je nachdem wie dieses Bild aussieht und in welche Schublade es passt, zählen wir dann zu den *Verlierern* oder *Gewinnern*; zu den armen Schluckern, den verwöhnten Reichen oder der Mittelschicht; zu den Akademikern oder Arbeitern; zu den Gesellen oder Meistern; zu den Anführern, Hilfskräften oder auch nicht Integrierbaren. Zu den Schmarotzern, den Rebellen oder den braven, vorbildlichen Bürgern, zu den Faulen oder Fleißigen ...

Von Beginn unseres Lebens an werden wir eingeteilt und bewertet. Wir führen dieses Muster fort: Erzählen wir über uns selbst, dann sprechen wir selten darüber, was wir denken oder fühlen, wie wir die Dinge betrachten und was uns wirklich beschäftigt. Stattdessen geben wir Namen und Beruf an, Wohnort, Beziehungsstatus, Arbeitsplatz und vielleicht noch, ob wir Vater oder Mutter sind und wie viele Kinder wir haben.

Die *wichtigsten* Fakten eben – wie man meint. Aber sind diese Fakten wirklich das, was uns als Menschen ausmacht? Geben sie irgendetwas über unser Sein preis? Was lernen Kinder über das Sein in der Welt, wenn es immer nur um jene Dinge geht, die eine Leistung darstellen oder zur Leistung gemacht und somit auch beurteilt werden können? Und warum scheint es immer unendlich wichtig zu sein, wie wir auf andere wirken, welchen Eindruck sie von uns haben und was sie von uns denken? Handlungen werden in unserer Gesellschaft oftmals in der Erwartung einer Beurteilung und im Hinblick auf das äußere Erscheinungsbild vorgenommen. Ganz oft verbirgt sich dahinter das Bestreben, perfekt sein zu wollen beziehungsweise Ansehen zu erlangen.

DAS STREBEN NACH PERFEKTION

Perfektionismus hat etwas mit dem Wunsch zu tun, es gut oder richtig zu machen. Ist daher ein gewisses Streben nach Perfektion nicht natürlich? Gibt es nicht so etwas wie eine gesunde Form von *Perfektionismus*? (Und eine krankhafte?)

Im Grunde kann der Wunsch etwas perfekt zu machen unabhängig von äußerer Erwartung in uns bestehen. Er kann unser Tun antreiben und dazu führen, dass wir so lange nicht aufgeben, bis wir mit unserem Tun zufrieden sind. Auf der anderen Seite kann das Streben nach Perfektion nicht unserem eigenen Bestreben zugrunde liegen, sondern auf äußeren Erwartungen oder der Vermutung solcher Erwartungshaltungen Dritter basieren. Was die beiden voneinander unterscheidet, sind die begleitenden Gefühle und Empfindungen.

Im ersten Fall geht es weniger um Perfektion als um *Zufriedenheit*. Man strebt danach, sein Tun zur eigenen Befriedigung zu verbessern und zu vollenden. Man strebt danach, Themen, für die man sich interessiert und die einen beschäftigen, gänzlich zu verstehen. Man empfindet eine Auseinandersetzung mit einem Thema, eine Handlung oder eine ausgeführte Arbeit dann als vollendet und fertiggestellt, wenn man nichts mehr hinzufügen kann oder will.

Bei diesem Streben geht es rein um das eigene Empfinden und darum, wie man seine Arbeit selbst betrachtet. Äußere Sichtweisen sind dabei mehr oder weniger egal. Ein derartiges Streben scheint natürlich und gesund zu sein, weil es immer in Wahrung der eigenen Grenzen und Empfindungen geschieht. Es lässt sich bereits bei ganz kleinen Kindern beobachten. Sie haben eine gewisse Vorstellung und möchten diese auch in die Tat umsetzen. Sie interessieren sich für etwas und geben erst dann Ruhe, wenn sie für sich entscheiden, dass sie mit dem Ergebnis ihrer Nachforschungen zufrieden sind.

Im zweiten Fall, der sich viel eher mit dem Begriff des Perfektionismus verbindet, geht es aber selten um einen selbst. In erster Linie steht das Wirken auf Andere im Mittelpunkt. Man setzt das um, was von einem erwartet wird, und bemüht sich, die notwendige Leistung zu erbringen sowie die erwünschte Beurteilung zu erhalten.

- Man zeichnet so, dass es den anderen gefällt;
- man schreibt so, dass man Lob erhält;
- man wählt jene Kleidungsstücke, die wohlwollende Beachtung finden;
- man versucht die eigenen Arbeiten mit den Augen anderer zu sehen und sie in einer Art und Weise zu gestalten, die die Wertschätzung der anderen hervorruft;
- man richtet sich nach den Wünschen, den Vorstellungen, den Erwartungen der anderen und vergisst dabei sich selbst;
- mehr noch, man ist sich oftmals nicht einmal mehr bewusst, was einem selbst gefällt oder was man möchte, so sehr hat man gelernt, sich den Erwartungen unterzuordnen.

Diese Art des Perfektionismus ist nicht angeboren. Wir kommen nicht mit dem Streben auf die Welt, anderen zu gefallen beziehungsweise all unsere Handlungen zum Gefallen Dritter auszuführen. Der Grundstein für diese Art des Perfektionismus wird in der Kindheit gelegt. In der Art und Weise, wie mit dem Kind und seinen Handlungen umgegangen wird, wie die Reaktion auf sein Tun ist und ob es bewertet / beurteilt wird oder nicht.

Mehr oder weniger stark ausgeprägt kennt jeder diesen Wunsch nach Perfektion. Den Glauben daran, dass man nur dann geliebt und geachtet wird, wenn man alles perfekt macht. Wie bereits im Kapitel über die Beurteilung erläutert, meinen wir, sie sei eine wichtige Form der Wertschätzung und Anerkennung. Mit dem Wunsch, alles richtig und perfekt zu machen, setzen wir uns selbst unter Druck. Handlungen und Tun verlieren ihre Impulsivität und ihre Freiheit. Die Auseinandersetzung mit einem Thema ist nicht mehr so ungezwungen, die Freude nicht mehr so ausgeprägt (oder vielleicht auch schon gänzlich verschwunden). Beschäftigung dient dann dazu, die vermeintliche Pflicht an der Allgemeinheit zu erfüllen und die notwendige Leistungsbeurteilung zu erhalten.

Das Problem besteht darin, dass uns dieses Streben nach Perfektion das Leben ganz schön schwer machen kann. Eben weil wir unsere Handlungen danach ausrichten. Und weil wir dabei uns selbst vergessen – was uns beschäftigt und Freude bereitet, uns gefällt und Zufriedenheit in uns auslöst.

SCHULE UND NOTEN: LERNEN IM LEISTUNGSSYSTEM

Unser Schulsystem basiert auf dem Glauben an die Notwendigkeit von Beurteilungen. Nicht ums Verstehen oder Begreifen geht es, sondern um die Beurteilung, die man auf die erbrachte Leistung erhält.

Gerade in Bildungsdiskussionen wird immer wieder betont, wie wichtig die Benotung für das Kind sei. Sie solle ihm nicht nur zeigen, wo es sich auf einer *absoluten und relativen Leistungsskala* befindet, sondern es zudem anspornen, mehr oder bessere Leistungen zu erbringen. Dass eine positive Beurteilung in erster Linie aber durch Auswendiglernen und gedankenloses Aufsagen und Nacherzählen erreicht wird und dass das auf die Art Gelernte mehr oder weniger schnell wieder vergessen wird, bleibt unbeachtet.

Was Beurteilungen aber auf jeden Fall erreichen, ist ein Leben lang ihre Wirkung zu tun. Sie verändern unser natürliches, selbstgesteuertes und an eigenen Empfindungen orientiertes Streben nach innerer Zufriedenheit in ein Bemühen um äußeres Ansehen und Erfüllen von Erwartungen.

Man kann davon ausgehen, dass wir durch den beinahe alles dominierenden Leistungsfokus von externen Beurteilungen abhängig gemacht werden. Er trainiert uns, uns am Urteil anderer über uns selbst zu orientieren, statt auf uns selbst und unser Gefühl zu hören. Statt auf uns selbst zu achten und uns in unserem Sein wahrzunehmen, beginnen wir damit, uns über unsere Leistung zu definieren und somit entweder als gut oder schlecht zu betrachten.

Bei näherer Betrachtung fällt auf, dass Noten- und Beurteilungssysteme der eigentlichen Idee von Schule als jenem Ort, der uneingeschränkt der Wissensvermittlung dient, widersprechen. Denn: Wie kann es in

Schulen um Wissenserwerb und grundlegendes Verständnis von Zusammenhängen und Hintergründen gehen, wenn die Beurteilungen im Vordergrund stehen? Wenn festgeschrieben wird, wie gelernt werden soll, was wann beherrscht werden muss und all das stets wertend überprüft wird?

Wirklich gelernt wird im Grunde nur dann etwas, wenn nicht nur Interesse vorhanden ist, sondern Lernen zudem ohne Zeit- und Leistungsdruck stattfinden kann. Nichts davon hat in den einzelnen Schulstufen Relevanz. Abneigung gegen Schule und in weiterer Folge gegen das Lernen an sich stellt sich relativ bald nach Schuleintritt ein. Um das Kind dennoch zu animieren und ihm seine Abneigung irgendwie auszureden, werden ihm Sätze wie *„Du lernst für dich selbst, nicht für andere"* eingetrichtert. Hilft das alles nichts, werden ihm Belohnungen und Vergnügungen versprochen, wenn es sich *brav* anstrengt und jene Beurteilungen nach Hause bringt, die von ihm erwartet werden.

Dass man für sich selbst lernt, ist im Prinzip vollkommen richtig, verliert in Zusammenhang mit Schule, Leistungsdruck und Noten aber seine eigentliche Bedeutung. Denn in der Schule lernt man nicht für sich selbst und im Hinblick auf die eigenen Interessen oder dem Streben nach Zufriedenheit. In der Schule lernt man, weil es erwartet wird und weil man es muss.

Albert Einstein hat einmal gesagt: *„Bildung ist das, was übrig bleibt, wenn man alles, was man in der Schule gelernt hat, vergisst."* Dieser Satz enthält mehr Wahrheit, als aktuellen Bildungsbeauftragten und -experten wahrscheinlich lieb ist. Schulische Tests und Prüfungen geben nämlich in Wahrheit keinerlei Auskunft darüber, was ein Kind kann oder weiß. Es sind Zahlen auf einem Papier, welche einer Werteskala zugeordnet werden können und in weiterer Folge darüber bestimmen, in welche Schublade das Kind zu stecken ist. Über den wirklichen Wissensstand oder die erhaltene Bildung geben sie keine Auskunft.

Erst recht kann bei bestimmten Testformaten nicht von Bildung gesprochen werden, denn was bedeutet es, wenn man fähig ist, Multiple-Choice-Fragen in einem Test zu beantworten? Echte Bildung meint Themen bis ins kleinste Detail verinnerlicht und verstanden zu haben. Echte Bildung bedeutet über ein Thema Bescheid zu wissen und darüber sprechen zu können. Aus Sicht der Schulbefürworter braucht es natürlich eine

Überprüfung. Schließlich muss der Pädagoge sich von Zeit zu Zeit vergewissern, ob seine Vorträge bei den Schülern auch angekommen sind. Aber wäre es nicht wesentlich passender, die Arbeit des Lehrers unter die Lupe zu nehmen und diese zu beurteilen?

Wenn Kindern schon Wissen vermittelt werden soll, welches sie nicht interessiert, dann sollte auch das Ergebnis der darauffolgenden Prüfung nicht als Maßstab ihres Wissensstandes gesehen werden, sondern als Zeichen dafür gewertet werden, ob ein Lehrer seine Arbeit gut oder schlecht gemacht hat.

Wenn Schule schon in dieser Art und Weise stattfinden muss, dann sollte es im Aufgabenbereich des Lehrers liegen, Lehrinhalte so zu vermitteln, dass sie von den Kindern auch verstanden werden. Ob das Kind die Ziele des vorgesehenen Lehrplans erreicht, läge dann in seinem Anforderungsbereich.

Das alles sind im Übrigen Überlegungen, welche beim freien und selbstbestimmten Lernen irrelevant sind. Denn Lernen findet hier aus Überzeugung und eigenem Antrieb heraus statt, Überprüfung gibt es, wenn überhaupt, lediglich in Form von Selbstkontrolle.

ÜBERPRÜFUNG: ZWISCHEN KONTROLLE UND SELBSTKONTROLLE

Kontrolle – durch sich selbst; durch jemanden, den man darum gebeten hat; durch einen Fremden mit nachfolgender Beurteilung. Die Unterschiede sind sprachlich klein, inhaltlich aber enorm.

Geht es bei der reinen Überprüfung nur darum, seine Arbeit zu kontrollieren oder auch kontrollieren zu lassen – um eventuelle Fehler nicht zu übersehen –, so sieht das bei der ungefragten und ungewollten Beurteilung durch Dritte ganz anders aus. Schon die Arbeit an sich wird im letzten Fall immer in Hinblick auf die anschließende Beurteilung ausgeführt. Sie ist nicht mehr so unbeschwert und leicht, wie das im Falle ausbleibender Beurteilung der Fall ist. Ausschlaggebend für diese Form des Arbeitens sind häufig Fremdbestimmung und Leistungsdruck.

Überprüfungen an sich sind hingegen steter und wichtiger Teil unseres Lebens. Wir überprüfen ständig irgendetwas.

- Wir lesen Geschriebenes noch einmal durch;
- wir schauen, ob der Schlüssel auch wirklich in unserer Tasche ist;
- wir prüfen, ob wir die Türe verschlossen haben;
- wir kosten, ob die Suppe gut gewürzt ist;
- wir kontrollieren, ob wir keinen Fehler in der Handarbeit übersehen haben, und so weiter und so fort.

Mitunter bitten wir auch andere, unsere Handlungen und Tätigkeiten einer kurzen Kontrolle oder Überprüfung zu unterziehen. Denn wir streben danach, unsere Arbeit in einer Art und Weise auszuführen, mit der wir selbst zufrieden sind.

Gemeinsam haben all diese Überprüfungen, dass sie aus einer persönlichen oder logischen Entscheidung heraus entstehen und ohne Folgen bleiben – ausgenommen mögliche freiwillige Ausbesserungen. Sie werden nicht beurteilt. Sie sind einfach das, was sie sind. Eine Kontrolle, um genaues Arbeiten zu garantieren und mögliche Korrekturen vornehmen zu können – im eigenen Interesse wie auch im Interesse anderer.

Anders verhält es sich, wenn eine andere Instanz darüber entscheidet, dass eine Tätigkeit, Handlung oder Arbeit überprüft und in weiterer Folge beurteilt werden muss. Selbst wenn man sich bewusst in derartige Situationen begibt – etwa weil man einen bestimmten Beruf erlernen möchte –, gehen diese Tests immer mit einem unguten Gefühl einher.

Überprüfungen in Schulen sind ein extremes Beispiel für dieses Ausgeliefertsein, denn sie finden unfreiwillig statt. Prüfungen, Tests, Schularbeiten, Stundenwiederholungen – sie alle fallen in die Kategorie Pflicht. Das Kind hat keine Wahlmöglichkeit. Weder entscheidet es selbst, eine Überprüfung vorzunehmen oder seine Arbeit überprüfen zu lassen, noch verlangt es nach Beurteilung. Das Schlimme ist: Kinder und Jugendliche haben in der Schule keine Wahl. Sie können sich nicht für oder gegen eine Überprüfung entscheiden, sondern müssen sich dieser unterziehen. Verweigerung ausgeschlossen.

Nicht nur das: Sie müssen sich nicht nur fakten-, sondern auch personenorientiert der Wertung des prüfenden Pädagogen unterziehen. Dieser kontrolliert mitunter eben nicht nur Wissen und Verständnis von Fakten, sondern lässt Sympathie und Antipathie mitentscheiden.

Beim beliebten Schüler, den er gerne mag, drückt der Pädagoge bei einem Fehler vielleicht gerne mal ein Auge zu, hilft ein wenig nach (bei mündlicher Überprüfung) oder bewertet weniger streng. Bei einem Schüler aber, der dem Pädagogen schon durch sein schlechtes Benehmen auffällt, der nicht die entsprechenden Leistungen erbringt oder bei dem jegliche Sympathie fehlt, sieht es mit der Beurteilung schon ein wenig anders aus. Fehler werden gesucht, wenn nötig auch gefunden und strenger beurteilt, Tests genauer kontrolliert und bei mündlichen Überprüfungen wird einfach so lange gefragt, bis der Schüler verunsichert ist.

Diese oder ähnliche Erfahrungen hat bestimmt jeder von uns in seiner eigenen Schulzeit gemacht. Man muss schon enormes Glück haben, wenn man die ganze Schulzeit hindurch kein einziges Mal auf einen Lehrer trifft, der Sympathie und Antipathie mitspielen lässt oder der in jeder Stunde deutlich zum Ausdruck bringt, wie wenig Spaß ihm der Beruf grundsätzlich – unabhängig vom individuellen Kind – macht. Aber auch hier hat das Kind keine Wahl.

„Da muss es halt durch, das ist halt so, da kann man nichts machen."

Doch nein, so muss es nicht sein: Es gibt viele Dinge, die eigentlich – wenn wir ehrlich darüber nachdenken – in unserer Hand liegen und die wir sehr wohl beeinflussen könnten, wenn wir es nur wollen würden. Durch bewusst gesetzte Handlungen. Durch die Entscheidung, bei diesem Spiel nicht mehr mitzuspielen und Veränderung nicht nur zu fordern, sondern sie auch zu bewirken.

Solange wir es zulassen, dass Beurteilungen das Dasein bestimmen, wird es auch so sein. Solange wir davon ausgehen, dass diese Bewertungen etwas über den Menschen aussagen, wird sich wenig ändern.

LEISTUNGSGESELLSCHAFT GLEICH KLASSENGESELLSCHAFT

„Klassengesellschaft? Die haben wir doch lange hinter uns gelassen! Uns steht doch alles offen."

Tatsächlich? Von wirklicher Gleichberechtigung und vor allem auch Gleichwertigkeit sind wir als Gesellschaft meilenweit entfernt. Immer noch entscheiden Herkunft und Bildung darüber, welchen Lebensweg man einschlagen kann und darf.

Immer noch ist Bildung eine Frage des nötigen *Kleingeldes* und des passenden *Notendurchschnitts*. Die Türen öffentlicher Schulen mögen vielleicht allen Kindern offen stehen – sofern sie den dortigen Anforderungen gerecht werden –, alleine die Tatsache aber, dass es verschiedene Schultypen mit Zugangsbeschränkungen, unterschiedlichem Bildungsniveau und ungleichen Weiterbildungsmöglichkeiten gibt, widerspricht dem Gedanken der Gleichberechtigung.

Auf den ersten Blick mag es vielleicht so aussehen, als ob man alles machen könne, nicht zuletzt dank zahlreicher Freiheitsbegriffe, welche wir in unserem Sprachgebrauch verankert haben. Bildungsfreiheit, Meinungsfreiheit, Religionsfreiheit – um nur einige zu nennen.

Verlernt haben wir allerdings, einen Blick auf die dahinterstehenden Inhalte zu werfen und uns zu fragen, ob wir wirklich so frei sind, wie wir gerne glauben. Letztlich leben wir in einem Umfeld, in dem es eben nicht um den Menschen geht und um die Gleichwertigkeit, sondern in einer Welt, die einteilt, bewertet, kategorisiert und in Schubladen steckt.

Im Extremfall kann selbst der Name darüber entscheiden, in welcher Schublade man landet und welche Chancen auf ein Weiterkommen man hat. Dazu gibt es belastbare Untersuchungen. Die Frage, ob wir in einer klassenlosen Gesellschaft leben, ist damit bereits als rhetorische zu erkennen. Nein, wir sind nicht Teil einer Gesellschaft, in der Vorverurteilungen unbekannt sind und jedem alle Türen offen stehen.

Alleine die Tatsache, dass Prüfungen und Beurteilungen als gute Vorbereitung der Kinder auf das spätere Leben und den dort stattfindenden Konkurrenzkampf gesehen werden, sollte uns stutzig werden lassen. Eine klassenlose, gleichwertige Gesellschaft machen sie nämlich beinahe unmöglich. Denn Leistungsorientierung und Gleichwertigkeit können im Grunde nicht nebeneinander existieren. Entweder ist jeder Mensch gleich viel wert oder jeder Mensch hat nur so viel Wert, wie seine erbrachte Leistung erlaubt.

Ganz zu schweigen davon ist es kein Geheimnis, dass in vielen Bereichen Macht und Geld darüber entscheiden, wie sich Situationen für den Einzelnen entwickeln und wie sie ausgehen. Im Sog der verlockenden Ziele einer Leistungsgesellschaft werden Begriffe wie Gleichwertigkeit, Wertschätzung, Toleranz und Gleichberechtigung ins Abseits gedrängt. Ganz zu schweigen von Gefühlen und Empfindungen, Kreativität, Individualität, Freiheit und letztendlich auch Selbstbestimmung jedes Einzelnen.

Die permanente Orientierung an Maßstäben und Richtlinien lassen wenig Raum für den Menschen und sein Wesen. Von Kindesbeinen an wird im Prinzip gelernt, dass nur diejenigen überleben, die es schaffen sich unterzuordnen beziehungsweise nach oben zu kämpfen und dass nur diejenigen gut, erfolgreich und beliebt sind, die eine dementsprechende Leistung bringen.

Gemeinschaftssinn, Miteinander, Teamwork, Rücksichtnahme, Empathie, Verantwortung sind Eigenschaften, die im Berufsleben als sogenannte Soft Skills zwar verlangt, in der Kindheit aber durch den Leistungsfokus und die ständige Beurteilung aberzogen und unterdrückt werden.

- **Lernt man in unserer Gesellschaft nicht blind den eigenen Zielen nachzulaufen, ohne dabei an andere zu denken oder auf sie Rücksicht zu nehmen?**

- Lernt man nicht, andere zunächst einmal mit kritischen Augen zu betrachten, ihnen misstrauisch zu begegnen und in ihnen mögliche Konkurrenten zu sehen?

- Lernt man nicht, dass es am besten ist, wenn man niemandem, nicht einmal sich selbst vertraut?

Was ich hier aufzeige, ist kritisch gedacht, aber es ist keine Schwarzmalerei. Denn im Detail schaut das Meiste gar nicht so schlimm aus und man kann leicht den Eindruck gewinnen, als sei alles eitel Wonne. Erst wenn man die Puzzleteile zusammenfügt, zeigt sich die Massivität des Eingriffs in unser Leben. Man darf, man muss sich sogar die Frage stellen, warum wir so selten stutzig werden in unserer Welt und warum wir unsere Umgebung einfach so hinnehmen. Ist das wirklich zu unserem Besten? Sind der Leistungsfokus, die ständige Beurteilung, Wertung und Kategorisierung günstig für uns und unsere Kinder?

Diese Fragen lassen sich am besten dann beantworten, wenn man sich die simple Frage stellt, ob man glücklich mit seinem Leben ist. Unabhängig davon, wer man beruflich ist und welchen materiellen Reichtum man angehäuft hat. Ob man auch dann glücklich sein kann, wenn man nicht das neueste Handy oder den angesagtesten technischen Schnickschnack, wenn man nicht ständig die aktuellste Markenkleidung und das innovativste Auto in der Garage stehen hat. Je nachdem, wie die Antwort auf derartige Fragen ausfällt, kann man für sich selbst erkennen, wie sehr man sich selbst an Leistung und äußerem Erscheinungsbild orientiert. Wie sehr man selbst wertet, kategorisiert und vorverurteilt.

Das alles sind Fragen und Themen, die sich vielleicht nicht danach anhören, als ob sie für ein freies und selbstbestimmtes Lernen relevant wären. Weil sich aber Lebensaspekte inhaltlich nicht voneinander trennen lassen und weil die eigene Erziehungs- und Lernerfahrung im Umgang mit Kindern immer ausschlaggebend ist, ist es notwendig, sich auch mit derartigen Themen auseinanderzusetzen. Es ist notwendig, nicht nur das Schulsystem, sondern auch andere Gesellschaftsstrukturen mit kritischen Augen und von einem ganz neuen Standpunkt aus zu betrachten.

ZIELOBJEKT: DIE KLASSENLOSE GESELLSCHAFT

Wirkliche Gleichberechtigung kann es nur in einer klassenlosen Gesellschaft geben. Und die schließt eine Leistungsgesellschaft aus. Nur in einer klassenlosen Gesellschaft können Menschen unabhängig von ihrem Alter oder Geschlecht, ihrem äußeren Erscheinungsbild, ihrem Bildungsstand, ihrem Beruf und ihrer Tätigkeit, ihrem materiellen Wohlstand oder ihrem Lebenswandel wertgeschätzt und geachtet werden.

Das dem diametral gegenüberstehende Leistungssystem prägt uns viel mehr, als wir auf den ersten Blick vielleicht glauben. Es beeinflusst uns in unserem Tun und Denken, es nimmt uns die lustvolle, erwartungslose und wertfreie Auseinandersetzung mit einer Sache und verzerrt unser Selbstbild. Wir haben uns derart an dieses System gewöhnt, dass es uns gar nicht auffällt, wie sehr wir uns – aber oft auch unsere Kinder – allein über die erbrachte Leistung definieren.

Wichtig ist zu erkennen, dass freies Lernen erst dann nachhaltig wirken kann, wenn es unabhängig von Leistungsfokus und Beurteilung entstehen und vor sich gehen kann. Es ist nicht erforderlich, einem Kind die Welt zu offenbaren und es in seiner Auseinandersetzung damit zu lenken.

Die Welt offenbart sich einem Kind in jedem einzelnen Augenblick, den es uneingeschränkt entdecken und erfahren kann. Es hört, es fühlt, es schmeckt, es riecht, es sieht ... es er-lebt und be-greift. Unsensibel vorgenommene Eingriffe zerstören mehr, als sie im Endeffekt bringen.

Lassen wir Kinder in der Haltung, die sie zu Beginn ihres Lebens haben: Ein Baby lächelt jeden Menschen an, der ihm freundlich begegnet. Kinder kommunizieren mit allen Menschen, gleich welcher Herkunft, welchen Alters oder welchen Gesellschaftsstandes. Sie lassen sich nicht durch fragwürdige Werturteile leiten.

Von Kindern könnten wir wieder lernen, uns in einer gleichwertigen Gesellschaft zu bewegen.

LEBEN OHNE SCHULE

Improvisation – zum Beispiel mit einem Computer und Kopfhörern aus Papier – gehört zum Lernen ohne Schule dazu.

In den letzten Kapiteln war es mir wichtig, die Gründe zu erläutern, die für ein freies und selbstbestimmtes Lernen sprechen, sowie aufzuzeigen, warum unser Schulsystem in der Art und Weise, wie es praktiziert wird, keine Zukunft haben kann.

Da sich ein etabliertes System – welches zwar angeschlagen, aber noch vorherrschend ist – nicht von heute auf morgen verändern lässt und viele Eltern mit der augenblicklichen Situation unzufrieden sind, hat sich im Laufe der Zeit eine Art Gegenbewegung entwickelt.

Ein Leben ohne Schule mag für die meisten Menschen unvorstellbar klingen, es stellt sich für immer mehr Eltern aber als der für sie richtige Weg heraus. Nicht zuletzt der Tatsache wegen, dass Schulen und Schulprojekte, in denen freies und selbstbestimmtes Lernen möglich wären, rar sind oder für manche Familien eine finanzielle Herausforderung darstellen.

Leben ohne Schule und freies Lernen sind ein Weg von vielen. Weder ist dieses Vorgehen die ultimative Wahrheit, noch handelt es sich um ein weiteres Lernkonzept, sondern schlicht und einfach um einen Lebensweg. Dieser stellt nur eine Möglichkeit von vielen dar, die zusammen unserem Miteinander jene Vielfältigkeit geben, die es braucht, um lebendig zu bleiben.

HERAUSFORDERUNGEN

In vielerlei Hinsicht – bei weitem nicht nur juristischer Art – kann Leben ohne Schule eine gewisse Herausforderung darstellen. Was sich im ersten Moment möglicherweise wie das Ideal schlechthin anhört und in den Köpfen der Menschen wahrscheinlich ein harmonisches Bild von immer fröhlichen, zufrieden vor sich hin lernenden Kindern erzeugt, sieht in der Praxis oft ganz anders aus.

Was im ersten Moment vielleicht nach geringem Aufwand und wenig Verantwortung klingt, entpuppt sich im Alltag als komplex. Zum einen geschieht dies der eigenen Erziehungs-, Lern- und Schulerfahrung wegen, zum anderen aber auch, weil man sich bewusst dafür entscheidet, gegen den Strom zu schwimmen und etwas anders zu machen. Und das ist erfahrungsgemäß nicht immer leicht.

VERTRAUEN, ZUTRAUEN, ZULASSEN UND ZURÜCKHALTEN

Die Überschrift zeigt vier wichtige Punkte, die für ein freies und selbstbestimmtes Lernen von großer Bedeutung sind. Zusammen bilden sie eine Grundhaltung, die freies und selbstbestimmtes Lernen und achtsame Begleitung möglich machen.

Aber sie verkörpern zusammen auch eine Grundhaltung, die einzunehmen Vielen unendlich schwer fällt. Sind wir doch (fast) alle durch das oben beschriebene System gegangen und haben gelernt, dass Lernen nicht ohne Eingriffe möglich sei. Und wir haben gelernt zu zweifeln, zu misstrauen und zu beurteilen.

Die eigenen Erfahrungen sind es aber auch, welche Eltern dazu veranlassen – oftmals lange bevor sie sich überhaupt mit der Schulfrage auseinander setzen müssen –, sich Gedanken über das Lernen und die verschiedenen Möglichkeiten zu machen. Manchmal bereits zu einem sehr frühen Zeitpunkt in der Entwicklung ihres Kindes, nicht selten auch als unbewusste Abneigung gegen den zunehmenden Förderdruck.

Manche Eltern beginnen sich durch gewisse Erfahrungen oder Begegnungen mit der Frage, was Lernen eigentlich sei, auseinanderzusetzen, andere beobachten ihr Kind in seiner Entwicklung und verspüren das dringende Bedürfnis, sich zurückzuhalten und ihm die Zeit zu geben, die es braucht – statt ständig zu forcieren und einzugreifen.

Andere Eltern wiederum haben bereits negative Schulerfahrung mit einem ihrer Kinder gesammelt und begeben sich dadurch auf die Suche nach einem Lösungsweg. Was auch immer der Auslöser für die Auseinandersetzung mit dem Lernen und in weiterer Folge mit der Option *Leben ohne Schule* sein mag, ganz ohne Zweifel und möglicherweise auch Ängsten geht es selten.

Ähnlich wie in anderen Bereichen des achtsamen Umgangs mit dem Kind muss man dem kleinen Menschen nicht erst beibringen, wie er frei und selbstbestimmt Lernen kann.

Wer zumeist einen Lernprozess durchlaufen muss, sind die Eltern. Einerseits wird man dazu herausgefordert – mitunter auch durch das Lernen des Kindes und seine Entdeckungen –, sich mit sich selbst und der eigenen Schul- und Lernerfahrung auseinander zu setzen. Andererseits wird man sich über kurz oder lang mit den Erwartungshaltungen der Umgebung konfrontiert sehen und gezwungen sein, sich auch damit auseinander zu setzen.

Hinzu kommen – vielleicht gerade durch Gegenargumente oder Zweifel der Umgebung – Ängste oder Zweifel, ob man auch die richtige Entscheidung für sich und sein Kind getroffen hat. Ganz zu schweigen, dass es selten so kommt, wie man sich in der ersten Begeisterung gedacht hat. Was wir in diesem Zusammenhang aber gerne vergessen, ist die Tatsache, dass es uns immer offensteht, Dinge zu verändern.

Sich einmal für ein Leben ohne Schule zu entscheiden bedeutet nicht, dass man nie wieder einen anderen Weg gehen darf.

Je kleiner ein Kind noch ist und je weiter entfernt es noch von Schule und Schulstress ist, desto weniger Erwartungen werden von der Umgebung in es gesetzt und desto leichter ist es mitunter für Eltern, es frei und selbstbestimmt lernen zu lassen beziehungsweise diese Entscheidung vor der Umgebung auch zu vertreten.

Schwierig wird es meist dann, wenn das Kind älter wird und gewisse Dinge noch nicht kann, die es den üblichen Maßstäben nach schon können sollte. Das kann zu einer wahren Herausforderung für Eltern werden. Denn sich sein Vertrauen ins Kind zu bewahren, wenn es sich vielleicht nicht der Norm entsprechend entwickelt oder sich nicht für Dinge interessiert, die in dem Alter eigentlich vorgesehen wären, sowie den eigenen Zweifeln nicht allzu viel Raum zu geben, wird vor allem dann zur Herausforderung, wenn die Umgebung bei kritischen Kommentaren keine Zurückhaltung kennt und die Eltern mit Gegenargumenten und Drohungen in die Enge getrieben werden.

Denn wie erklärt man einem aufgebrachten und *regelkonform* denkenden Gegenüber, dass das Kind zwar möglicherweise noch nicht lesen kann, dafür aber bereits im Zahlenraum 1.000 in allen vier Grundrechnungsarten rechnet und leckere Speisen zubereiten kann oder mehr Wissen über Pflanzen und Tiere hat als man selbst? Wie erklärt man dem kritischen Gegenüber, dass das Interesse am Lesen schon noch kommen wird, ganz ohne Druck und Zwang, Drohung und Belehrung?

In dem Wissen um eine äußerst *kritische* Umgebung ist es manchmal besser, nicht in die direkte Konfrontation zu gehen und wenig Einblick ins familiäre Miteinander zu gewähren, als sich ständig auf Diskussionen einzulassen und den eigenen Weg vielleicht auch noch verteidigen zu müssen. Zudem ist es oft hilfreich, sich ein paar vorgefertigte, die Umgebung relativ zufriedenstellende Antworten zu überlegen, mit denen man eventuellen Diskussionen, die Zeit, Kraft und Energie rauben, aus dem Weg gehen kann.

Neben all dem ist es wichtig, sich im Klaren darüber zu sein, was man möchte – für sich selbst und sein Kind – und was einem wichtig ist. Freies Lernen und Leben ohne Schule ist ein Weg von vielen – ob es der eigene Weg ist, gilt es herauszufinden.

INDIVIDUELLE LERNWEGE

Ganz gleich wie der Weg des Kindes auch aussehen mag und wie sehr er sich möglicherweise vom herkömmlichen, schulischen Lernweg unterscheidet, das Kind wird seinen Weg finden. Ganz selbstverständlich und ganz ohne Zweifel. (Oder auch nicht ganz so selbstverständlich und mit manchem Zweifel.) Sofern natürlich nicht gerade in diesen Momenten dann das große Eingreifen, Drängen und Forcieren beginnt – aus Angst, das Kind könnte in seiner Entwicklung vielleicht doch zurückbleiben.

Es ist nicht abnormal, wenn sich ein Kind nicht den festgesetzten Maßstäben und Richtlinien gemäß entwickelt, sondern vollkommen normal und natürlich. Es ist weder behandlungs- noch förderbedürftig, wenn es nicht haargenau jene Entwicklungsschritte macht, die im Lehrbuch stehen oder die von ihm erwartet werden – ganz gleich ob im Kleinkind- oder Schulalter.

Das ein Schulkind mit sechs oder knapp sieben Jahren Lesen, Schreiben und Rechnen lernt, liegt letztendlich nicht an seinem brennenden Interesse, sondern an dem Muss, welches damit in Zusammenhang steht. Es lernt lesen, schreiben und rechnen, weil es im Lehrplan steht, unterrichtet wird und dem Kind im Prinzip keine andere Wahl bleibt.

Werden derartige Entwicklungs- und Lernschritte nicht forciert, taucht das Interesse an Buchstaben und Zahlen mitunter etwas früher oder auch etwas später auf. Der Trugschluss ist zu glauben, dass es irgendein Muster oder einen Orientierungspunkt geben müsste. Oder auch ein bestimmtes Ziel, welches bis zum nächsten Lebensjahr erreicht werden müsste. Mitunter auch, weil grundlegende Entwicklungen in den ersten Jahren sehr ähnlich verlaufen, mit zunehmendem Alter aber sehr unterschiedlich werden.

Abhängig sind die weiteren Lernprozesse und Entwicklungsschritte des Kindes nicht nur von den eigenen Interessen, sondern nicht zuletzt auch von der Umgebung, in der es aufwächst. Sind Bücher beispielsweise ein wesentlicher Bestandteil seiner Umgebung, ist die Wahrscheinlichkeit groß, dass es sich relativ früh für Buchstaben und das Lesen interessiert. Sicherheiten gibt es dennoch nicht. Denn auch wenn die Eltern vielleicht Musikvirtuosen sind und ständig auf Konzerten spielen, muss das nicht zwangsläufig bedeuten, dass sich auch das Kind für Musik interessieren wird. Es kommt gar nicht so selten vor, dass ein Kind dann plötzlich in eine ganz andere Richtung geht und sich vielleicht für Technik interessiert oder Medizin. Das ist letztendlich ein weiterer Beweis dafür, dass sich Entwicklungen und Interessen sehr vielfältig und unterschiedlich gestalten können.

Lesen, Schreiben und Rechnen – das sind Fertigkeiten, denen in unserer Kultur große Bedeutung beigemessen wird, nicht zuletzt, weil sie wesentliche Bestandteile unseres täglichen Tuns darstellen und man sich damit im Prinzip all die anderen Bereiche erarbeiten kann. Man kann der Idee also, allen Kindern diese Fertigkeiten beizubringen, durchaus etwas abgewinnen, trotzdem bringt es wenig, sie zu forcieren.

Denn ist ein Kind, das Lesen und Schreiben vielleicht erst mit acht oder neun Jahren lernt, in irgendeiner Art und Weise schlechter dran? Natürlich kann es sich noch keine Bücher nehmen und einfach drauflos lesen und natürlich kann es noch keine Briefe oder Texte schreiben und braucht dazu immer noch Hilfe. Die Wahrscheinlichkeit, dass ihm das ständige Nach-Hilfe-Fragen aber irgendwann zu dumm wird, ist recht groß. Ebenso groß wie die Wahrscheinlichkeit, dass das Kind irgendwann auf ein Thema stoßen wird, welches sein *Interesse* dermaßen fesselt, dass es plötzlich ums Lesen nicht mehr herum kommt.

Typisch ist in einer derartigen Situation natürlich die Sichtweise. Denn gesehen wird gerne immer nur das, was das Kind noch nicht kann. Unbeachtet bleiben meist die vielen anderen Bereiche, in denen es Können hat und Fertigkeiten besitzt.

Es kann vielleicht noch nicht lesen und schreiben oder rechnen (wobei einfache Rechnungen schon die Kleinsten ganz schnell beherrschen, ohne dass es ihnen – und uns – bewusst wäre), aber vielleicht weiß es sehr viel über die Imkerei oder Autos. Vielleicht kann es Elektrogeräte zerlegen und in Windeseile wieder zusammenbauen, vielleicht turnt und tanzt es oder handarbeitet viel. Möglicherweise lernt es ein Instrument zu spielen oder singt in einem Chor. Womit auch immer sich das Kind beschäftigen mag – Lesen, Schreiben und Rechnen sind nur ein kleiner Teil der unendlichen Möglichkeiten, die vor ihm liegen. Es wird irgendwann an den Punkt kommen, an dem es ihm plötzlich wichtig ist, all das zu können.

Es steht außer Zweifel, dass Lesen, Schreiben und Rechnen zu jenen Fertigkeiten zählen, die zu können nicht schlecht sind. Um sie zu erwerben, braucht es aber selten stundenlanges Üben mit vorgefertigten Materialien. Häufig lernt ein Kind sie mehr oder weniger nebenbei – im Zuge der Auseinandersetzung mit anderen Themen. Denn wie bereits weiter oben erwähnt, gibt es beim freien Lernen keine Schulfächer beziehungsweise kein fächerzentriertes Lernen. Lernen findet ständig, überall und in einer vernetzten Art und Weise statt.

Wie in so vielen anderen Bereichen der sogenannten *Alternativen* erfordert der Weg des freien und selbstbestimmten Lernens mitunter von uns Eltern, vom herkömmlichen, bekannten und üblichen Weg abzuweichen und offen für die vielen Möglichkeiten zu sein, die das Leben bietet.

Sich dabei von den Meinungen und Kommentaren anderer oder auch den eigenen Zweifeln nicht verunsichern zu lassen, kann natürlich eine Herausforderung sein. Und ich spreche hier auch aus persönlicher Erfahrung. Die Idee oder den Wunsch des freien Lernens zu haben, reicht leider nicht aus, um erfahrene Glaubensgrundsätze aus dem Kopf zu streichen.

Aus eigener Erfahrung weiß ich: Man ertappt sich immer wieder dabei, sich die Frage zu stellen, was passieren würde, wenn das Kind irgendetwas nicht lernt, was es vielleicht einmal brauchen könnte. Es ist eine irrelevante Frage, wie ich meist ebenso schnell erkenne. Denn es ist für uns Menschen untypisch, uns nicht ständig in irgendeine Richtung weiterzuentwickeln. Es ist unüblich, auf einem Fleck stehen zu bleiben und keinen Schritt mehr zu tun.

Das Selbstverständliche und Offensichtliche übersehen wir dennoch gerne. Lieber machen wir uns Sorgen über die möglichen Katastrophen, als Vertrauen zu haben.

Ein Kind sammelt seine Erfahrungen. Und es braucht dabei ebenso unser Vertrauen wie unsere Zurückhaltung, unser Zuhören und unser Da-Sein. Das bedeutet, dass wir die eigenen Ängste und Glaubensgrundsätze vorerst einmal in den Hintergrund stellen, uns aber dennoch mit ihnen auseinandersetzen müssen.

Keine leichte Aufgabe – schließlich haben wir gelernt, uns an den gesellschaftlich anerkannten Glaubensgrundsätzen zu orientieren, an sie zu glauben und sie auch zu leben. Ungeachtet dessen, ob wir sie nun als stimmig und richtig empfinden oder nicht. Ob wir glücklich sind oder nicht.

GLAUBENSSÄTZE

Glaubenssätze machen – bewusst oder auch unbewusst – einen wesentlichen Teil unseres Lebens aus und bestimmen mitunter darüber, welche Wege wir einschlagen oder welche Entscheidungen wir treffen. Jeder von uns hat sie in sich, diese Glaubensgrundsätze. Sie können den gesellschaftlichen Normen entsprechen, anerzogen sein oder auch durch unsere eigenen Erfahrungen entstanden sein. Sind sie aus einer persönlichen *Überzeugung* heraus entstanden, dann können sie uns in vielen Lebenssituationen weiterhelfen. Zur Herausforderung und Hürde können sie aber dann werden, wenn sie *anerzogen* sind. Wenn wir meinen, ihnen folgen und gerecht werden zu müssen, sie sich aber nicht stimmig und richtig für uns anfühlen oder wir ganz und gar nicht überzeugt sind von ihnen.

Ein solcher Glaubensgrundsatz kann zum Beispiel die Überzeugung sein, dass man es im Leben nur dann weiter und zu etwas bringen könnte, wenn man Matura/Abitur macht und ein Studium abschließt. Das ist ein Glaubensgrundsatz, der nicht immer mit der Idee des freien und selbstbestimmten Lernens konform geht.

Matura/Abitur und Studium sind natürlich dann kein Problem, wenn sich das Kind für einen Beruf interessiert, dessen Erlernen an ein Studium gekoppelt ist. Kein Problem auch, wenn der Weg dorthin dem Kind einfach Freude bereitet und es selbst davon überzeugt ist. Und nicht zuletzt kein Problem, weil man sowohl in Österreich als auch der Schweiz und in Deutschland immer die Möglichkeit hat, einen Schulabschluss „nachzuholen" bzw. extern zu absolvieren sowie eine Studienberechtigungsprüfung abzulegen, um in weiterer Folge zu studieren. Unabhängig davon, ob davor eine reguläre Schule besucht wurde und Prüfungen abgelegt worden sind oder nicht.

Zur Herausforderung kann ein derartiger Glaubensgrundsatz aber dann werden, wenn sich das Kind eben nicht für diesen Weg interessiert, wenn seine Interessen und Vorlieben in eine ganz andere Richtung gehen und man selbst sich letztendlich mit der Frage auseinandersetzen muss, was an dieser anderen Richtung eigentlich schlimm sein soll.

Wie bereits erwähnt, reicht es nicht aus, dem Kind einfach nur die Freude am Lernen bewahren zu wollen, ohne sich mit den eigenen Glaubensgrundsätzen, die einen prägen und beeinflussen, auseinanderzusetzen. Je jünger ein Kind ist, desto weniger mögen gewisse Glaubensgrundsätze oder auch Vorstellungen in uns wirken. Je älter ein Kind aber wird, desto intensiver können solche Erwartungen in uns zu arbeiten beginnen.

- Schafft man es wirklich, das Kind ganz frei und selbstbestimmt über seine Zukunft entscheiden zu lassen, oder hat man doch gewisse Vorstellungen?
- Sieht man sein Kind in keinem bestimmten Beruf oder hegt man doch den Wunsch, es im eigenen Traumberuf wiederzusehen?
- Lässt man dem Kind wirklich seinen eigenen Weg und seine Erfahrungen oder meint man, es etwas besser zu wissen oder nur das Beste fürs Kind zu wollen?

Freies und selbstbestimmtes Lernen kennt kein Konzept. Es gibt keine vorgefertigten Pläne, an die es sich zu halten gilt. Was es aber braucht, ist die Bereitschaft, sich mit sich selbst, der eigenen Lernerfahrung, den Vorstellungen und den erlebten, verinnerlichten und gelebten Glaubensgrundsätzen zu befassen. Denn im Endeffekt sind es genau jene erfahrenen *Prägungen*, die einen in weiterer Folge zu Handlungen und Aussagen verleiten können, welche dann zu Spannungen führen. Es sind mitunter Prägungen, von denen wir nicht einmal überzeugt sind, denen wir eigentlich – wenn wir ehrlich sind – gar nicht zustimmen können, die wir aber so verinnerlicht haben, dass wir sie trotzdem leben.

Man kann zum Beispiel in dem Glauben aufgewachsen sein, dass ein Erwachsener immer alles wissen sollte beziehungsweise vor dem Kind zumindest die Maske des Allwissens bewahren sollte. Das ist ein üblicher Glaubensgrundsatz unserer Gesellschaft, der häufig dazu führt, dass Kindern irgendwelche Dinge erzählt werden.

Zuzugeben, dass man nicht alles weiß und es nicht als Zeichen von Schwäche zu sehen ist, bestimmte Dinge einfach nicht zu wissen, kann eine unendliche Erleichterung darstellen. Nicht zuletzt, weil viele Eltern meinen, ihrem Kind alles beibringen zu müssen beziehungsweise jeden Wissensbereich abdecken zu können, wenn das Kind frei und selbstbestimmt lernt.

Wichtiger aber als Allwissen ist die Bereitschaft, das eigene Unwissen in bestimmten Bereichen offenzulegen und gemeinsam mit dem Kind Wege und Möglichkeiten zu suchen, wie das Interesse an dem Bereich trotzdem gedeckt werden kann. Gemeinsames Nachlesen, andere Menschen fragen, Informationen in Büchern oder Zeitschriften suchen, in Museen gehen ... es gibt viele Möglichkeiten, die Wissbegierde des Kindes zu stillen und gleichzeitig selbst auch noch etwas zu lernen.

Nicht alles zu wissen und auch nicht alles wissen zu müssen ist im Übrigen eine wichtige Botschaft an das Kind. Denn unser vermeintliches Allwissen wäre ebenso wie die angebliche Perfektion für das Kind unerreichbar und im Endeffekt eine viel zu große Herausforderung.

Wie aber lassen sich Glaubensgrundsätze verändern oder die eingangs erwähnte Grundhaltung erreichen? Es gibt keinen Knopf hinter dem Ohr, den man einfach nur drücken muss und dessen Benutzung alles erleichtert. Es wäre zu leicht, hier einfach ein paar Tricks und Übungen anzuführen, mit denen sich Vertrauen, Gelassenheit und die Fähigkeit sich zurückzuhalten einfach so herbeizaubern ließen.

Es mag vielleicht einfach sein, die Notwendigkeit einer Auseinandersetzung mit Glaubensgrundsätzen und das Einnehmen der erwähnten Grundhaltung in der Theorie zu verstehen. Die praktische Umsetzung wird dann meist zur ganz eigenen Herausforderung. Denn wie macht man seinen Ängsten, Zweifeln und tief verankerten, dominanten Glaubensgrundsätzen klar, dass man ab sofort eine neue Grundhaltung leben möchte?

In ruhigen, entspannten Momenten klappt das vielleicht sogar. Man kann sich Strategien und Wege überlegen, Glaubensgrundsätze, die man nicht braucht, zu umgehen und der Entwicklung des Kindes sowie dem Miteinander generell ganz entspannt entgegenzublicken.

In Spannungssituationen aber wird es schwierig bis unmöglich. Dass wir gerade in Stresssituationen dazu tendieren, auf die erfahrenen

Prägungen und Glaubensgrundsätze zurückzugreifen, ist nichts Ungewöhnliches. Statt neue Grundsätze umzusetzen, greift man automatisch auf Verhaltensweisen und Muster zurück, die einem bekannt sind. Das zu verändern setzt die Auseinandersetzung mit sich selbst und den bekannten, gewohnten Verhaltensmustern sowie Glaubensgrundsätzen voraus.

Manchen helfen kleine Strategien, die sich in Stresssituationen dann anwenden lassen – etwa kurz den Raum zu verlassen oder ein paar Mal tief durchzuatmen. Andere Menschen wiederum heften neue Überzeugungen in kleinen Botschaften an gut sichtbaren Stellen im Haus an die Wand und wieder anderen hilft es, sich gewünschte Veränderungen immer wieder vorzusagen.

Nicht zuletzt können Spannungssituationen auch vermieden werden, wenn man erkennt, dass sie oftmals eine Folge falschen Verantwortungsgefühls sind. Es versteht sich von selbst, dass man dem Kind gegenüber eine gewisse Verantwortung hat, welche jedoch nicht bedeutet, sich in jeder Situation in die Erfahrungen des Kindes einzumischen.

Sich in den richtigen Situationen zurückzuhalten, die Situation vielleicht im Auge zu behalten, aber keinerlei Schritte zu unternehmen, bevor diese nicht notwendig oder verlangt werden, kann Spannungssituationen mit dem Kind sehr oft vermeiden.

Es sind die kleinen Schritte, die zur Veränderung führen. Wir sind es aus der Leistungsgesellschaft gewohnt, an weit entfernte Ziele zu denken, bevor wir überhaupt mit dem Aufstieg begonnen haben. Das aber bringt uns häufig an unsere Grenzen und lässt uns mehr Probleme sehen, als vorhanden sind.

Veränderung ist ein Wachstums- und Bewusstseinsprozess, der nie ganz abgeschlossen ist und uns immer wieder vor gewisse Herausforderungen stellt. Leben mit Kindern heißt generell, bestimmte Herausforderungen zu meistern und zu lernen, sich in jenen Momenten zurückzunehmen, in denen das Kind seine Umwelt entdeckt und eigene Erfahrungen sammelt. Leben mit Kindern heißt auch, dass man die Individualität des

Kindes erkennt und damit umzugehen lernt und ab und an in Situationen gerät, an die man – damals noch kinderlos – nicht einmal in den wildesten Träumen gedacht hat. Das Leben ohne Schule ist im Prinzip nur eine Erweiterung dessen.

ELTERNROLLE UND ELTERLICHE VERANTWORTUNG

Die angebliche Bildungsfreiheit und der offene Zugang zu den meisten Bildungseinrichtungen gelten für viele als Errungenschaft, über die wir froh sein sollten. Trotzdem darf dabei die Tatsache nicht übersehen werden, dass ein Bildungssystem, welches sich an Leistung orientiert und dadurch Ungleichheit schafft, weder Bildungsfreiheit noch einen offenen Zugang zur Bildung bedeutet. Es darf nicht vergessen werden, dass der Einzelne im System oftmals zugrunde geht und die Freude am Lernen verliert. All das sind Gründe, die dafür sprechen können, ein Kind nicht in die Schule zu schicken beziehungsweise einen anderen Weg als den herkömmlichen zu suchen.

- *„Macht man sich das Leben denn nicht unnötig schwer, wenn man seine Kinder nicht zur Schule schickt?"*

Das hängt in erster Linie (leider immer noch) davon ab, in welchem Land man lebt. Prinzipiell aber macht man es sich nicht schwerer oder leichter als andere Eltern, die versuchen den für sie passenden Weg zu finden.

Natürlich könnte man behaupten, dass dieser Weg schwieriger ist, als die Kinder einfach irgendwo abzugeben. Denn statt die Verantwortung teilweise zu delegieren und ein geschultes Kind zurückzuerwarten, entschließt man sich dazu, für das Kind selbst da zu sein und es auf seinem Lernweg zu begleiten. Statt nie so recht zu wissen, was das Kind eigentlich macht, erlebt man Entwicklungen hautnah mit. Statt Themenwahl und Unterricht einer Institution zu überlassen, entscheidet man sich dafür, das Kind selbst wählen und entscheiden zu lassen und sich mit den Interessen des Kindes auseinanderzusetzen.

Eine spezielle Schulung oder Ausbildung setzt das Begleiten des Kindes zu Hause dennoch nicht voraus. Wie beim Elternsein generell kann es sogar von Vorteil sein, nicht allzu viel pädagogisches, fachliches Vorwissen zu haben.

Dem eigenen Gefühl zu folgen ist oftmals wesentlich hilfreicher, als sich an Maßstäben und Richtlinien zu orientieren. Schafft man es, einem Kind mit Vertrauen und dem richtigen Maß an Zurückhaltung zu begegnen, ihm zuzuhören und für es da zu sein, und ist man offen für die vielen Möglichkeiten, die einem begegnen, dann kann man davon ausgehen, auch gewisse Hürden und Herausforderungen zu meistern.

Natürlich kann der Eindruck entstehen, dass es einfacher sei, ein Kind in Fremdbetreuung zu geben. Nicht zuletzt, weil man sich dadurch Raum und Zeit verschafft. Ob es wirklich angenehmer ist, mag bezweifelt werden. Denn Leben mit Kindern bedeutet nun einmal – gleich welchen Weg man wählt – eine gewisse Herausforderung. Wenn es nicht die Selbstbetreuung ist, so sind es andere Dinge, mit denen man sich *konfrontieren* und um die man sich *kümmern* muss.

Eltern, die sich für die Selbstbetreuung des Kindes und ein Leben ohne Schule entscheiden, müssen sich mitunter den Vorwurf gefallen lassen, ihr Kind allzu sehr zu behüten und ein gluckenhaftes Verhalten an den Tag zu legen. Mit der Entscheidung, ein Kind frei und selbstbestimmt lernen zu lassen und seine Entwicklung wie auch sein Streben nach Wissen nicht einzuschränken läuft man aber selten Gefahr, das Kind in dieser Art zu beschneiden.

Ganz im Gegenteil: Man kann sich mitunter mit der an sich selbst gerichteten Frage konfrontiert sehen, ob man dem Kind vielleicht gar zu viel zumutet – an Wahrheit und Lebendigkeit. Denn ein Kind fernab des Schulgebäudes vom Leben fernzuhalten ist wesentlich schwieriger, als wenn es ganz normal zur Schule geht. Informationsfluss findet beim freien Lernen oftmals uneingeschränkt statt – ob durch Zeitungen oder andere Medien oder eigenes Erleben.

Gefragt sind hier aber nicht Wege und Strategien, um das zu verhindern, sondern eine angemessene Begleitung, welche dem Kind hilft, die Informationen zu verarbeiten und sie für sich und sein Lernen zu verwenden.

- *„Klingt ja alles schön und gut, aber was ist mit der eigenen Erwerbstätigkeit? Wie kann ich arbeiten gehen, wenn mein Kind nicht fremdbetreut wird?"*

Die Tatsache, dass ein Kind den halben oder auch ganzen Tag gut betreut ist, sich Erwachsene um es kümmern und es sich in einer Umgebung befindet, die (zumindest teilweise) auf seine Bedürfnisse zugeschnitten ist, mag einen Vorteil von Kindergärten und Schulen darstellen.

Befindet sich das Kind in regelmäßiger Fremdbetreuung, braucht man sich nicht den Kopf darüber zu zerbrechen, wie man wichtige Termine wahrnimmt oder ob man gewisse Lebenswege überhaupt gehen kann ... Elternschaft und Erwerbstätigkeit scheinen zwangsläufig die Notwendigkeit für Fremdbetreuung zu erzeugen.

Abgesehen davon, dass das mit der angeblichen Zeit, die man sich durch die Fremdbetreuung des Kindes schafft und die einem zur Erwerbstätigkeit verhilft, nur selten stimmt – ich denke hier beispielsweise an die entstehenden Kosten für (Wunsch)Betreuung und nötige Wegstrecken, den täglichen Zeitdruck, der zwangsläufig entsteht, die möglichen Spannungen und wie viel von dem erworbenen Einkommen in Wirklichkeit am Monatsende übrig bleibt –, bedeutet ein Leben ohne Schule nicht, dass Eltern keiner Erwerbstätigkeit nachgehen können. Wie Leben ohne Schule im Endeffekt gelebt und umgesetzt wird, ist individuell sehr unterschiedlich.

Dabei darf Folgendes nicht vergessen werden: Vieles, was heute über die angeblich positiven Auswirkungen der Fremdbetreuung berichtet wird (Intelligenz des Kindes, Notwendigkeit im Beruf nicht den Anschluss zu verlieren, materieller Wohlstand), vernachlässigt den Umstand, dass die gemeinsame Zeit – welche einen wesentlichen Bestandteil der kindlichen Entwicklung ausmacht – häufig unter ständigem Stress leidet. Dieser entsteht durch den Versuch, alles unter einen Hut zu bringen.

Wie Familien im Endeffekt das Leben ohne Schule praktizieren, ist daher wie gesagt sehr unterschiedlich. Falsch ist die Annahme, dass sich ein Leben ohne Schule nur dann leben ließe, wenn die Eltern nicht erwerbstätig sind, mit ihrer Erwerbsarbeit einen untypischen Weg gehen oder einer selbstständigen Tätigkeit nachgehen würden. Natürlich gibt es einen Anteil an selbstständig arbeitenden Eltern unter den Unschooling-Familien.

Aber es gibt auch den Anteil jener Eltern, die weiterhin ihre *normale berufliche Tätigkeit* in einem Arbeitnehmerverhältnis ausführen.

- Solange die Kinder noch klein sind, geht manchmal nur ein Elternteil arbeiten oder es gehen beide Eltern einer Teilzeitbeschäftigung nach.
- Andere Eltern wiederum richten es sich so ein, dass sie zumindest teilweise von zu Hause aus arbeiten können.
- Manche Eltern leisten sich ab und an einen Babysitter oder es gibt Großeltern in der Nähe, die mit den Kindern Zeit verbringen.
- Seitdem sich immer mehr Familien für ein Leben ohne Schule interessieren, haben sich auch einige Initiativen entwickelt, wo sich die Familien gegenseitig unterstützen.
- Lässt es sich einrichten, werden die Kinder mitunter auch zur Arbeit mitgenommen.
- Je älter Kinder werden, desto leichter wird es zudem auch wieder, intensiver und länger einer Erwerbstätigkeit nachzugehen.

Gemeinsam ist Freilerner-Familien die Einstellung, dass sie lieber etwas mehr Zeit mit ihren Kindern verbringen und dafür etwas weniger verdienen, als ständig im beruflichen Stress zu sein und ihre Kinder kaum mehr zu sehen, geschweige denn Anteil an ihrer Entwicklung und ihrem Leben nehmen zu können.

Dass sie sich in puncto Erwerbstätigkeit vielleicht etwas leichter tun würden, wenn ihre Kinder in Fremdbetreuung wären, sehen die meisten Eltern frei lernender Kinder nicht. Die Achtsamkeit der kindlichen Entwicklung gegenüber und ihre kritische Betrachtungsweise des herkömmlichen Schulsystems würde für sie bedeuten, ihr Kind in eine freie Schule schicken oder in einem Schulprojekt unterbringen zu müssen.

Das ist eine finanzielle Belastung, die für viele Familien nicht vorstellbar ist – da das zumindest für einen Elternteil bedeuten würde, ganz oder zumindest teilweise nur dafür zu arbeiten, damit das Kind in eine solche Schule gehen kann.

Dieser Aufwand lohnt sich in den Augen vieler Eltern verständlicherweise nicht. Lieber nehmen sie ein bisschen weniger Geld am Monatsende in Kauf und leben etwas sparsamer, können dafür aber mehr Zeit mit ihren Kindern verbringen.

Natürlich könnte man auch hier wieder von Überbehütung oder gluckenhaftem Verhalten der Eltern sprechen. Nur: Ist es nicht normal, dass Eltern gerne Zeit mit ihren Kindern verbringen wollen? Dass sie ihnen beim Aufwachsen zusehen und teilhaben wollen, statt Entwicklungen immer nur von anderen zu hören und das Aufwachsen ihrer Kinder mehr oder weniger an sich vorbeiziehen zu sehen? Ist es von Natur aus nicht vorgesehen, dass Kinder die erste Zeit ihres Lebens in engem Kontakt mit ihren Eltern verbringen?

Die Zeit, in der Kinder ihre Eltern nicht mehr so intensiv wie zu Beginn des Lebens brauchen und Eltern wieder mehr Zeit für sich und ihre Tätigkeit haben, kommt früh genug und früher, als einem oftmals lieb ist.

LEGALITÄT

Man sollte meinen, dass es Eltern in freiheitlich-demokratischen Ländern freisteht, zu entscheiden, welchen Bildungsweg sie für ihr Kind wählen möchten. Leider ist das nicht immer der Fall. In den meisten europäischen Ländern besteht eine sogenannte *Bildungspflicht*, welche die Vermittlung von Wissen an das Kind vorsieht, nicht aber an den Besuch einer Schule (*Schulpflicht*) gebunden ist. Abgesehen davon ist der sogenannte *häusliche Unterricht* in manchen Ländern nur eingeschränkt möglich.

Es nehmen nur wenige Familien ihr Recht in Anspruch, das Kind fernab einer Schule lernen zu lassen – weniger als man angesichts der starken öffentlichen Kritik am Schulsystem vielleicht glauben möchte. Im Steigen sind die Zahlen dennoch.

Interessant ist in diesem Zusammenhang, dass in einigen Ländern die Bildungsfreiheit und die damit einhergehende Möglichkeit zum häuslichen Unterricht Verfassungsrang haben, so in Irland, Italien und Spanien. Einige europäische Länder wie Großbritannien oder auch Dänemark handhaben das Thema Bildung recht liberal und zählen zu den wenigen Ländern der Welt, wo es keine spezielle Kontrolle des Hausunterrichts gibt. In den meisten Staaten Europas ist *Homeschooling* erlaubt, aber an bestimmte Regelungen zu den Inhalten gebunden – so auch in Österreich.

In der Schweiz wiederum ist der häusliche Unterricht des Kindes kantonal unterschiedlich geregelt, aber zumeist erlaubt.

Hausunterricht ist nur in zwei europäischen Ländern gänzlich verboten – in Schweden und in Deutschland. Wer dort sein Kind trotz allem nicht zur Schule schickt, macht sich strafbar. Neben Bußgeldern, die in so einem Fall gezahlt werden müssen, droht im schlimmsten Fall sogar der Kindesentzug, sollten wiederholte Gesetzesverstöße festgestellt werden.

Dies ist ein wesentlicher Umstand für massiven Wiederstand, öffentliche Gegenbewegung und letztendlich auch vereinzelte Auswanderung von Familien, die ihre Kinder nicht im öffentlichen Schulsystem unterrichten lassen möchten.

FORMEN FREIEN LERNENS: VON HOMESCHOOLING BIS UNSCHOOLING

Leben ohne Schule bedeutet aber nicht zwangsläufig, dass ein Kind frei und selbstbestimmt lernt. Das hängt einerseits mit der rechtlichen Lage zusammen. So in Österreich, wo eine jährliche Prüfung den Kanon zu erlernender Dinge mitbestimmt. Hinzu kommt: So unterschiedlich wie die Beweggründe dafür sind, warum ein Kind nicht zur Schule geht, so verschieden leben Familien das außerschulische Lernen beziehungsweise die Umsetzung eines Lebens ohne Schule.

Zwischen dem klassischen Hausunterricht oder Homeschooling und dem im vorliegenden Buch beschriebenen gänzlichen Freilernen oder Unschooling gibt es eine ganze Bandbreite an individuellen Umsetzungen. Die Erläuterungen im Folgenden sind als Orientierungshilfe und Begriffsdefinition für den Leser gedacht. Denn Leben ohne Schule ist eben *kein Konzept mit fixen Richtlinien und Begrenzungen*.

Man steigt nicht einfach ein und folgt einem konzeptionell klar vorgezeichneten Weg. Anders gesagt, es gibt keinen Guru. Leben ohne Schule ist keine Religion, der man in irgendeiner Art und Weise beitreten kann und deren Gebote man erfüllen muss, sondern es wird so gelebt, wie es sich für das eigene Leben stimmig und passend anfühlt.

HOMESCHOOLING NACH LEHRPLAN ÖFFENTLICHER SCHULEN

Homeschooling oder auch Hausunterricht ist die wohl bekannteste Art des Lebens ohne Schule. Es ist das, woran die meisten Menschen im ersten Moment denken, wenn sie hören, dass Kinder nicht zur Schule gehen. Und es ist häufig das „mediale Bild", welches zum Tragen kommt, wenn über das Lernen zu Hause bzw. Leben ohne Schule in Artikeln und Beiträgen berichtet wird. Kinder, die um einen Tisch herum über Bücher gebeugt sitzen und unterrichtet werden.

Am einfachsten – gerade in Österreich – erscheint beim Homeschooling die Orientierung am *Lehrplan* der öffentlichen Schulen und die Nutzung von *Schulbüchern* sowie zur Verfügung gestellten Lehrmaterialien. Stehen hinter dem Leben ohne Schule religiöse Beweggründe, so werden die *religiösen Werte* des gelebten Glaubens unterschiedlich stark in den Unterricht einbezogen.

Beim Homeschooling findet der Unterricht meist zu fixen Zeiten, eventuell mit einem eigenen Lehrenden statt, welcher sich dazu bereit erklärt, das Kind in gewissen Fächern zu unterrichten. Um ein Kind zu Hause, fernab der Schule zu unterrichten, bedarf es aber keiner speziellen pädagogischen Ausbildung. Letztere ist auch nicht – wie vermeintlich immer wieder angenommen wird – Voraussetzung dafür, ein Kind zu Hause unterrichten zu dürfen.

Zugang zu Unterrichtsmaterialien und Lehrpläne finden Eltern auf den unterschiedlichsten Seiten im Internet, ebenso in Foren, in denen sie sich über ihre Erfahrungen austauschen können.

Beim Homeschooling kann man also durchaus von einer Art *Schule zu Hause* sprechen, wobei sich natürlich Unterschiede in der Umsetzung des Unterrichts bei den einzelnen Familien zeigen. Wo sich die einen Eltern strikt an die Vorgaben halten und Seite für Seite mit dem Kind durcharbeiten, stellen es andere Eltern dem Kind frei, welche Themen es an den einzelnen Tagen durcharbeiten möchte, und suchen auch fernab der klassischen Unterrichtsmaterialien nach hilfreichen Arbeitsmitteln für das Kind. Auch werden manche Kinder nicht ständig von einem Erwachsenen begleitet, sondern arbeiten – mit Hilfe von Aufgabenlisten – selbstständig.

Abgesehen davon gibt es immer wieder Familien, in denen sich der Unterricht zu Hause auf die Wochen vor der Externistenprüfung konzentriert und das Kind oder die Kinder in der übrigen Zeit ihren eigenen Interessen und Tätigkeiten nachgehen.

Abhängig ist die Auslegung des häuslichen Unterrichts dabei ganz stark vom Alter des Kindes. Je jünger ein Kind ist, desto eher wird es von einem Erwachsenen begleitet bzw. unterrichtet. Je älter das Kind ist, desto häufiger erarbeitet es sich den Stoff selbstständig – wobei das Homeschooling an diesem Punkt sehr leicht ins Unschooling übergeht.

Unterschiede zeigen sich auch in der Art und Weise, wie Kinder, die zu Hause unterrichtet werden, beurteilt werden. Einige Eltern führen eine klassische Kontrolle und Beurteilung durch, andere Eltern setzen auf die Selbstkontrolle des Kindes und praktizieren eine Art Hilfe zur Selbsthilfe. In Österreich gibt es zusätzlich die sogenannte Externistenprüfung am Jahresende, nach welcher das Kind ein rechtsgültiges Zeugnis ausgestellt bekommt, das in jeder weiterführenden Schule vorgelegt und zur Aufnahme in diese herangezogen werden kann.

Üblicherweise gestaltet sich häuslicher Unterricht sehr vielfältig und lässt sich heute nur mehr in den seltensten Fällen mit dem in historischen Büchern oder Filmen präsentierten Hausunterricht vergleichen. Eltern probieren gerne aus und nehmen Materialien und Methoden aus verschiedenen pädagogischen Ideologien zur Hilfe (siehe auch nächster Abschnitt), um ihrem Kind die Freude am Lernen zu bewahren und gleichzeitig den (mitunter nötigen) Lernerfolg nach dem vorgegebenen Lehrplan zu garantieren. Offen bleibt beim Homeschooling nach Lehrplan die Frage, inwieweit wirklich auf die Bedürfnisse des Kindes eingegangen wird und wie intensiv Lernen mit der Zeit vom Kind als

Pflicht empfunden wird, wodurch sich dann in weiterer Folge eine gewisse Abneigung gegen das Lernen entwickeln kann. Ausschlaggebend in diesem Zusammenhang ist sicherlich auch die Frage, ob der häusliche Unterricht frei und ohne Zeitdruck stattfindet oder ob der Lehrplan innerhalb eines gewissen Zeitrahmens erfüllt werden muss.

HOMESCHOOLING NACH ALTERNATIVEN PÄDAGOGISCHEN KONZEPTEN

Zeichnen sich alternativpädagogische Konzepte nicht eher dadurch aus, dass das Kind weitestgehend frei lernt und lediglich begleitet wird?

Prinzipiell ist das wirkliche Unterrichten zu Hause nach alternativen pädagogischen Konzepten eher selten. Viel häufiger ist häuslicher Unterricht mit Zuhilfenahme von Materialien oder Methoden aus alternativen Konzepten unter gleichzeitiger Verwendung der klassischen Schulbücher und im Hinblick auf den Lehrplan einer öffentlichen Schule.

Eltern, die ihr Kind zu Hause *nicht regelkonform* unterrichten wollen, versuchen mit der Orientierung an alternativpädagogischen Konzepten eine Art Mittelweg zwischen dem freien Lernen und dem häuslichen Unterricht zu finden, um so den bestehenden Anforderungen an das Kind (Erreichen von Bildungsstandards, von Lernzielen u.Ä.) gerecht zu werden oder auch um einen zukünftigen Bildungsweg in einer weiterführenden Schule zu gewährleisten. Der enge Kontakt mit einer Alternativschule ist dabei aber eher selten oder findet aus einer Notwendigkeit heraus statt.

In Österreich ist Letzteres unüblich, da die notwendigen Externistenprüfungen am Jahresende nicht von einer *Alternativschule* abgenommen werden dürfen. Das führt dazu, dass sich Eltern eher am Lehrplan öffentlicher Schulen als an alternativpädagogischen Konzepten orientieren.

In Deutschland wiederum ist die Zusammenarbeit mit einer Alternativschule oftmals der einzige Weg, um dem Kind überhaupt ein Lernen fernab der Regelschule zu ermöglichen.

ZWISCHEN HOME- UND UNSCHOOLING

Homeschooling und Unschooling sind zwei gänzlich verschiedene Ansätze des Lebens ohne Schule. Trotzdem gibt es immer wieder Familien, die beides in bestimmter Art und Weise miteinander kombinieren.

Durch die intensive Auseinandersetzung mit dem Thema „Lernen", durch erste Erfahrungen mit der praktischen Umsetzung und das Erkennen verschiedener Zusammenhänge (in Bezug auf das Lernen eines Kindes) kommt es mitunter vor, dass Eltern über das Homeschooling zum Unschooling kommen. Ausschlaggebend ist hier zum einen sicherlich die Frage, wie der Unterricht zu Hause stattfindet und wie die Kommunikation zwischen Eltern und Kind abläuft (wertfrei oder wertend), zum anderen aber sicherlich auch das Erleben der Gesamtsituation. Was bedeutet Unterricht zu Hause? Wie lernt das Kind?

Gerade in Österreich findet sich noch eine weitere Form des häuslichen Lernens: Es ist eine Art Mischform, ein Pendeln zwischen weitestgehend freiem Lernen und dem Begleiten des Kindes im Hinblick auf die bevorstehende Externistenprüfung am Jahresende. Lernzeiten werden hier mitunter täglich eingeplant, wobei es in diesen aber dem Kind oftmals freisteht, mit welchen Themen des Lehrplans es sich beschäftigen möchte. Neben den klassischen Unterrichtsmaterialien werden auch hier gerne Materialien und Ansätze aus alternativpädagogischen Konzepten verwendet.

Schwieriger wahrscheinlich als bei allen anderen Ansätzen des Lernens ohne Schule ist es bei diesem Ansatz, die *Balance* zu finden zwischen Unterricht und freiem Lernen.

Nicht zuletzt, weil diese beiden im Widerspruch zueinander stehen. Findet der sogenannte Unterricht in Form eines regen Miteinanders und permanenten Austauschs statt, der wertfrei vor sich geht, kann Homeschooling und Unschooling mitunter nebeneinander bestehen. Sobald es aber darum geht, gewisse Ziele innerhalb eines Schuljahres zu erreichen, ist das kaum mehr möglich.

Nicht zu verwechseln ist in diesem Zusammenhang aber das freie Lernen und das selbstständige Erarbeiten vorgegebener Themen bzw. Aufgabenstellungen.

UNSCHOOLING

Unschooling bedeutet, dass ein Kind gänzlich frei und selbstbestimmt lernen darf. Es gibt weder fixe Lernzeiten noch irgendwelche Lehr- oder Zeitpläne. Die Begleitung des Kindes und seinem Lernen findet wertfrei und achtsam statt.

Statt das Kind zu belehren, ist das Miteinander von einem stetigen Zusammenspiel geprägt, bei dem sich der Erwachsene in die Rolle des stillen Beobachters begibt, sich zurückhält, aber auch da ist, wenn das Kind Begleitung benötigt.

Bekundet das Kind Interesse an einer bestimmten Tätigkeit oder einem Thema, welches die Begleitung eines fachkundigen Erwachsenen nötig macht, werden alle Schritte mit dem Kind vereinbart, um eine Begegnung und einen Austausch zu ermöglichen. Je nachdem um welche Tätigkeit oder welches Thema es sich handelt, können Besuche bei einem erfahrenen Erwachsenen vereinbart oder auch eine Einladung ausgesprochen werden, damit das Kind seine Fragen stellen oder bei einer Tätigkeit zuschauen kann.

Das mag sich im ersten Moment unrealistisch anhören, da es in unserem Miteinander eher selten bis gar nicht vorkommt und alles, was nicht ganz üblich ist, gerne als unmöglich abgetan wird. In Wahrheit aber sind die meisten Menschen froh darüber, wenn Kinder Interesse an ihrer Tätigkeit oder einem Thema bekunden, welches in ihrem Fachgebiet liegt. Die meisten Menschen sind gerne bereit, dem interessierten Kind etwas über ihre Arbeit zu erzählen oder ihr Wissen an es weiter zu geben.

Je jünger ein Kind ist, desto nötiger bedarf es hier aber der Unterstützung eines Erwachsenen, der weiß, wie das Interesse des Kindes gestillt werden kann und wo sich die nötigen Informationen finden lassen.

Ausgangspunkt beim freien und selbstbestimmten Lernen ist der Wunsch, dem Lernen und Entwickeln des Kindes nicht vorzugreifen oder in dieses einzugreifen. Die achtsame Zurückhaltung ist darauf ausgerichtet, das Kind in seinem Tun nicht zu blockieren oder zu forcieren und es nicht unter Druck zu setzen, gleichzeitig aber seine Interessen wahrzunehmen und sensibel darauf einzugehen. Das beinhaltet unter anderem auch, dass ein Kind zum Beispiel am Unterricht einer Musikschule teilnimmt, um sein Wunschinstrument zu erlernen.

Häufig hört man in diesem Zusammenhang das Argument, *dass das Kind dann aber doch eine Art Unterricht erhalten würde*. Das ist natürlich zutreffend, der Unterschied zum üblichen Unterricht einer Schule besteht aber darin, dass sich das Kind zum einen aus freien Stücken dorthin begibt, weil es das Instrument erlernen möchte, und sich der Einzelunterricht zum anderen selten mit dem üblichen Frontalunterricht einer Schule vergleichen lässt.

Was Unschooling vom Homeschooling (teilweise zumindest) unterscheidet, ist die Tatsache, dass *Lernen und Leben nicht voneinander getrennt werden*. Es sind eben nicht die einzelnen Schulfächer inklusive der vorgesehenen Lehrpläne, die das Lernen des Kindes dominieren, sondern der gelebte Alltag selbst, der das Lernen des Kindes begleitet. Ein Alltag, der das Verknüpfen verschiedener Lernbereiche ermöglicht und wodurch umfassendes Lernen und Begreifen stattfinden kann.

LEARNING BY DOING: FREIES LERNEN IM ALLTAG

Um verstehen zu können, müssen wir begreifen, und um zu begreifen, müssen wir die Möglichkeit haben, aktiv zu sein und ausprobieren zu können. Der Ausspruch *Learning by doing* bringt genau das zum Ausdruck, was Lernen im Grunde ist. Und eben diese Form des selbstverständlichen Lernens und Begreifens wird beim freien und selbstbestimmten Lernen bewahrt. Diese Form wird hingegen in der Regelschule schon aus rein organisatorischen Gründen vernachlässigt.

Natürlich suchen viele Lehrer ab und an mit einer Klasse die Schulküche auf und bereiten dort gemeinsam eine Mahlzeit zu. Oder sie verlegen den Biologieunterricht in den Wald. Vielleicht lässt es sich sogar einrichten, die Wirkung eines Flaschenzugs am Bau zu testen. Den Großteil der Zeit findet Lernen in Regelschulen aber *abstrakt* statt. Nicht zuletzt, weil *praxisbezogenes* Lernen fernab des Klassenzimmers ein achtsames Miteinander und gut eingespieltes Team erfordert.

Das sind Voraussetzungen, die im schulischen Miteinander häufig nicht gegeben sind. Leichter und einfacher scheint es zu sein, Unterricht mit Hilfe von Büchern und Lehrervorträgen in geschlossenen Räumlichkeiten stattfinden zu lassen.

KINDER IM GARTEN

Diese Abstraktheit in der Schule führt zwangsläufig dazu, dass viele Dinge anders und nicht so selbstverständlich gelernt werden wie beim freien und selbstbestimmten Lernen. Ein frei lernendes Kind eignet sich Maßeinheiten immer durch die aktive Auseinandersetzung mit ihnen an – beispielsweise beim Kochen oder Handwerken. Physik, Chemie, Biologie, Geografie und Geschichte sind Themengebiete, die beim freien und selbstbestimmten Lernen ganz selbstverständlich und oft weit früher auftauchen, als im Lehrplan vorgesehen. Nicht aber, weil frei lernende Kinder kleine Genies sind, sondern weil sie schlicht und einfach die Zeit haben, ihre Wissbegierde zu stillen. Dabei kommen sie oftmals ganz ungezwungen vom Einen zum Anderen.

- *„Was passiert, wenn ...?“*
- *„Wo ...?“*
- *„Wieso hat ...?“*

Das sind Fragen, die beantwortet werden. Das dazu notwendige Wissen eignen sich die Kinder aus Büchern, Gesprächen, Museumsbesuchen oder durch aktives Beobachten, Mitmachen und auch Nachmachen an. Am wichtigsten für das freie Lernen ist das Spiel. Ohne Spiel und die Auseinandersetzung mit verschiedenen Themen im Spiel bleiben die meisten Themen zu abstrakt.

Um das zu verdeutlichen, soll folgendes persönliches Beispiel dienen:

Ein Teilbereich unseres Gartens gehört den Kindern. Dort dürfen sie ungestört Hütten bauen, auf Bäume klettern und ihre kleinen Gärten bestellen. Mit Hilfe eines Bekannten haben sie sich so ein recht großes Zelt gebaut, in dem sie viel Zeit alleine und mit Freunden verbringen. Hinzu gekommen ist im Laufe der Zeit ein zweistöckiges Baumhaus, welches immer wieder einmal abgebaut und auf andere Bäume verlegt wird.

Als unser Sohn vor Kurzem ein Buch über Indianer entdeckte und es gemeinsam mit seinen Schwestern las, war klar, dass sie ihr angeeignetes Wissen nun auch in die Praxis umsetzen würden. Sie erklärten ihr Zelt zum Tipi und sagten uns, dass man nur dann eintreten dürfe, wenn die Plane vor dem

Zelt offen sei und dass das Zelt den Frauen gehören würde. Sie machten sich eine kleine Feuerstelle, holten sich ihr Essen aus dem Garten und kauften sich beim darauffolgenden Besuch in der Stadt Nahrungsmittel von ihrem eigenen Geld. Sie schnitzten sich Pfeil und Bogen sowie Löffel und machten sich aus Rindenstücken Teller. Sie haben sich auf die Jagd begeben – im Spiel – und versuchten so leise wie möglich zu schleichen. Tagelang waren sie intensiv damit beschäftigt, ihr Wissen auszuleben und auszuprobieren. Nicht einmal der Regen konnte sie davon abhalten, in ihrem Zelt zu verweilen und weiterzuspielen.

All das mag auf den ersten Blick nicht gerade nach sehr viel Wissensaneignung und Lernen klingen – in Wahrheit aber haben sie sehr viel gelernt. Die ganze Zeit über war das Buch über die Indianer mit dabei, immer wieder haben sie darin gelesen und anschließend diskutiert. Ich bin mir sicher, dass sie heute mehr über Indianer wissen als wir Erwachsenen. Abgesehen davon waren wieder einmal der Umgang mit Geld (beim Einkaufen) und das anschließende Ausrechnen, wer wie viel zahlt, mit von Bedeutung. Nicht zuletzt lernten sie die Zubereitung des Essens und das Lesen von Zutaten- und Zubereitungslisten für die Rezepte, die sie verwirklichen wollten.

VON DER BEDEUTUNG DES SPIELS

Aber muss ein Kind nicht lernen, dass es nicht immer spielen kann? Und ist es nicht schlecht, wenn es sich Themen ungefiltert und unzensiert widmet?

Kinder lernen durch das aktive Spiel am meisten und können sich nur so die Freude an einer Tätigkeit – ohne sie dabei als lästige Pflicht zu empfinden – erhalten. Spielen meint aktives Tun in verkleinertem Maßstab und Ver- sowie Bearbeiten in geschütztem Rahmen.

Abgesehen davon ist es sicher nicht schlecht, Kindern keinen Riegel vor die Nase zu schieben mit der Begründung, dass sie für gewisse Dinge noch zu klein seien. Ein Kind mit gesundem Selbst- sowie Körperbewusstsein, welches sich seiner eigenen Grenzen bewusst ist, geht nicht oder nur höchst selten über das eigene Interesse hinaus. Gerade bei Büchern ist die Gefahr gering, dass Kinder ihre eigenen Grenzen überschreiten. Ein Buch lässt sich sehr leicht schließen.

Etwas anders verhält es sich natürlich beim *Medienkonsum*. Informationen kommen dort oftmals viel zu schnell und in einer Intensität vor, die ein Abschalten nicht augenblicklich möglich macht. Die einzelnen Familien gehen sehr unterschiedlich mit dem Thema um. Ich kenne Familien frei lernender Kinder, die den Medienkonsum bis zu einem gewissen Alter des Kindes auf ein Minimum beschränken. In anderen Familien haben Kinder von Beginn an freien Zugang zu den einzelnen Medien und können frei entscheiden und wählen, wobei auch sehr offen darüber gesprochen wird. Hier liegt es an den Eltern, für sich selbst und ihre Kinder zu entscheiden und die Grenzen zu setzen, die sie für sich selbst als stimmig befinden.

Man muss sich in diesem Zusammenhang allerdings die Frage stellen, ob es sinnvoll ist, die Realität vor Kindern zu verbergen und sich gleichzeitig mit der Frage auseinanderzusetzen, wie man vorgehen möchte. Eines aber ist sicher: Jeder Versuch, die Realität vor einem Kind zu verbergen, würde nicht nur einer Lüge gleichkommen, sondern auch einem Spießrutenlauf gleichen.

Plakatwände müssten ebenso umgangen werden wie Werbung oder Zeitungen. Öffentliche Plätze müssten gemieden werden, Nachrichten dürften nicht gehört werden, Gespräche anderer Leute dürften nicht mitgehört werden und man selbst dürfte auch nicht mit anderen Erwachsenen über die Lage der Nation(en) sprechen.

Dieses Vorgehen führt sich spätestens dann ad absurdum, wenn ein Kind lesen kann. Es wird dann alles lesen, was es zu lesen gibt – und das kann ganz schön viel sein. Erfahrungsgemäß können Kinder aber sehr gut filtern und sie werden bei intakter Bindung zu ihren Eltern über Dinge sprechen, die sie beschäftigen, weil sie sie gesehen oder gelesen, aber nicht verstanden haben.

Man darf davon ausgehen, dass ein nicht beeinflusstes Kind all jene Themen fallen lässt, die sein augenblickliches Wissen übersteigen und die ein Zuviel an Information bedeuten würden. Ebenso wie man sich sicher sein kann, dass das kindliche Interesse an einem Thema erst dann gestillt ist, wenn es das Gefühl hat, ausreichend Informationen erhalten zu haben. Im Begleiten von Kindern und in dadurch möglicherweise auftauchenden Ängsten oder Zweifeln, weil es sich vielleicht für ein Thema interessiert, welches in dem Alter noch nicht adäquat erscheint, wird gerne übersehen, dass Interessen schlicht und einfach mit dem Wunsch in Verdingung stehen, etwas zu beherrschen oder auch zu verstehen. Ab einem bestimmten Alter kommt es recht häufig vor, dass Kinder sich für Themen und Dinge zu interessieren beginnen, die in ihrem unmittelbaren Lebensumfeld nicht vorkommen, in der weiteren Umgebung aber sehr wohl präsent sind.

Freies Lernen ermöglicht einen passenden Umgang mit den Interessen des Kindes. Das Kind hat Zeit. Es hat Möglichkeiten, sich mit dem Gegenstand seines Begehrens auseinanderzusetzen – ohne Unterbrechungen und so lange es möchte. Es gibt keine Pflichtbeschäftigungen, die es davor erledigen muss; kein wichtigeres Lernen, was vorrangig behandelt werden muss; keine Hausaufgaben, die zuerst geschafft werden müssen.

Ein Kind braucht dafür auch keinen eigenen Unterrichtsraum samt Tisch und ergonomisch korrekt geformtem Stuhl. Gelernt wird überall, ständig und dort, wo es gerade Lust und Spaß macht. Interessanterweise kenne ich kaum ein Kind, welches still sitzend verharrt, um sich in eine Materie zu vertiefen.

Ganz im Gegenteil, Lernen und Verinnerlichen scheinen sehr häufig in Zusammenhang mit einer gewissen Aktivität zu stehen. Die Kinder liegen und strampeln, klettern, knien, hüpfen, lassen sich kopfüber von der Couch hängen oder turnen darauf herum. Sitzen sie doch einmal, dann nicht mit dem geraden Rücken und der guten Haltung, die uns in der eigenen Kindheit und Schulzeit gern eingetrichtert wurde. Ihre Haltung lässt sich eher mit dem *Lümmeln* vergleichen, vor dem wir immer gewarnt wurden.

Freilernen im Alltag ist vielfältig, spannend und ganz oft auch entspannend. Denn es gibt dem Kind den nötigen Freiraum, den es für seine Entfaltung braucht und in dem es wachsen kann, ohne dabei Gefahr zu laufen, überfordert zu sein oder zu viel an Verantwortung übernehmen zu müssen.

DIE ANGST VOR ISOLATION

Verbringen frei lernende Kinder wirklich ausschließlich Zeit mit ihren Eltern? Mehr Zeit als andere Kinder ganz sicher, schließlich sind diese oftmals einen Großteil ihrer Zeit in Institutionen.

Aber ausschließlich? Ganz sicher nicht. Eltern nicht beschulter Kinder legen großen Wert darauf – auch im eigenen Interesse –, *Kontakte* mit Freunden und Gleichgesinnten zu pflegen und sich in verschiedensten Situationen sowie im direkten *Austausch* mit anderen Familien neue Impulse zu holen.

Je kleiner Kinder sind, desto intensiver ist natürlich die Zeit, die miteinander verbracht wird. Nicht umsonst weisen Entwicklungspsychologen und Pädagogen immer wieder und ausdrücklich darauf hin, wie wichtig es gerade in den ersten drei Lebensjahren eines Kindes ist, in intensivem Kontakt mit den Eltern zu sein und von ihnen begleitet zu werden. Je größer die Kinder aber werden, desto häufiger genießen sie es, ihren eigenen Beschäftigungen nachzugehen und selbstständiger zu werden.

Der Gemeinschaftsgarten als Treffpunkt für Klein und Größer.

Dass Eltern und Kinder miteinander viel Zeit verbringen, erscheint in der öffentlichen Meinung oftmals in einem schlechten Licht. Da wird vor Isolation und Mangel an Sozialkontakten gewarnt.

Andersherum müsste man aus Sicht intensiver Eltern-Kind-Beziehungen fragen, warum gesellschaftlich so viel Energie investiert wird, Eltern und Kinder möglichst früh und möglichst lange zu trennen? Welche Beweggründe stecken dahinter?

Die Möglichkeit, ein Kind zu isolieren, besteht immer – selbst dann, wenn es einen Kindergarten oder die Schule besucht. Bei Letzterem reicht es im Grunde schon aus, wenn das Kind von den anderen Kindern ausgeschlossen und gehänselt wird. Im Falle des Lebens ohne Schule bräuchte es Eltern, die Sozialkontakte bewusst verhindern – was eine beträchtliche Herausforderung darstellen würde.

Mitunter haben Kinder, die nicht zur Schule gehen, einen kleineren Freundeskreis als jene, die eine oder bereits mehrere Schulen besucht haben. Andererseits sagt die Größe des Freundeskreises bekanntlich nichts über die Intensität der dort erlebten Beziehungen aus. Vor allem wird dieser davon abhängig sein, wie ausgeprägt das Bedürfnis nach sozialem Miteinander ist. Ein Kind kann im Gegenzug noch so lange und intensiv in Fremdbetreuung sein und trotzdem tendenziell eher ein Einzelgänger bleiben. Gleichsam kann ein nicht beschultes Kind einen großen Freundeskreis mit Menschen unterschiedlichen Alters aufweisen.

Gehen Kinder nicht zur Schule, wird gerne auf das mögliche Fehlen von Sozialkontakten hingewiesen und behauptet, sie würden sich aufgrund der fehlenden Fremdbetreuung und des Mangels an gleichaltrigen Kindern mit dem Knüpfen von Kontakten schwer tun. In der Praxis lässt sich das nicht bestätigen. Ganz im Gegenteil: Es lässt sich beobachten, dass diese Kinder sehr frei und offen in neue Bekanntschaften gehen und keinen Unterschied machen, ob sie mit einem Kind oder einem Erwachsenen sprechen.

LÄNDERSPEZIFIKA

EIN BLICK NACH ÖSTERREICH

Wer sein Kind in Österreich nicht in die Schule schicken möchte, muss es – jedes Jahr wieder neu – zum sogenannten *häuslichen Unterrich*t abmelden. Das geschieht beim zuständigen Bezirksschulrat – in Wien beim Stadtschulrat – und muss vor Beginn des Schuljahres geschehen. Die zuständige Behörde hat daraufhin innerhalb eines Monats das Recht, den häuslichen Unterricht zu untersagen, wenn mit großer Wahrscheinlichkeit anzunehmen ist, dass die Gleichwertigkeit des Unterrichts zu Hause nicht gegeben ist. Dagegen wiederum können die Eltern Einspruch beim Landesschulrat erheben.

Prinzipiell gilt, dass die Eltern dem Kind die allgemeinen Vorgaben über Bildung zugänglich machen müssen. In welcher Form das geschieht, bleibt ihnen überlassen. Gleichsam bedarf es keines speziellen Fähigkeitszeugnisses (wie etwa einer pädagogischen Ausbildung), um das Kind zum häuslichen Unterricht abmelden zu dürfen. Ob das Kind gemäß den Vorgaben über Bildung unterrichtet wurde, wird am Ende des Schuljahres mit einer Gleichwertigkeitsstellung, der sogenannten *Externistenprüfung*, festgestellt.

Letztere kann an einer der vielen Schulen, die die Bezeichnung Externistenprüfungsschule tragen, abgelegt werden. Um Schulbücher, die man frei wählen und bei der jeweiligen Schule bestellen kann, eine Prüfungsschule und einen Prüfungstermin sowie die Vorlage des gültigen Externistenzeugnisses bei der zuständigen Behörde innerhalb des vorgesehenen Zeitraumes müssen sich die Eltern selbst kümmern. Ein neuer Antrag auf ein weiteres Schuljahr im häuslichen Unterricht kann meist direkt bei Zeugnisvorlage gestellt werden.

Da es keine einheitliche Regelung darüber gibt, wie eine Externistenprüfung auszusehen hat, kann sie in den einzelnen Schulen sehr unterschiedlich ablaufen. Aus diesem Grund empfiehlt es sich, bereits recht früh im Schuljahr mit möglichen in Frage kommenden Schulen – die nicht im eigenen Bezirk oder auch Bundesland liegen müssen – Kontakt aufzunehmen. Einerseits um herauszufinden, wie Prüfungen dort ablaufen, andererseits aber auch, um eigene Anliegen und Wünsche kundtun und möglicherweise bewirken zu können, dass darauf eingegangen wird. Abgesehen davon kann es für das Kind hilfreich sein, die Schule, in der es die Prüfung dann ablegen wird, bereits ebenso kennenzulernen wie die prüfenden Lehrer.

Die meisten Schulen wünschen ein *Portfolio*, welches einen Überblick über das gesamte Arbeitsjahr bietet. Während die Kinder in einigen Schulen Arbeitsblätter auszufüllen haben, führen die Lehrer in anderen Schulen nur *Gespräche* mit den Kindern. Man findet also auch in Regelschulen Pädagogen und Pädagoginnen, die davon ausgehen, dass ein Kind im häuslichen Unterricht auf jeden Fall lernt und sich weiterentwickelt und die es als aufschlussreicher empfinden, die Mappen der Kinder anzuschauen und mit ihnen Gespräche darüber (und andere Themen) zu führen.

Als positiv – trotz aller später zu behandelnden Kritikpunkte – ist es anzusehen, dass Eltern – und später die Kinder – frei wählen können, in welcher Schule sie die Prüfung absolvieren wollen. Nichtsdestotrotz stellt sich natürlich die Frage, warum überhaupt eine Prüfung über den Lehrstoff abgelegt werden muss. Was zeigt eine derartige Prüfung, abgesehen von einer kleinen Momentaufnahme und dem vagen Ausschnitt aus dem Leben des Kindes?

Es mag schon sein, dass es von Seiten der Behörden Sinn macht, sich eine gewisse Kontrolle über den kleinen Menschen vorzubehalten. Man muss sich jedoch fragen, welchen Zweck eine derartige Kontrolle hat? Schließlich geht es um das Erbringen einer vorgeschriebenen Leistung und nicht um das Wohlergehen des Kindes oder sein soziales Umfeld.

Trotz der genannten Möglichkeiten darf nicht übersehen werden, dass es recht massive Einschränkungen gibt, die nicht selten der eigentlichen Bildungsfreiheit aber auch gewissen schulischen Regelungen widersprechen.

Ein paar Beispiele: Man kann ein Kind jederzeit in einer x-beliebigen Schule anmelden – wann immer man Lust und Laune dazu hat. Es aber während des laufenden Schuljahres – aus welchen Gründen auch immer – zum häuslichen Unterricht abzumelden, ist nicht möglich.

Des Weiteren ist es vollkommen legitim, das Kind in einer alternativen Schule mit Öffentlichkeitsrecht anzumelden und von dieser ein gültiges Zeugnis zu bekommen. Nicht erlaubt ist es, an einer derartigen Schule eine Externistenprüfung abzulegen. Angeblich, weil es an diesen Schulen nicht möglich sei, eine Gleichwertigkeit mit dem üblichen Lehrplan festzustellen.

Eine weitere Ungereimtheit des österreichischen Schulgesetzes ist der Umstand, dass eine Überprüfung extern stattfinden muss. Während in Schulen jener Lehrer prüft, der die Kinder auch unterrichtet, muss der Wissensstand von nicht beschulten Kindern von einer externen, mitunter fremden Person überprüft werden. Es mag schon sein, dass Eltern nicht jene Befähigung zum Unterrichten und Beurteilen von Wissen haben wie ein Pädagoge oder eine Pädagogin, trotzdem bekommen sie vom Staat das Recht, ihr Kind zu begleiten. Fairer wäre es allemal, wenn auch Schülerinnen und Schüler der Regelschulen von externen Kommissionen über ihren Wissensstand geprüft werden würden statt vom möglicherweise voreingenommenen Lehrer.

Nicht zuletzt muss ein Kind – um auch weiterhin fernab einer Schule lernen zu dürfen – die jährliche Prüfung bestehen. Weder hat es ein Recht auf die Wiederholung der Prüfung noch darauf, bei Nichtbestehen auch im folgenden Jahr zu Hause zu lernen. (Diese Regel gilt nur für die Pflichtschuljahre.)

Wird eine Prüfung nicht bestanden, muss das Kind das folgende Schuljahr in einer öffentlichen Schule absolvieren. Diese Regelung wurde in der jüngeren Vergangenheit noch verschärft. Bei einmaligem Nichtbestehen der Prüfung hat ein Kind in der gesamten restlichen Pflichtschulzeit (neun Schuljahre) kein Recht mehr auf häuslichen Unterricht.

Die Absurdität dieser Regelung wird deutlich, wenn man die umgekehrte Richtung in Betracht zieht: Einem Kind, das in der Schule „versagt", das also eine Prüfung nicht besteht oder „sitzenbleibt", würde der weitere Schulbesuch verwehrt werden. Es dürfte also für den Rest seiner Pflichtschulzeit keine öffentliche Schule mehr besuchen, sondern müsste sich selbst um seine Bildung kümmern.

Gleiches Recht für alle? Allem Anschein nach nicht. Auf den ersten Blick mag es einfach klingen, sein Kind nicht in einer Institution lernen zu lassen. Bei näherer Betrachtung aber fällt auf, dass dies ein steiniger und bürokratischer Weg sein kann. Vor allem dann, wenn man beginnt, gewisse Regelungen zu hinterfragen.

Aus eben diesen Gründen haben sich im Frühjahr 2013 einige Familien frei lernender Kinder in Österreich zusammengetan und die Initiative *Freilerner 2013* gegründet, mit der sie auf die oben genannten Missstände aufmerksam machen und gleichzeitig andere Prüfungsbedingungen fordern wollen. Aktuelle Informationen zur Initiative und den laufenden Entwicklungen erhalten Interessierte auf der Homepage der Freilerner Österreichs unter *www.freilerner.at*.

Die Externistenprüfung stellt im Versuch frei zu lernen in Österreich eine besondere Herausforderung dar, da sie an den fixen Lehrplan gebunden ist. Schließen sich freies und selbstbestimmtes Lernen und die erforderliche Prüfung nicht prinzipiell aus? Diese Frage lässt sich nicht mit einem klaren Ja oder Nein beantworten. Gerade der Umstand, dass ein weiteres Lernen im häuslichen Unterricht mitunter nicht mehr möglich ist, sollte das Kind eine Prüfung nicht schaffen, verunsichert viele Eltern.

Andererseits zeigt ein Blick auf die langjährige Erfahrung der Familien frei lernender Kinder, dass es äußerst selten vorkommt, dass ein Kind die Prüfung nicht besteht. Insofern ist die Frage der Vereinbarkeit aus den Erfahrungen der Realität heraus mit einem Ja zu beantworten. Natürlich lässt sich nicht vorhersehen, welchen Wissensstand ein frei lernendes Kind zum Zeitpunkt der Prüfung haben wird und ob es den Anforderungen des Lehrplans gerecht wird. Prinzipiell müsste man die Frage der Vereinbarkeit also mit einem Nein beantworten. Denn ohne Druck, Forcierung und Belehrung wird ein Kind, welches sich nicht dafür interessiert, gewisse Ziele des vorgesehenen Lehrplanes auch nicht erreichen.

Natürlich kann man widerständig sein, man kann die Prüfung verweigern oder bei Nichtbestehen vor Gericht ziehen. Allerdings ist das nicht jedermanns Sache. Solange es keine geschlossene Initiative gibt, welche für eine Änderung der Regelungen eintritt, kann ein derartiger Weg eine gewisse Gratwanderung bedeuten. Viele Eltern hegen daher den Wunsch, einen Mittelweg zu finden. Und da es keine einheitliche Externistenprüfung für das entsprechende Schuljahr gibt, die Prüfungen demnach recht unterschiedlich abgehalten werden und vorab geführte Gespräche mit den prüfenden Lehrern immer möglich sind, ist die Wahrscheinlichkeit diesen Mittelweg zu finden vorhanden und gangbar.

Freies und selbstbestimmtes Lernen mag vielleicht manches Mal dazu führen, dass sich ein Kind nicht dort befindet, wo es laut Lehrplan sein sollte. Allerdings bewegen sich die meisten Kinder in etwa auf dem Niveau, welches sie laut Lehrplan haben sollten. Gerade in den ersten Schuljahren tun sich Kinder erfahrungsgemäß recht leicht damit, den Anforderungen der Prüfung gerecht zu werden.

Wichtig ist es, die eigenen Ängste, Zweifel und Bedenken in Bezug auf die Prüfungsanforderungen nicht auf das Kind zu übertragen und dadurch den Fehler zu begehen, es unter Druck zu setzen. Wer seinem Kind offen und vertrauensvoll begegnet, wird auch wissen, wie es bevorzugt lernt und welche Begleitung oder Hilfestellung es mitunter braucht. Die Kunst des zurückhaltenden, vertrauensvollen Begleitens liegt darin zu erkennen, wo die Interessen des Kindes liegen und wie sie unterstützt werden können.

Sollten Eltern dennoch davon überzeugt sein, dass ihr Kind eine Prüfung nicht schaffen würde, kann es einfacher sein, das Kind kompromissweise in einer Alternativschule anzumelden. Das ist ein Weg, der immer wieder von Eltern gewählt wird, nicht zuletzt der Tatsache wegen, dass es doch vereinzelt Schulen gibt, welche ein freies Lernen ermöglichen, wie etwa die Freiraumschule in Kritzendorf (bei Wien) oder das Wasserschloss Pottenbrunn (bei St. Pölten). Weitere Schulen und Projekte finden sich beim *Netzwerk freier Schulen*. Dort können Eltern ihrem Kind die Freude am Lernen und Entdecken erhalten.

Andere Eltern suchen nach Auswegen – etwa mittels Begleitung durch die internationale *Clonlara-Schule*. Teilweise wird ein Zeugnis dieser Schule von den Behörden anerkannt (z.B. bei einigen Gemeinden im Burgenland), was wiederum zeigt, wie undurchsichtig die Gesetzeslage ist, wie unterschiedlich sie mitunter ausgelegt wird und wie wenig die einzelnen Behörden darüber Bescheid wissen. In erster Linie sollte es aber darum gehen, nicht irgendeinem Konzept oder Ideal nachzulaufen, sondern den besten Weg für das Kind und sich selbst zu finden. Nicht zuletzt liegt es in der Eigenverantwortung jedes Einzelnen, sich mit dem Rechtssystem, seinen Hintergründen und den Auswirkungen auseinanderzusetzen.

Das Schöne am freien Lernen ist letztendlich, dass es sich eben nicht in irgendwelche Konzepte pressen lässt. Konzepte dienen immer dazu, Vorgaben und Anhaltspunkte zu bieten, erzeugen Richtlinien und Maßstäbe und geben eine gewisse Struktur vor. Wer Lernen aber in ein Konzept packt und es zu einer forcierungsbedürftigen Sache macht, raubt ihm seine Natürlichkeit und somit auch sein Vorhandensein. Er macht es zu einer Sache, der dadurch jegliche Selbstverständlichkeit entzogen wird.

Eine Möglichkeit, freies Lernen und die erforderliche Prüfung zu vereinbaren, wäre, sich andere europäische Länder zum Vorbild zu nehmen und die Prüfung zum Beispiel durch Hausbesuche einer Sozialarbeiterin zu ersetzen. Oder aber man verändert die Anforderung der Prüfung dahingehend, dass nur der Fortschritt in der Entwicklung des Kindes betrachtet wird. Portfolios könnten hier ebenso als Anhaltspunkt dienen wie eine immer gleichbleibende Begleitperson, die das Kind die Jahre über extern begleitet und seine Entwicklung dokumentiert. Derartige Veränderungen würden viel Druck nehmen und die jährliche Kontrolle in einem anderen Licht erscheinen lassen.

Alles in allem verlangt die derzeitige Situation vor allem eine gute Vorbereitung und Auseinandersetzung mit der Thematik durch die Eltern. Solange man die Prüfung nicht verweigern oder auswandern möchte, solange man sein Kind aber gleichzeitig nicht unterrichten oder unter Druck setzen möchte, ist es wichtig, den goldenen Mittelweg zu finden, um freies Lernen leben zu können und dennoch den staatlichen Anforderungen gerecht zu werden.

Zum seit einigen Jahren geltenden „verpflichtenden" Kindergartenjahr sei noch gesagt, dass es auch hier eine häusliche Variante gibt. Eltern haben die Möglichkeit, ihr Kind zur *häuslichen Erziehung* abzumelden, wobei die Modalitäten zur Abmeldung sowie der weiteren Vorgehensweise, aber auch die Zuständigkeit von Bundesland zu Bundesland verschieden sind.

EIN BLICK NACH DEUTSCHLAND

Ist freies Lernen in Deutschland möglich? Es wäre schön, ließe sich diese Frage mit einem Ja beantworten. Leider ist es – rein rechtlich gesehen – nicht so. Junge Menschen zwischen 6 und 16 Jahren mit festem Wohnsitz in Deutschland müssen in Deutschland eine öffentliche Schule besuchen.

Und damit zählt Deutschland zu den wenigen Ländern der Erde, in denen Homeschooling strikt verboten und somit *gesetzwidrig* ist. Dieses Verbot ist noch auf die Zeit des Nationalsozialismus zurückzuführen, in der die Schulpflicht durch einen absoluten Schulbesuchszwang ersetzt wurde. Abgesehen davon wird Bildungsangeboten, die das freie Lernen begleiten und auf die Bedürfnisse des Kindes eingehen, in Deutschland mitunter die Anerkennung versagt, sie werden zudem in ihrer Entstehung und an ihrem Bestehen gehindert.

Warum? Wie kann es sein, dass Menschen in einem angeblich freien, demokratischen Land nicht frei darüber entscheiden dürfen, wann und wo sie lernen? Dass es ihnen nicht freisteht, sich selbstbestimmt und selbstorganisiert zu bilden, zu entfalten und weiterzuentwickeln.

Wie kann es sein, dass Eltern sich strafbar machen und ihnen neben Bußgeldern auch der Kindesentzug durch den Staat angedroht wird, wenn es ihnen ein Anliegen ist, ihrem Kind die Freude am Lernen zu bewahren und ihm das freie und selbstbestimmte Lernen zu ermöglichen?

Hier geht es nicht einmal nur um das Homeschooling oder Unschooling, sondern mitunter auch um den Wunsch der Eltern, das Kind in eine sogenannte freie Schule zu schicken.

In einem demokratischen Land sollte es ausgeschlossen sein, dass Kinder ihren Eltern aus dem einfachen Grund weggenommen werden, weil diese ihren Kindern ein freies Lernen ermöglichen wollen. Der deutsche Staat behält sich hier ein Mitspracherecht bei der Erziehung des Kindes wie auch ein Zugriffsrecht auf das Kind vor, welches ihm aus demokratischer, aber auch natürlicher Sicht nicht zusteht. Denn in einem demokratischen Staat sollte es möglich sein, sich frei zu bilden, es sollte den Menschen freistehen, darüber zu entscheiden, wie und wo sie lernen wollen. Es mag schon sein, dass eine gewisse Kontrolle Sinn macht, um das Wohl eines Kindes zu garantieren.

Wie genau aber freie Bildung das Wohl des Kindes gefährden würde, konnte bis dato von Jugendämtern und anderen Behörden nicht verständlich erläutert werden. Was man aber sehr wohl hört, ist das Gegenteil. Dass es eben jener vorherrschende Schulbesuchszwang ist, welcher dazu führt, dass Kinder leiden und mitunter gar erkranken.

Auf der Suche nach Antworten auf derartige Fragen steht man letzten Endes über kurz oder lang vor einer ganz anderen, wesentlich tiefer greifenden Frage: Was ist Freiheit? Und lässt sich unser Dasein im herrschenden Rechtssystem wirklich als frei bezeichnen?

Deutschland war bis vor Kurzem das einzige europäische Land, in dem es nicht erlaubt war, Kinder in häuslicher Umgebung lernen zu lassen. Schweden hat im Juni 2010 nachgezogen und Homeschooling als illegal erklärt. Nicht nur das, hat es zudem ähnlich harte Strafen wie Deutschland eingeführt, was etliche Familien dazu veranlasst hat, das Land zu verlassen. Aber auch in Österreich oder der Schweiz sind die Gesetze restriktiver geworden und es bleibt zu hoffen, dass sich derartige Entwicklungen nicht intensivieren.

Die Maßnahmen, die im Falle der sogenannten *Schulverweigerung* vom deutschen Staat gegen das Kind und die Eltern eingesetzt werden, sind erschreckend und sollen abschreckend wirken. So kann das Kind beispielsweise auf Anweisung des Jugendamtes von der Polizei abgeholt und zur Schule gebracht werden, ab einem gewissen Alter und unter gewissen Voraussetzungen können von ihm zudem Arbeitsleistungen verlangt werden, die es an Stelle einer Geldstrafe erbringen muss.

Gegen die Eltern kann ein Bußgeld von bis zu 1.000 Euro oder gar Erzwingungshaft verhängt werden – als erste Maßnahmen. Sollten die Eltern aber auch weiterhin das Kind nicht zur Schule schicken und das über einen längeren Zeitraum, wird mit erheblichen Geldstrafen oder auch Freiheitsstrafen sowie dem Kindesentzug durch den Staat gedroht.

Können derartige Vorgehensweisen wirklich in irgendeiner Art und Weise gerechtfertigt sein? Und welchen Eindruck gewinnt man vom „demokratischen" Deutschland, wenn man hört, dass Kinder in Nacht-und-Nebel-Aktionen von ihren Familien weggeholt werden, dass sie in Jugendheime gesteckt und ihnen der Kontakt zu ihren Eltern verboten wird?

Angesichts dessen sowie in dem Wissen, dass die deutschen Behörden nicht davor zurückschrecken, derartige Maßnahmen durchzuführen, muss man sich die Frage stellen, wie sich ein solches Vorgehen mit der Würde des Menschen und seiner Freiheit vereinbaren lässt. Ist es nicht so, dass freie Bildung im Sinne eines Staates und seiner Träger sein sollte, weil beide garantieren, dass Menschen nachhaltiges und umfassendes Wissen sammeln, welches sich im Endeffekt positiv auf das Miteinander auswirkt?

Es bleibt abermals die Frage offen, welchen Sinn und Zweck eine derartige Beschneidung der Freiheit hat und wie sich ein demokratisches System ein solches Zugriffsrecht auf junge Menschen herausnehmen kann. Mit derartig unangenehmen Fragen begibt man sich auf *heikles Terrain*, weil sie Grenzüberschreitungen des Staates sichtbar machen, welche jenen von Diktaturen und totalitären Systemen stark ähneln.

Trotz der rechtlichen Situation, den unverhältnismäßig harten Strafen und dem unangemessenen staatlichen Vorgehen gibt es auch in Deutschland immer mehr Familien, die sich für den freien Bildungsweg, das Homeschooling oder auch Unschooling entscheiden. Es ist bewundernswert, mit welcher Ausdauern und welcher Überzeugung sie gegen Behörden ankämpfen und wie viel Zeit, Energie, aber auch Kosten sie in diesen Kampf stecken.

Wie viele Familien in Deutschland letztendlich tatsächlich den Weg des freien Lernens mit ihren Kindern gehen und sich für diesen derzeit noch kräfteraubenden, steinigen Weg entscheiden, ist schwer zu sagen, da sie sich gezwungenermaßen bedeckt halten.

Dass immer mehr Familien aufgrund dieser Situation das Land verlassen, um ihren Kindern ein freies Lernen zu ermöglichen, ist unübersehbar. Sie wandern in umliegende Nachbarländer aus – mitunter in Grenzregionen, um auch weiterhin in Deutschland arbeiten zu können –, begeben sich auf die Reise und leben ein ortsungebundenes Leben oder ziehen in ferne Länder wie Pana-

> ma, Costa Rica, Thailand, Kanada oder Indien. Alles, nur nicht in Deutschland bleiben, alles, um den Kindern ein freies Lernen zu ermöglichen und sich mit diesem Wunsch und seiner Verwirklichung nicht in die *Illegalität* zu begeben.

Es ist nicht zu übersehen, dass sich immer mehr Menschen für eine freie Bildung stark machen, dafür unermüdlich eintreten und auf eine Umwandlung der Schulpflicht in eine wirkliche Bildungsfreiheit hoffen. Dazu zählen auch Familien, die in Deutschland bleiben und einen Kompromiss eingehen, indem sie ihre Kinder in freien Schulen unterbringen.

Die Aufmerksamkeit der Menschen nimmt zu, die Bereitschaft sich mit dem Thema auseinanderzusetzen ebenso. Immer häufiger wird in Medien von Familien berichtet, welche ihre Kinder nicht zur Schule schicken – oft auch anonymisiert, um die einzelnen Familien zu schützen. Zudem treten Bildungsnetzwerke (wie das *Netzwerk Bildungsfreiheit*) oder Vereine (wie die *Freilerner Solidargemeinschaft e.V.*), aber auch das seit 2012 einmal jährlich stattfindende Schulfrei-Festival (*www.schulfrei-festival.de*) für die Anerkennung des freien Lernens ein und versuchen durch ihren Einsatz auf das Recht der Bildungsfreiheit aufmerksam zu machen.

Es bleibt zu hoffen, dass sich die Frage nach einer Möglichkeit des freien Lernens in Deutschland in Zukunft mit einem klaren Ja beantworten lässt und die Repressalien gegen Familien ein Ende finden.

EIN BLICK IN DIE SCHWEIZ

Homeschooling ist in der Schweiz im Großen und Ganzen erlaubt. Haben sich in der Schweiz lebende Familien dazu entschlossen, dem üblichen Bildungsweg den Rücken zu kehren und ihre Kinder frei und selbstbestimmt lernen zu lassen, geht es zunächst einmal darum, herauszufinden, ob der *Kanton*, in dem sie leben, zu jenen gehört, in denen Homeschooling erlaubt (oder zumindest teilweise) erlaubt ist.

Da das Bildungswesen in der Schweiz kantonal geregelt wird, gibt es keine einheitlichen Regelungen. Grundsätzlich wird Homeschooling (als

Privatunterricht) in der Schweizer Verfassung erlaubt. Die Gesetzgebung wird in einigen Kantonen aber sehr restriktiv ausgelegt, was das Organisieren von häuslichem Unterricht mitunter unmöglich machen kann.

Mit anderen Worten: In puncto Homeschooling/Unschooling braucht man in der Schweiz in erster Linie vor allem eines – den Durchblick und das Wissen darüber, welche Rechte im Heimatkanton gelten und wo mögliche Hürden oder Einschränkungen liegen.

Je besser Eltern vorab über die Gepflogenheiten in ihrem Kanton Bescheid wissen, desto leichter wird ihnen auch die weitere Planung sowie der Kontakt mit der zuständigen Schulbehörde fallen. Hilfreich sind neben der Auskunft durch den Rechtsdienst des zuständigen Bildungsdepartments vor allem auch die zahlreichen Internetseiten, die es zum Thema Homeschooling und freies Lernen in der Schweiz gibt.

Neben rechtlichen Grundlagen und nützlichen Tipps finden interessierte Eltern dort aufschlussreiche Erfahrungsberichte sowie Hinweise auf Veranstaltungen, Treffen und Austauschmöglichkeiten. Recht übersichtlich findet sich auf einigen Seiten auch eine Info-Grafik über die Bewilligungspraxis von Homeschooling der Schweizer Behörden (z.B. auf *www.bildungzuhause.ch*, der Internetseite vom Verein *Bildung zu Hause Schweiz*).

Homeschooling gilt als *Privatunterricht*, welcher bewilligungspflichtig ist und der staatlichen Aufsicht untersteht. Wer einen Antrag auf Privatunterricht stellt, sollte allerdings bedenken, dass die Erwähnung von Unschooling und freiem Lernen nicht gerne gesehen wird. Wie auch in Österreich geht es aus Sicht der Behörden letztendlich um die Garantie, dass das Kind gemäß den gesetzlichen Vorgaben, den Bildungsstandards und dem Lehrplan entsprechend unterrichtet wird. Aussagen, die die Vermutung nahelegen, dass das Kind eben nicht unterrichtet wird, ja sogar frei darüber entscheiden darf, was es wann und wo lernen will, könnten demnach dazu führen, dass der Antrag auf Privatunterricht (Homeschooling) nicht bewilligt wird.

Aufgrund der unterschiedlichen Regelungen gibt es aber auch keine einheitlichen Kriterien, welche zur Bewilligung des Privatunterrichts erfüllt werden müssen. Voraussetzungen, um die Bewilligung der Schulbehörde zu erhalten, können unter anderem folgende Kriterien sein: Der Lehrplan entspricht den kantonalen Vorschriften, dieser muss bei Antragstellung bekannt gegeben werden. Die Bildungsziele stimmen mit jenen der öffentlichen Schulen überein und werden erreicht.

Eltern, die ihre Kinder selbst unterrichten, müssen eine pädagogische Ausbildung vorweisen bzw. eine Lehrperson (mit Lehrdiplom) bekanntgeben, welche das Kind unterrichten wird. Wird keine pädagogische Ausbildung verlangt, so kann es möglich sein, dass Eltern zumindest einen bestimmten Bildungsgrad erreicht haben müssen, um die Bewilligung zum Privatunterricht zu erhalten.

Von den Behörden kann mitunter auch verlangt werden, dass das Kind mindestens zwei Stunden fünfmal die Woche unterrichtet wird sowie entsprechende Räumlichkeiten für den Unterricht und ausreichend Unterrichtsmaterialien vorhanden sind. Ein- bis zweimal jährlich kann ein Inspektor der zuständigen Behörde Hausbesuche durchführen, um sich dabei zu versichern, dass das Kind unterrichtet und der Lehrplan eingehalten wird. Im Hinblick auf diese Besuche kann es hilfreich sein, sich einen Überblick zu verschaffen, was wann verlangt wird oder laut Lehrplan erreicht werden sollte.

Letzten Endes kann es – trotz freiem Lernen des Kindes – gut sein, genau darüber Bescheid zu wissen, um in Gesprächen mit den Behörden nicht völlig planlos zu wirken. Selbst wenn die Ansichten des Inspektors nicht mit den eigenen übereinstimmen, so lohnt es sich dennoch, für eine gute Kommunikationsgrundlage zu sorgen und diese Treffen so harmonisch wie möglich zu gestalten.

Halten Eltern nach allen notwendigen Schritten zur Abmeldung ihres Kindes zum Privatunterricht die Bewilligung der Behörden in Händen, müssen sie nur mehr ihr Kind von der Schule abmelden. Ähnlich wie in Österreich können Schweizer Familien, deren Kinder zu Hause lernen, Schulbücher und Lehrmittel bei einschlägigen Verlagen, in einigen Kantonen auch kostenfrei über die Schulen, beziehen.

Zudem finden sich mittlerweile auf etlichen Internetseiten hilfreiche Arbeitsblätter und Lernmaterialien sowie Empfehlungen zu Lernprogrammen für den PC. Die weitere Vorgehensweise, wie das Lernen zu Hause organisiert wird, ist – wie auch in allen anderen Ländern – sehr unterschiedlich.

Generell kann man also behaupten, dass Homeschooling in der Schweiz problemlos möglich ist. Allerdings gibt es auch in der Schweiz Tendenzen, das Schulsystem nicht nur zu harmonisieren (wie es so nett heißt), sprich zu vereinheitlichen, die Schulpflicht auszuweiten und das Schulpflichtgesetz zu verschärfen. So ist beispielsweise seit einigen Jahren eine Bewilligung von Seiten der Behörden notwendig, wenn Eltern ihre Kinder nicht in den Kindergarten schicken wollen. Dies sind Entwicklungen, die zu denken geben sollten.

Was bewegt Länder wie die Schweiz, Schweden oder Österreich dazu, in ihrer Gesetzgebung immer restriktiver zu werden? Liegt es an der zunehmenden Zahl jener Menschen, welche für eine freie Bildung eintreten? Besteht vielleicht gar die Möglichkeit, dass Ausweitungen der Schulpflicht, Androhung von Bußgeldern und Vereinheitlichung von Lehrplänen das Heranwachsen eigenverantwortlicher, selbstbestimmter Menschen verhindern soll? Ist die Angst vor fähigen, mutigen, selbstbewussten Menschen etwa so groß?

Was auch immer der Grund sein mag, es bleibt zu hoffen, dass der unermüdliche Einsatz für eine freie Bildung Früchte trägt und freies Lernen in Zukunft in allen Ländern uneingeschränkt möglich sein wird.

NACHWORT

„Weil Veränderung nur dann stattfinden kann, wenn wir den Mut haben, in Frage zu stellen, alte Muster aufzubrechen und neue Wege zu gehen."

Als ich mit der Arbeit an diesem Buch begonnen habe, wollte ich schlicht und einfach einen anderen Beitrag zur permanenten Bildungsdiskussion leisten. Im Laufe der Zeit und intensiven Auseinandersetzung mit der Thematik wurde mir jedoch klar, dass es nicht ausreicht, lediglich diesen einen Aspekt beziehungsweise diese eine Möglichkeit des Lernens – ein Lernen fernab jeglicher Institution – darzustellen und zu erläutern.

Leben, Entwicklung, Lernen sind ein fortlaufender, zusammenhängender Prozess, der sich nicht in kleine, voneinander unabhängige Bereiche unterteilen lässt, sondern der immer als gesamtes Bild, als Einheit betrachtet werden muss, um verstanden werden zu können. Aus diesem Grund umfasst das Buch auch die gesamte Kindheit, ohne dabei in einzelne *Stationen* zu unterteilen. Lernen findet schließlich immer und ständig statt und es ist stets wichtig, unseren Kindern die Freude am Lernen und ihr Streben nach Wissen zu bewahren.

Was ich allen Lesern mit auf den Weg geben möchte, ist der Mut hinzuschauen und Vertrauen zu haben. In die Kinder und natürlich auch sich selbst. Ich möchte ihnen Mut machen, Lernen noch einmal ganz neu zu erfahren und zu entdecken, um zu erkennen, dass weit mehr dahintersteckt als Pflichterfüllung und Leistungserbringung.

Denjenigen, die den Mut haben sich darauf einzulassen, darf ich versprechen, dass sich durch die Veränderung der Sichtweise, durch das Hinschauen und Vertrauen neue Wege öffnen und sich die gesamte Beziehung zum Kind verändern wird. Denn plötzlich wird man so nicht mehr irgendwo über dem Kind stehen, mit der Pflicht im Nacken, es zu einem vollwertigen Mitglied der Gesellschaft zu machen und sein Lernen zu überwachen wie auch zu beurteilen, sondern man wird sich mit dem Kind auf die Reise begeben können. Man wird an seinen Entwicklungen teilhaben und Erfahrungen mit ihm teilen können – ganz ohne Bewertung und Kategorisierung im Kopf. Das ist ein Umstand, der das Miteinander und die Beziehung zueinander nachhaltig beeinflussen und verändern wird.

Nichtsdestotrotz ist das Leben ohne Schule nur ein Weg von vielen. Es ist ein Vorgehen, das nicht für jeden passend sein mag, aber ebenso ein Pfad, der dazu beitragen kann, eine andere Sichtweise zu schaffen und Neues im Umgang mit heranwachsenden Menschen sowie Menschen generell zu schaffen. Wichtig bleibt bei alldem die individuelle Entscheidung des Einzelnen und die Notwendigkeit, jenen Weg für sich zu wählen, der sich stimmig und richtig anfühlt.

Ich möchte allen Menschen danken, die meine Arbeit an dem vorliegenden Buch begleitet und sie mir ermöglicht haben. In erster Linie meinem Mann und unseren Kindern, die mit viel Geduld meine gelegentliche Abwesenheit und Vertiefung in Texte hingenommen und mir zugehört haben, wenn ich mich mitteilen wollte. Sie haben es ertragen, wenn ich mitten im üblichen Alltagschaos auch noch am vorliegenden Buch gearbeitet habe.

Danke möchte ich unseren Kindern auch für die vielen kleinen und großen Einblicke sagen, die sie mir in ihr Sein und Lernen gewährt haben und wodurch sie mir gezeigt haben, worauf es wirklich ankommt.

Danke an alle, die mit ihren Erfahrungsberichten einen wertvollen Beitrag zu diesem Buch geleistet haben.

Und nicht zuletzt ein großes Dankeschön an Caroline Oblasser und Heike Wolter für ihre Anmerkungen, Vorschläge und ihren Blick von außen.

ERFAHRUNGSBERICHTE

„Ich möchte selbst denken, selbst verstehen, und es mir selbst beibringen."

Hannah (19)
Tochter von > Martha

Der Hauptgrund, warum ich mich entschieden habe als Externistin zu lernen, war, dass ich mehr und effizienter lernen wollte. Ich wollte einen Überblick haben und den Stoff auch nach der Prüfung noch können. Außerdem wollte ich nicht von unmotivierten oder überforderten Lehrern abhängig sein. Frustriert hat mich auch, dass ich mir in der Allgemeinbildenden Höheren Schule (AHS) zu 90 Prozent Wissen angeeignet habe, das ich nur minimal im Alltag und späteren Studium anwenden kann. Enttäuscht hat mich auch, dass uns soziale Kompetenz nie gelehrt wurde.

Ich möchte selbst denken, selbst verstehen, und es mir selbst beibringen. Der Frontalunterricht war einfach die falsche Unterrichtsform für mich.

Die Matura mit Externistenprüfungen zu machen war für mich die einzige Alternative zur AHS. Ich besuchte jeweils einmal die Sprechstunde des Lehrers, bekam eine Liste der Themen, die ich mir dann selbst im Buch heraussuchte und lernte. Die Prüfung war wie die mündliche Matura aufgebaut und immer über den Zweijahresstoff des jeweiligen Fachs.

Ich konnte mir den Stoff selbst einteilen, in meinem Tempo lernen und auf die Dinge eingehen, die mich interessieren.

Es war den Mehraufwand wirklich wert. Ich habe in den zwei Jahren mehr Organisation, Selbstbewusstsein und Präsentationsfähigkeit gelernt als in allen Jahren davor. Und ich habe es nicht ein einziges Mal bereut.

„Aus meiner Kindheitsidee ist mittlerweile Realität geworden."

Lini (31)
5 Kinder (11, 8, 5, 2 Jahre sowie 2 Monate)

Leben ohne Schule – das Gefühl, dass es sich dabei um etwas für mich Stimmiges und Richtiges handelt, hatte ich lange, bevor Mutterschaft oder Kinderbetreuung überhaupt ein Thema waren. Es entstand bereits während meiner eigenen Schulzeit, die geprägt war von Langeweile, Frustration und einem beständigen Gefühl der Unzufriedenheit.

Unzufriedenheit in Bezug auf die nicht vorhandene Vertiefung in bestimmte Themen; auf die fehlende Bereitschaft mancher Lehrer, wirkliche Gespräche mit mir zu führen; auf die Tatsache, dass mein Hunger nach Wissen nicht gestillt wurde und meine wirklichen Interessen nebensächlich waren. Es kam nicht selten vor, dass ich während der Schulstunden mit einem Ohr den Lehrern zuhörte und währenddessen meinen eigenen Beschäftigungen nachging. Probleme mit dem Lernen hatte ich nie, ganz im Gegenteil. Was mir in der Schule geboten wurde, war mir schlicht und einfach zu wenig. Ich wollte mehr und fühlte mich eigentlich immer unterfordert. Gleichzeitig aber fehlte mir die nötige Freiheit. Ich kann mich an keinen Tag in meiner ganzen Schulzeit erinnern, an dem ich wirklich glücklich war, und ich träumte oft davon, nicht zur Schule zu müssen und so ganz ohne Schule leben zu können. Bereits damals reifte in mir die Idee, meinen zukünftigen Kindern ein solches Leben zu ermöglichen. Eine Idee, die – statt im Laufe der Zeit zu verschwinden – mit den Jahren immer konkreter und selbstverständlicher wurde.

Vielleicht auch, weil ich dem herkömmlichen Bildungsweg recht bald den Rücken kehrte und meinen eigenen Weg gegangen bin. Rückblickend betrachtet habe ich wenig so gemacht, wie es eigentlich üblich wäre – angefangen bei meinem eigenen Bildungsweg, über meine Schwangerschaften und die Geburten (wenig ärztliche Betreuung, Hausgeburten – die letzten drei mehr oder weniger alleine), beim Umgang mit den Kindern (bedürfnisorientierter Umgang, authentisches Elternsein, windelfrei, freies Lernen) bis hin zu der Art, wie wir unser Leben gestalten und leben

(Erwerbstätigkeit ist Berufung, Leidenschaft, Freude und letztendlich auch Wohlfühlen). Wir leben dort, wo es uns gefällt, und gestalten den Alltag so, wie er sich stimmig anfühlt.

Es gab natürlich immer wieder Phasen, in denen mir die Diskrepanz zwischen dem, was ich möchte und was sich für mich richtig anfühlt, und dem, was von mir erwartet wurde, mehr als deutlich spürte. Damit umzugehen war nicht immer leicht. Natürlich auch, weil ich gerade die Menschen, die mir nahestehen und mit denen ich verbunden bin, nicht enttäuschen und sie nicht verletzen möchte. Ich bin mir sicher, dass es gerade für unsere Familien nicht immer leicht war, diesen so anderen Weg zu akzeptieren, wenngleich wir von ihnen immer begleitet wurden.

Aus meiner Kindheitsidee ist mittlerweile Realität geworden. Nach elf Jahren Mutterschaft bin ich mittlerweile fünffache Mama. Unsere Kinder gehen weder in den Kindergarten noch in die Schule, sie wurden nie fremdbetreut. Wir waren und sind viel unterwegs – auch in anderen Ländern – und haben uns zu Hause unser eigenes kleines Paradies geschaffen. Ein Paradies mit großem Garten und viel Natur in unmittelbarer Umgebung. Platz genug für die Kinder, um ihren Ideen und Interessen nachzugehen, um sich frei bewegen und entdecken zu können. Und um Natur und darin vorkommende Kreisläufe hautnah erleben und erfahren zu können. So verbringen sie viel Zeit im nahen Wald und haben alle ihren eigenen kleinen Garten, den sie bepflanzen und gestalten.

Es gibt eine ganze Menge handzahme und unendlich verwöhnte Hühner, die von der Ältesten – mittlerweile mit Hilfe ihrer Geschwister – versorgt und umhegt werden. Daneben gibt es noch Katzen, einen Hund und ein Hausschwein, welche ebenso liebevoll umsorgt, um nicht zu sagen verwöhnt werden.

Solange keine Termine anstehen oder es wettermäßig unmöglich ist, längere Zeit außer Haus zu verbringen, sind unsere Kinder meist draußen anzutreffen. Mit Holz und anderen Materialien wird dann gebaut, Rollenspiele werden gespielt, es wird geklettert oder gekocht. Für letztere Tätigkeit haben sie sich in ihrer eigenhändig gebauten Hütte eine kleine Küche eingerichtet, mit allem, was man so braucht. Zwingt das Wetter zum Aufenthalt im Haus, so nehmen Bücher einen Großteil der Zeit unserer Kinder in Anspruch. Neben Kinderbüchern (Romanen) werden dann vor allem auch Sachbücher (Bildbände) bearbeitet und durchgearbeitet. Es wird gemalt, gebastelt, gekocht und gespielt. Letzteres nimmt im Grunde ihre gesamte Zeit in Anspruch. Alles – selbst die täglichen Pflichten, die sie im Familienalltag übernehmen – wird zum Spiel. In eben diesem Spiel findet dann auch Lernen statt. Unter dem regulären Schuljahr besuchen die älteren Kinder die Musikschule, um die von ihnen gewählten Instrumente zu erlernen. Oft werden wir gefragt, ob das keinen Widerspruch zu unserer Überzeugung des Lernens darstellt, worauf wir immer wieder betonen, dass diese Beschäftigung zum einen von den Kindern selbst gewählt wurde und sie sich zum anderen ihre Lehrer/innen selbst ausgesucht haben.

Wo sich Wissen aufgebaut hat, welche Wissensbereiche bereits erkundet werden – derlei Dinge erfahren wir eher nebenbei, im Gespräch oder, ganz zufällig, durch Beobachtung.

Unseren Alltag versuchen wir so zu gestalten, dass ausreichend Zeit für jeden bleibt und Stress Seltenheitswert besitzt. Das gelingt natürlich nicht immer und gerade die auswärtigen, verpflichtenden Termine, bei denen es sich nicht anders einrichten lässt und bei denen die Kinder mitkommen müssen, sind bei ihnen sehr unbeliebt. Andererseits lässt sich im Nachhinein immer beobachten, dass derartige Tage auch Inspirationsquelle für die Kinder sind. Ebenso jene Tage, an denen wir Freunde besuchen oder von Freunden besucht werden. Im Übrigen auch Tage, die uns Erwachsenen gut tun und uns wichtig sind. Denn während die große Kinderschar miteinander spielt, finden wir Erwachsenen Zeit, uns auszutauschen und über Themen zu sprechen, die uns beschäftigen.

Bis dato haben wir es geschafft, das freie Lernen unserer Kinder mit den hierzulande (Österreich) gültigen Anforderungen in Einklang zu bringen. Ob wir diesen Weg auch in Zukunft wählen, wird sich zeigen. Wichtig ist für uns in erster Linie, das freie Lernen und die Freiheit unserer Kinder zu wahren beziehungsweise ihnen die Freude am Entdecken zu bewahren und ihnen jenes Aufwachsen zu ermöglichen, welches sie zu gesunden, intakten und fähigen erwachsenen Menschen werden lässt, welche nicht nur ihr Leben zu meistern wissen, sondern ebenso selbstbewusst, selbstbestimmt und achtsam (in jeglicher Hinsicht) durchs Leben gehen.

Wichtig ist uns aber auch, für die wirkliche Bildungsfreiheit – die Freiheit, jenen Lernweg zu gehen, der für den Einzelnen passend ist – einzutreten. Das ist ein Grund, warum wir den *Verein für natürliches Aufwachsen und selbstbestimmtes Leben* gegründet haben, warum wir laufend Veranstaltungen anbieten und uns in Vernetzung mit anderen Vereinen, Initiativen und Menschen befinden, um gemeinsam für eine Veränderung einzutreten. Und es ist auch ein Grund, warum ich das vorliegende Buch geschrieben habe.

„Von Anfang an hat sich herausgestellt, dass unser kleiner Mann sich im Freien sehr viel besser fühlt und auch sehr gut im Freien lernen kann."

Saskia (34)
2 Kinder (8, 5)

Eigentlich war freies Lernen für mich von Anfang an genau das, was ich für meine Kinder und für uns als Familie wollte. Doch ich weiß nicht, ob ich auch den Mut dazu gehabt hätte, wenn unsere Situation anders gewesen wäre. Ich bin eigentlich kein Mensch, der gerne Regeln bricht, auch wenn diese nicht sinnvoll oder hilfreich sind. Daher hätte ich vielleicht nicht den Mut gehabt, unser Leben derart auf den Kopf zu stellen, um meinen Kindern die Schulanwesenheitspflicht in Deutschland zu ersparen, wenn es nicht wirklich nötig gewesen wäre.

Unser Sohn ist autistisch. „Severely autistic", wie die Psychologen es nannten. Ich mag diese Labels nicht besonders. Von Anfang an hat sich herausgestellt, dass unser kleiner Mann sich im Freien sehr viel besser fühlt und auch sehr gut im Freien lernen kann. Von klein auf hat er sich sehr für Architektur interessiert. Umweltfreundliches Bauen ist ein großes Thema für ihn. Anfangs haben wir mit unserem Sohn hauptsächlich durch Zeichensprache kommuniziert. Mittlerweile spricht er sowohl Deutsch als auch Englisch. Eine Sprachtherapie war absolut erfolglos und der Horror für ihn, daher haben wir uns entschieden, selbst zu Hause mit ihm und von ihm zu lernen. Und so halten wir es heute noch.

Beide Kinder haben noch nie eine Schule von innen gesehen. Beide haben sich eindeutig dagegen ausgesprochen. Sollten sie sich jemals anders entscheiden, dann ist das auch in Ordnung.

Als mein Sohn sechs war, kam für uns die Vorladung zur Amtsärztin. Und diese Dame war alles andere als freundlich oder gar kooperativ. Alles, was ich damals wollte, war, meinen Sohn ein Jahr zurückzustellen. Ich hatte sogar eine Empfehlung unseres Kinderarztes für die Rückstellung in der Tasche. Aber dieser Vorschlag stieß auf taube Ohren.

Jedenfalls sind meine Kinder und ich dann aus Deutschland weg und erst einmal nach Lothringen gezogen. Doch auch dort kam das Thema

Freilernen nicht gut an. Ich erhielt sehr viele verschiedene, sich widersprechende Aussagen, was die Gesetzeslage dort anbelangt. Ich habe von anderen Familien in anderen Gemeinden gehört, die unbehelligt zu Hause unterrichteten (oder eben auch frei lernten). Doch in unserer Gemeinde kam es anscheinend nicht gut an. Ich wurde darauf hingewiesen, dass schon einmal bei einer anderen Familie die Polizei angerückt wäre, um zu prüfen, wo denn die Kinder zur Schule gingen. Ob das wahr ist, weiß ich nicht. Allerdings erhielt ich ein Schreiben des Bürgermeisteramtes, in dem ich gebeten wurde, doch Unterlagen vorzulegen, die den Schulbesuch meiner Kinder dokumentieren könnten. Kurz darauf haben wir Frankreich aber ohnehin verlassen und ich habe auf dieses Schreiben des Bürgermeisteramtes nie reagiert.

Nun ja. Wie gesagt, findet für uns Lernen sehr oft im Freien stand. Wir lieben es zu wandern. Da wir nun in Colorado leben, wandern wir sehr oft und sehr gerne. Erst letzte Woche besuchten wir die alten Goldminen in den Bergen. Das ist Sportunterricht, Geschichtsunterricht, Sozialkunde, Geologie ... alles in einem. Ansonsten haben unsere Kinder oft kleine oder auch große Projekte am Laufen. Mein Sohn will ein Baumhaus bauen. Mathematikunterricht ist da inklusive. Nur das Wort Mathematik darf ich dabei nicht aussprechen, denn das mag unser junger Mann ganz und gar nicht. Zusätzlich besucht er freiwillig Handwerkerkurse, die der Baumarkt hier vor Ort für Kinder anbietet.

Wir sind oft in der Bibliothek, um zu recherchieren. Wir besuchen Kurse zum Thema Permakultur und legen unseren eigenen Permakultur-Garten gemeinsam an. Die Kinder bauen Gemüse an, ernten es und lernen auch, es haltbar zu machen und zu kochen. Eine ältere Dame hier im Ort hat sich bereit erklärt, unseren Kindern das Nähen beizubringen.

Dank der modernen Technik üben meine Kinder zurzeit das Tippen. Wir lesen und schreiben in Englisch – und ja, wir sind da noch ganz am Anfang. Vorlesen ist ebenfalls etwas, das meine Kinder lieben. Die Kinder haben ihren eigenen Rhythmus mittlerweile gefunden, der von uns respektiert wird.

Ich selbst war einmal selbstständig. Aber seit wir Deutschland verlassen haben, leben wir nur von dem Gehalt meines Mannes. Es ist nicht immer leicht, aber wir können durchaus sparsam leben. Mittlerweile sehe ich mich wieder nach Möglichkeiten um, um von zu Hause aus Geld zu verdienen.

Und die Sozialisierung? – Das werden wir ja immer wieder gefragt, als ob unsere Kinder Welpen wären. Aber nehmen wir doch ruhig einmal das Beispiel vom Welpen. Wie unsinnig wäre es denn, kleine Hunde nur mit Hunden im gleichen Alter zusammenzubringen, um sie an ihre Umwelt zu gewöhnen? Unsere Kinder haben durchaus Kontakt mit Gleichaltrigen.

Da gibt es Spielgruppen, die Unschooling Group hier bietet oft gemeinsame Ausflüge und Experimentiernachmittage im Wissenschaftsmuseum an. Meine Tochter besucht die Tanzschule. Außerdem helfen meine Kinder manchmal bei sozialen Projekten mit, die sie interessieren. Sie kommen in Kontakt mit Menschen verschiedener Altersgruppen und dadurch, dass wir viel herumreisen, kommen sie auch in Kontakt mit Menschen mit verschiedenen kulturellen und religiösen Hintergründen, was ich sehr wichtig finde.

Ich glaube, dass die Sozialisierung für Freilerner viel umfangreicher sein kann als für Schulkinder.

„Uns war also klar, dass wir und vor allem die Kinder erst mal eine Pause nötig haben."

Dani (34) und Philipp (34)
3 Kinder (12, 9, 7)

Wir sind mit unseren drei Kindern vor 2,5 Jahren nach Neuseeland gezogen. Die Schulpflicht war einer von vielen Gründen für unseren Umzug ans andere Ende der Welt.

Unser ältester Sohn langweilte sich in der ersten Klasse, übersprang sie dann wenige Wochen nach der Einschulung und gehörte kurz nach dem Sprung schon wieder zu den Klassenbesten. Leider war damit auch die Langeweile wieder vorhanden. Er gehörte nie zu den fleißigen Schülern, er verstand nur schnell. Hausaufgaben machte er nach ein paar gescheiterten Versuchen einfach keine mehr, und auch in der Schule war seine „miserable" Arbeitshaltung immer wieder Thema. Die Frage, warum er diese ändern sollte, wenn seine Leistungen gut bis sehr gut waren, konnte mir allerdings nie ein Lehrer beantworten.

Trotzdem durften wir uns immer wieder anhören, wo seine Schwächen lägen und wo wir ihn ja noch verbessern könnten. Er fing relativ bald an, die Schule zu hassen. In seiner Klasse gab es viele soziale Schwierigkeiten und leider trotz sehr engagierten Lehrern auch immer wieder Probleme, weil weder Belohnungen noch Bestrafungen seitens der Lehrer unseren Sohn auch nur ansatzweise beeinflussen konnten. Unser Sohn ist ein sehr verträgliches Kind und kommt mit jedem gut aus, nur litt er sehr darunter, dass ein Kind in seiner Klasse gemobbt wurde. Da unser Sohn nicht involviert war, hielten die Lehrer es leider nicht für nötig, uns zu informieren.

Seit seiner Einschulung war Schule quasi zum Vollzeit Familienthema geworden und vor allem ich verbrachte unzählige Stunden am Telefon mit Lehrern (denen leider auch häufig die Hände gebunden sind) und damit, unseren Sohn wieder aufzumuntern.

Unsere Tochter konnte bereits mit vier Jahren lesen und schreiben und wollte trotz der Erfahrungen ihres großen Bruders unbedingt schon mit fünf in die Schule. Wir überlegten lange und fühlten uns gefangen zwischen ihrem Wunsch und der Sorge, sie würde unter der Schule genauso leiden wie der große Bruder. Nach ewigem Hin und Her entschieden wir uns dazu, ihrem Wunsch zu folgen, zumal wir fürchteten, ihr sonst zu vermitteln, sie sei noch zu klein für die Schule und wir würden nicht an ihre Fähigkeiten glauben. Außerdem hatten wir ein klein wenig die Hoffnung, die frühe Einschulung würde sich als positiv erweisen, weil sie trotz aller Geschichten ja so unbedingt dahin wollte.

Die ersten drei Wochen war sie begeistert, machte gewissenhaft ihre Hausaufgaben und war offenbar sehr stolz darauf, ein großes Schulkind zu sein. Das war von einem Tag auf den anderen vorbei, als die Hausaufgabe lautete, eine Seite lang den Buchstaben I zu schreiben. *„Mama, die wollen ernsthaft, dass ich eine Seite lang Striche male. Ich will aber keine Striche malen."* Auch sie machte kaum noch Hausaufgaben, und da sie deutlich eigenwilliger ist als ihr Bruder, waren die Lehrer teilweise wirklich ratlos. Man sagte uns, unsere Tochter hätte das Klassenziel der ersten Klasse vermutlich schon vor der Einschulung erreicht, ein Sprung kam aber für sie nicht in Frage.

Dieses Schuljahr – der Große war inzwischen in der vierten Klasse – mit zwei Schulkindern war ein regelrechter Alptraum für uns alle und wir lebten nur noch für die Ferien.

In der Zeit stieß ich auf Gerald Hüther und André Stern, und so begeistert mein Mann und ich auch waren, weil uns endlich jemand bestätigte, was wir immer schon ahnten, fühlten wir uns zeitgleich auch noch ohnmächtiger, denn leider konnte auch ein Hirnforscher wenig an unserer Schule ändern.

Glücklicherweise kam uns in diesem Jahr dann auch die Idee, in ein anderes Land zu ziehen, und bei unseren Recherchen wurde relativ schnell klar, dass Neuseeland unsere erste Wahl war. Hier angekommen waren wir aber alle neugierig auf neuseeländische Schulen, weil wir von allen Seiten hörten, Kinder gingen hier gern zur Schule. Wir dachten auch, dass es den Einstieg ins Englische erleichtern würde. Unser jüngster Sohn wurde zwei Wochen nach unserem Umzug fünf, und da Kinder hier mit fünf im laufendem Schuljahr am Tag nach ihrem Geburtstag eingeschult werden (Schulpflicht ist trotzdem erst ab sechs), besuchten dann alle drei Kinder eine wirklich tolle Primary School. Die Einschulung kann man sich eher wie eine Eingewöhnung in einem deutschen Kindergarten vorstellen, Ich blieb also die ersten Tage dabei und die ersten paar Wochen noch die erste Doppelstunde bis zur Pause.

Die Kinder waren begeistert, sie liebten tatsächlich die Schule und ich verstand auch, warum: Es war wunderbar. Am letzten Schultag vor den Ferien fragten mich alle drei tatsächlich, wann denn die Schule endlich wieder losginge. Leider legte sich die Begeisterung ein klein wenig, als ihr Englisch besser wurde, und sie klagten wieder gelegentlich über Langeweile. Nach einem Jahr mussten wir dann noch die Schule aufgrund eines Umzuges wechseln, und die neue Primary School hatte viel mehr Ähnlichkeiten mit der deutschen Schule als mit der ersten neuseeländischen Schule. So war für uns klar: Wir werden jetzt Freilerner.

Es gab eine Informationsveranstaltung der *Auckland Home Educators* zum Thema Home Education und dort wurde uns einerseits erklärt, wie wir den Antrag auf Home Education am besten schreiben sollten, und andererseits, was es an Möglichkeiten für Home Educators hier gibt. Das sind neben einer Menge Kurse und Treffen eben auch die Möglichkeiten, jederzeit wieder zurück an eine Schule zu können und – solange es nicht länger als ein Term (ein Schulquartal) ist – das Kind auch ohne erneuten Antrag wieder herausnehmen zu können.

Dazu gibt es zweimal im Jahr eine Homeschool Allowance (bei drei Kindern bedeutet das zweimal im Jahr $980) als Zuschuss zu Materialien und Ausflügen. Das Angebot ist so groß, dass man gar nicht alles nutzen kann und man sich die Tage noch voller gestalten könnte, als es mit Schule der Fall wäre. Auch die Unschooler Szene ist hier relativ groß. Dazu kommt Neuseelands einzigartige Natur, die sowieso zu Erdkunde und Biologie live einlädt. Schließlich ist da noch die Tatsache, dass Auckland einen Ausländeranteil von über 50 Prozent hat. Das macht das Erkunden anderer Kulturen und Religionen zum Alltag. Es gibt ja wunderbarerweise zudem noch die Kultur der Maori.

Wir fühlten und fühlen uns also wie im Home Education Paradies. Glücklicherweise gibt es hier auch keine regulären Prüfungen für Home Educator.

Die Anträge waren dann doch schwieriger als erwartet, zumal sie bei jedem Kind unterschiedlich sein müssen, obwohl ja die Fragen und die Eltern die gleichen sind. Wir wurden gebeten, unsere Unschooling Philosophie ehrlich dem Ministry of Education (MoE) zu erklären, da die hiesigen Home Education Organisationen sehr bemüht sind, dem Ministerium unterschiedliche Education-Ansätze näherzubringen. Voraussetzung für die Befreiung des Schulbesuches ist es, das MoE davon zu überzeugen, die Kinder zu Hause „at least as well" (mindestens genauso gut) wie in der Schule zu bilden. Das ist vermutlich etwas leichter mit einem Lehrplan, half uns aber nochmal, uns sehr genau über unsere Vision vom Freilernen klarzuwerden.

Seit ich in Deutschland auf André Stern stieß, verbrachte ich eine Menge Zeit mit dem Lesen rund ums Thema Freilernen und Unschooling, und durch so wunderbare Leute wie Pam Laricchia, John Holt und John Tailor Gatto war uns klar, dass uns nun als Erstes eine Zeit der „Entschulung" bevorstand. Darauf nahmen bei uns nicht nur die Schulerfahrungen der Kinder Einfluss, sondern eben auch der Umzug ans andere Ende der Welt, eine neue Sprache und Kultur und – kaum eingelebt – ein Umzug aus der Stadt in einen Randbezirk. Uns war also klar, dass wir und vor allem die Kinder erst mal eine Pause nötig haben. Und so fingen für uns die Ferien an, die bis heute andauern.

Wir sind viel am Strand, campen, wandern und auch viel zu Hause. Unsere Kinder verbringen sehr viel Zeit an ihren Computern, in unserem Pool oder auf unseren Weiden. Es hat tatsächlich recht lange gedauert, bis sie zum ersten Mal wieder ein Buch lesen wollten. (Die beiden Großen liebten Bücher, bis die deutsche Schule ihnen den Spaß am Lesen nahm.) Unsere Tochter hat die ersten drei bis vier Monate behauptet, sie wolle nichts lernen, Lernen sei langweilig und sie wolle nur noch spielen. Heute hat sie sehr genau verstanden, wie viel sie in all der Zeit gelernt hat, sie liest zwischendurch wieder begeistert Bücher und hat Spaß am Lernen.

Wir lieben unser Leben und unsere Freiheit, genießen leere Campingplätze und Freilernertreffen auf leeren Spielplätzen, an leeren Stränden und Parks während der Schulzeit. Keiner von uns kann sich im Moment vorstellen, wieder ein Leben mit Schule zu führen. Unser Leben hat sich komplett verändert: Es gibt keinen Stress mehr am Morgen, keine fitten Kinder, die abends trotzdem ins Bett sollen, um am nächsten Tag wieder bereit für eine Schule zu sein.

Die Erinnerung an ein Leben mit Schule fängt langsam an zu verblassen, und wenn ich mir von Freunden hier erzählen lasse, wie stressig es morgens manchmal ist, oder dass sie jetzt nach Hause müssten, weil die Kinder ja wegen der Schule früh raus müssten, oder dass da diese Schulveranstaltung sei, weswegen sie leider nicht mit an den Strand könnten – dann kann ich nur in mich hineinlächeln und mich still und heimlich fragen, warum da so viele Menschen mitspielen.

Ja, wir sind in der glücklichen Situation, von einem Einkommen leben zu können. Das geht manchen anders, aber auch da scheinen Leute hier Lösungen zu finden. Natürlich könnten wir uns mehr leisten, wenn ich auch arbeiten würde. Aber wir haben hier alles, was wir brauchen, und Luxus im materiellen Sinne interessiert uns nicht. Für uns ist unser ganzes Leben hier ein Luxus und der Strand, die heißen Quellen, der Regenwald, die riesigen Sanddünen oder der Skiberg im Winter sind kostenlos.

Dazu kommt, dass wir so unheimlich viel durch unsere Kinder und das Leben hier lernen, dass ich mir keinen erfüllenderen „Job" als diesen vorstellen kann.

Der härteste und zugleich auch herausforderndste Teil des Freilernens ist für uns wirklich die Elternrolle, da wir ja selber in der Schule waren. Seine Vorstellungen und Denkmuster auf den Kopf zu stellen und zu hinterfragen ist besonders schwer bei Dingen, die man nie als Vorstellung, sondern als Tatsache verstanden hat. Da braucht es oft einen bis mehrere Anstöße, um überhaupt zu begreifen, dass es sich dabei um eine übernommene Vorstellung und nicht um eine Tatsache wie die Schwerkraft handelt.

Unser Grundverständnis vom Lernen hat sich grundlegend geändert. Lernen ist Leben und umgekehrt, 24 Stunden an 7 Tagen die Woche – ohne Pause oder Ferien. Was wir lernen „mussten", ist, das Bewerten von Tätigkeiten loszulassen – zum Beispiel die Idee, ein Buch zu lesen sei in irgendeiner Weise wertvoller als ein Computerspiel oder ein Youtube-Video. Wenn ich sehe, wie unsere Kinder Bücher lesen, merke ich allerdings, dass uns das noch nicht zu 100 Prozent gelungen ist, denn manchmal meldet sich dann doch eine winzige Stimme, die ruft: *„Siehst Du, Unschooling funktioniert tatsächlich."* Als ob das Lesen eines Buches den Erfolg von Unschooling beweisen würde oder ich sonst irgendeinen Grund zum Zweifeln hätte. Ich sehe ja täglich, wie sie mit oder ohne Bücher lernen.

Angefangen hat unsere Deschooling-Zeit mit recht viel Computerzeit, und während ich das anfangs noch als Pause und Erholung von den letzten Jahren gesehen habe, sehe ich heute, wie unheimlich viel sie in dieser vermeintlichen Zeit des „Nichtstuns" gelernt haben. Trotz oder gerade weil sie so viel Computer gespielt und Youtube-Videos geguckt haben.

Der Große hat in dem Jahr ohne Schule gelernt, (fehlerfrei) Englisch zu schreiben (tippen) – schneller als die meisten Erwachsenen das können. Er lernt Japanisch, hat sein Interesse an Mathematik wiedergefunden und rechnet furchtbar viel mit Prozenten und Dezimalzahlen. Er fängt auch an, sich mit Storytelling, Animation und 3D auseinanderzusetzen. Die Prozentrechnung / das Kopfrechnen des Großen schreitet so weit voran, weil er ausrechnet, mit welchem Champion er wie viel Schaden beim jeweiligen anderen Champion anrichten kann; Japanisch lernt er, weil er auf Animes steht, und da gibt es eben auf Japanisch viel mehr als auf Deutsch und Englisch.

Die beiden Kleineren haben eigene Spiele programmiert, Videos erstellt und geschnitten, sind großartige Synchronsprecher und Übersetzer. Sie bauen Baumhäuser und Holzschwerter, erfinden Geschichten und Spiele, machen sich Gedanken um ihr erstes Business und den dazugehörigen Businessplan. Sie rechnen zum Beispiel aus, wie viele Kekse sie zu welchem Preis verkaufen müssten, um genug Gewinn für XY und damit das nächstgrößere Business zu machen, entwerfen und basteln Kostüme usw. Das Baumhaus, die Kostüme und die selbst geschnittenen Videos sind das Resultat von stundenlangem Youtube gucken. Die kommen manchmal an mit Ideen, Fragen und Experimenten, da verwandelt sich das ganze Haus innerhalb kürzester Zeit in ein Chemielabor.

Die Mittlere liest mit mehr Betonung und Begeisterung als viele Erwachsene, und das in zwei Sprachen.

Der Kleine lernt Lesen in zwei Sprachen gleichzeitig, weil er Spiele in beiden Sprachen spielt und er uns nicht immer fragen mag bzw. manchmal auch die Zeit nicht reicht, sich etwas erst vorlesen zu lassen, bevor er reagieren kann.

Anstatt darauf zu warten, dass sie sich auch für Dinge ohne Computer interessieren, habe ich angefangen, das Interesse zu fördern: Wir gehen auf Gaming Messen und Lan-Partys, besuchen E-Sports Finale und ich suche nach neuen Computerspielen, Youtube-Kanälen, Coding und Animation Tools, die sie interessieren könnten. Unser ältester Sohn wird demnächst ein Praktikum bei einem Gamedesigner machen und je mehr ich ihnen bei ihren Interessen folge, desto mehr neue Interessen erwachsen daraus.

Deschooling bedeutet nicht, nichts zu lernen, sondern eben erstmal zu lernen, was Lernen wirklich ist und was einem Spaß macht. Ganz plötzlich entdeckt man, dass man während des vermeintlichen Nichtstuns unheimlich viel gelernt hat. Es ist unmöglich, nicht zu lernen.

Einen echten Alltag, so wie die meisten es verstehen, haben wir nicht. Klar essen und schlafen wir, füttern die Hühner und die Pferde usw. Aber jeder Tag ist neu und anders, jeder Tag lädt zu neuen Entdeckungen ein und jeder Tag bietet zig Möglichkeiten für neue Abenteuer. Wir haben Kontakte zu Menschen aus den unterschiedlichsten Kulturen und sozialen Schichten in so ziemlich jedem Alter, zu anderen Freilernern, Homeschoolern, Schülern, Schuleltern und Lehrern – und genau diese bunte Mischung macht unser Leben aus.

Jeden Tag die Wahl zu haben, diesen Tag zu etwas ganz Besonderem zu machen und zeitgleich immer wieder festzustellen, wie besonders unser „normaler Alltag" doch ist, wie viel Freude die Kleinigkeiten im Leben doch machen können, ist für uns das größte Geschenk.

„Unser Leben hat sich, seit wir alle zu Hause sind, grundlegend verändert."

Andrea (35)
4 Kinder (16, 12, 8 Jahre sowie 2 Monate)

Seit Herbst 2014 sind unsere Kinder Freilerner. Unsere älteste Tochter ist eine talentierte Balletttänzerin. Die Doppelbelastung von professioneller Tanzausbildung und Gymnasium war kaum erträglich für sie. Auch das ganze Familienleben wurde davon negativ beeinflusst. Sie verweigerte die aktive Teilnahme am Unterricht. Die Lehrer waren sehr bemüht, wussten aber nicht, wie sie mit ihr umgehen sollten, und wir Eltern waren am Ende mit unserem Latein. Da halfen auch keine wohlgemeinten Ratschläge oder die Schulpsychologin. Es war ihr einfach zu viel.

Irgendwann war der Leidensdruck so groß, dass wir uns für die Möglichkeit des häuslichen Unterrichts entschieden haben. Die mittleren beiden sind gleich mitgezogen und wollten ebenfalls lieber zu Hause lernen. Damit ich genügend Zeit für die Kinder habe, beendete ich meine Arbeit als Montessori-Pädagogin. Finanziell gibt es natürlich Abstriche, aber diese nehmen wir in Kauf. Unser Leben hat sich, seit wir alle zu Hause sind, grundlegend verändert.

Wir sind als Familie wieder mehr zusammengewachsen und haben weniger Konflikte. Es bleibt mehr Zeit für die individuellen Interessen der Kinder:

Unsere Älteste hat endlich wieder Zeit, ihre Kreativität auszuleben und wunderschöne Dinge zu gestalten. Die frische Luft und die Natur bekamen wieder Platz in ihrem Leben. Das kommt natürlich auch ihrer Ballettausbildung, die ihr sehr am Herzen liegt, zugute.

Unser Sohn hatte eine sehr schöne Volksschulzeit und ging ursprünglich gerne in die Schule. Doch nach dem Wechsel in die Kooperative Mittelschule verging ihm leider die Freude. Er fühlte sich nicht wohl und war sehr oft krank. Er tat sich schwer im Unterricht und die Lehrer meinten, unser Sohn sei noch zu verspielt und unreif. Diese Meinung spiegelte sich auch in seinen Noten wider. Er wollte nicht mehr in die Schule gehen. Seitdem er nicht mehr in die Schule geht, ist er kaum krank. Er hat wieder Zeit zum Spielen. Tatsächlich spielt er gerne mit seiner jüngeren Schwester. Doch wer sagt, dass man beim Spielen nichts lernt. Unser Sohn möchte eines Tages perfekt Russisch sprechen können. Letztes Jahr konnte er mitten unter dem Schuljahr sechs Wochen nach Russland fahren. Einen besseren Sprachunterricht gibt es wohl kaum.

Anfänglich war ich dafür, dass die Kinder die Externistenprüfungen machen. Unser Sohn hat damals mit der Mathematikprüfung begonnen. Wochenlang hat er sich darauf intensiv vorbereitet. Es hat ihm Spaß gemacht. Wenn er einmal nicht weiterwusste, hat er sich im Internet schlau gemacht. Seit Langem fühlte er sich wieder gut in Mathe. Leider war er bei der Prüfungssituation unter Stress und bekam als Ergebnis die Note 3. Diese Beurteilung passte jedoch mit seinem neugewonnenen Selbstbild, ein sehr guter Mathematiker zu sein, nicht zusammen. Er war sehr geknickt und brauchte lange, um sich von diesem Schock zu erholen.

Da wir die Prüfung als kontraproduktiv erlebt haben und wir feststellen mussten, dass Prüfungen und freies Lernen nicht zusammenpassen, entschlossen wir uns, die Externistenprüfungen nicht mehr zu machen. Wie wir wissen, lernen wir am besten und am leichtesten, wenn wir für eine bestimmte Sache brennen. Wir werden erst zu Profis, wenn wir unsere Interessen lange genug verfolgen und vertiefen können. Diese Art zu lernen passt nicht zu dem vorgegebenen Lehrplan und schon gar nicht zu den Prüfungen.

Derzeit interessiert sich unser Sohn für Fische und hat bereits einen ganzen Ordner ausgearbeitet mit selbstgebasteltem Material. Wir freuen uns, wenn er uns über seine neuen Erkenntnisse berichtet oder vor unseren Freunden einen Vortrag über Fische hält. Demnächst macht er mit seinem Papa den Anglerschein. Auch hier muss er sich einer Prüfung stellen, mit dem Unterschied, dass sie freiwillig gemacht wird und er selbst über den Zeitpunkt bestimmen darf.

Die Mittlere ist den ganzen Tag beschäftigt mit ihrem großen Hobby, den Tieren. Schreiben hat sie sich selbst beigebracht, indem sie von ihrem Tierlexikon Texte zunächst abgemalt hat und später die Bedeutung der einzelnen Buchstaben verstanden hat. Hauptsächlich liebt sie es, in der

Natur zu sein und Dinge zu erforschen. Über ihre Beobachtungsgabe und Tierliebe lernt sie ganz auf ihre Weise.

Oft werden wir gefragt, wie es mit sozialen Kontakten aussieht. Natürlich haben unsere Kinder ihre Freunde.

Wir sind mit vielen Freilernerfamilien befreundet und sehen uns oft. Die Älteste hat ihre Ballettklasse, unser Sohn spielt zweimal die Woche in einem Landhockeyverein mit seinen Jungs und die Mittlere geht in die Zirkuswerkstatt. Gemeinsam sind wir oft im Wald oder machen gemeinsame Unternehmungen.

Auch wenn wir noch nicht wissen, wie es rechtlich ausgehen wird, sind wir doch überzeugt, auf dem richtigen Weg zu sein. Unsere Kinder sind ausgeglichen und geben uns Feedback, dass sie glücklich sind.

„Das Schicksal entschied für uns mit und so erhielten wir eine Absage von der freien Schule."

Daniela (35) und Frank (33)
4 Kinder (9, 7, 5, 1)

Wir führen ein bedürfnisorientiertes Leben, beginnend mit Stillen nach Bedarf und so lange es für uns alle passt, windelfrei, Tragen und Familienbett bis hin zum Freilernen. Unsere Jungs haben den Kindergarten getestet, aber nachdem sie wirklich wählen konnten, entschieden sie, nicht mehr hin zu wollen. Unser viertes Kind kam 2015 dann als Alleingeburt bei uns in Frankreich zur Welt.

Aber zurück: Im Frühjahr 2012 bekamen wir die Einladung für die Schulanmeldung für unseren ältesten Sohn. Wir hatten uns zu diesem Zeitpunkt schon mit dem Thema Schule auseinandergesetzt und hatten beschlossen, unsere Kinder auf eine freie Schule in Frankfurt zu schicken. Die Anmeldung lief und unser Ältester äußerte immer öfter den Wunsch, gar nicht in die Schule zu müssen. Er wollte nicht von fremden Menschen gesagt bekommen, was er wann zu lernen hat. Er wollte sich aber trotzdem eine Regelgrundschule anschauen und nahm am Probetag für die zukünftigen Erstklässler teil.

Die Lehrer vor Ort waren wenig begeistert von meiner Anwesenheit an diesem Tag und konnten auch unseren weiteren Weg nicht verstehen. Bei den Tests bei der Direktorin und dem Schulamtsarzt wurde er als absolut schulfähig eingestuft. Das Schicksal entschied für uns mit und so erhielten wir eine Absage von der freien Schule. Die logische Konsequenz für uns als Familie war nun der Umzug ins Ausland, um unserem Sohn (und später den anderen Kindern) ein freies Lernen zu ermöglichen.

Wir lasen eine Menge über die verschiedenen Möglichkeiten des freien Lernens in den anderen europäischen Ländern und überlegten, wie das mit der Arbeit von Frank (Erzieher) am besten passen könnte. Da er mit der vorhandenen Ausbildung nicht im Ausland arbeiten konnte, entschieden wir uns für ein Leben an der Grenze. In unserem Fall: Wir wohnen in Frankreich und arbeiten in Deutschland im Saarland. Dies war die geringste Entfernung zu unserer Heimatstadt und somit zu den restlichen Verwandten. Wir suchten uns über das Internet Wohnungsangebote im direkten Grenzgebiet und fuhren ein-, zweimal nach Frankreich, um uns die Wohnungen und Häuser anzuschauen. Da Erzieher im ganzen Bundesgebiet gesucht wurden, war es für Frank nicht schwierig, freie Stellen zu finden, und er schickte so seine Bewerbung raus. Für Gespräche fuhr er dann ins Saarland und hatte relativ schnell eine neue Stelle. Etwas Einbußen beim Gehalt nahm er für das freie Leben gerne in Kauf. Nach ca. einem halben Jahr hat er innerhalb der Institution nochmals die Stelle gewechselt und ist nun in einem Montessori-Kinderhaus beschäftigt. Dies passt mit unserer Sicht auf das Kind und auf das Lernen besser zusammen als bei der vorherigen Stelle.

Während Frank arbeitet, bin ich mit den Kindern zu Hause. Da Frank mit den öffentlichen Verkehrsmitteln zur Arbeit fährt, habe ich das Auto zur Verfügung. Einmal die Woche gehen wir vormittags ins Hallenbad, die Kinder bringen sich selbst und gegenseitig Schwimmen bei oder sie toben im leeren Kinderbecken.

Mittwochs nachmittags ist in der Bibliothek von Saarbrücken Vorlesestunde. Die Kinder lieben es, dort Bücher vorgelesen zu bekommen und anschließend Bücher, CDs und DVDs auszuleihen. In einem Park treffen wir uns öfter mit Freunden, um dort auf dem Spielplatz zu spielen und Fahrrad zu fahren. Bei uns im Ort ist es mir zu gefährlich, die Wege sind nicht geeignet für Fahrrad übende Kinder.

Wir lernen ohne Lernplan und ohne festes Konzept. Wir orientieren uns an den aktuellen Interessen der Kinder und helfen ihnen dabei, an die benötigten Informationen und Materialien zu kommen. Die Kinder hatten beispielsweise das Interesse an Buchstaben, Lesen und Schreiben. Wir haben also eine Tafel besorgt, an der sie sehen konnten, welcher Kleinbuchstabe zu welchem Großbuchstaben gehört. Viel Vorlesen, Briefchen schreiben, Schatzkarten malen und einfach Bücher und Comics anschauen hat dazu geführt, dass sie sich selbst Lesen und Schreiben beigebracht haben. Sie haben Interesse an Reptilien, wir leihen entsprechende Bücher aus der Bibliothek aus und fahren in ein nicht weit entferntes Reptilium, um dort Informationen von Fachleuten zu bekommen.

Nach der Geburt unserer Tochter im Juni 2015 entschlossen wir uns zu reisen und auch selbst wieder etwas mehr Freilerner zu werden. Seitdem sind wir mit Wohnwagen und Auto unterwegs durch Europa. Wir wissen noch nicht, wohin uns unser weiterer Weg führen wird, aber auf alle Fälle ist Freilernen für uns als Familie richtig.

Für uns, die zu Hause gebliebenen Verwandten und alle anderen Interessierten berichten wir von unserem Weg auf unserem Blog: Freilerner-Familie.de.

„Ich streckte schon die Fühler aus in Richtung Freilernen und versuchte die Grauzonen in Deutschland auszuloten."

Stefanie (35)
3 Kinder (8, 5, 2)

Angefangen hat es eigentlich mit dem Windelstreik unserer ersten Tochter mit sieben Monaten: Sie wollte sich nicht mehr windeln lassen (von windelfrei erfuhr ich leider erst beim zweiten Kind). Mein mütterlicher Impuls war, ihr Nein zu akzeptieren, doch unser Umfeld hielt mich für „falsch".

So fing ich an im Internet zu recherchieren und stieß alsbald auf antipädagogische Ansätze. Diese waren in meinem Psychologiestudium als „Laissez-faire" verschrien und somit abgetan geworden.

Ich fand das deutsche *Unerzogen* Magazin, Bücherempfehlungen und Austausch via Internet. Ich war erleichtert, dass meine intuitive Art des Umgangs eine theoretische Diskussionsbasis bekam. Wir wechselten vom Montessori-Kindergarten in einen aktiven Kindergarten mit angeschlossener freier Schule. Das war für unsere älteste Tochter eine gute Wahl. Der Eingewöhnungsversuch unseres Sohnes verlief nicht nach unseren Vorstellungen und ich ließ ihn zu Hause. Als unser drittes Kind auf die Welt kam und mir die Alleingeburt in Beckenendlage sehr viel Kraft für meinen Weg gab, nahm ich meine älteste Tochter aus dem Kindergarten. Als dann die Schulzeit kam, freute sie sich sehr darauf und wollte unbedingt eingeschult werden. Ich streckte schon die Fühler aus in Richtung Freilernen und versuchte die Grauzonen in Deutschland auszuloten. Dann sagte sie: „Nein! Ich will in die Schule, Mama!"

Nach einem Vierteljahr war die Motivation verflogen und es wurde immer schwerer, sie in die Schule zu schicken. Obwohl es eine sehr freie Schulstruktur gab, widerstrebte es ihr. Sie sagte: „Wieso muss man eigentlich in die Schule, ich kann doch auch zu Hause lernen. Der ganze Tag ist weg." Dabei war sie um halb drei zu Hause und nicht, wie in den meisten ganztagsbetriebenen Schulen, spät am Nachmittag.

Wir hatten mehrere Gründe, Deutschland den Rücken zu kehren. Zum einen wollten wir nicht durch das Freilernen illegalisiert werden. Dazu kamen unsere Vorstellungen vom Leben und auch gesundheitliche Aspekte. Mein Mann und ich waren etwas unzufrieden mit unserer Lebensweise. Wir interessierten uns für alternatives, nachhaltiges Leben und Permakultur. Urban Gardening und das Stadtleben erfüllten unsere Wünsche nicht. Hinzu kam, dass selbst Akademiker kaum eine langjährige Familienzeit in einer attraktiven Stadt finanzieren können. Wir arbeiteten beide, mein Mann Vollzeit und ich abends und am Wochenende. Wenn ich einen ganzen Tag beruflich unterwegs war, musste er Urlaub nehmen. Wir hatten wenig Zeit für unsere Bedürfnisse. Das sollte sich ändern!

Unsere beiden älteren Kinder hatten von Geburt an Hautprobleme – als Neurodermitis wurde es diagnostiziert – und mit diesem Problem begann unser Weg, nach alternativen Heilmethoden zu suchen. Ich hangelte mich an positiven Heilungsgeschichten entlang und wir probierten viele Ansätze aus. Leider brachte nichts davon einen längerfristigen Erfolg: Es flammte ab und flammte nach ein paar Tagen wieder auf. Linderung erfuhren sie lediglich, wenn wir einmal im Jahr einen Monat lang an der marokkanischen Küste Familienurlaub machten. Das führte zu der Überlegung, die Stadt zu verlassen und in ein südlicheres Land zu ziehen, in dem Homeschooling/Freilernen nicht illegalisiert wird. So wählten wir Portugal und leben seit einem Jahr hier in einem kleinen Tal in einer Jurte. Die Kinder sind symptomfrei und freilernend!

Zurzeit befinden wir uns noch in der Gründungsphase, seit acht Monaten haben wir das Land urbar gemacht und eine kleine Adega hergerichtet. Der Garten ist angelegt, wir haben Hühner, ein Kaninchen, einen Hund und eine Katze. Wir essen gemeinsam und dann geht jeder seiner Arbeit nach. Die Kinder sind immer mit dabei. Oft spielen sie und rufen uns nach Bedarf. Unser Sohn spielt viele Stunden mit Playmobil, unsere große Tochter ist gern Radfahren, Skateboarden und auch mit dem Hund unterwegs. Ihren Wissensdurst stillen sie auch oft durch Youtube (*Löwenzahn*, *Wissen macht Ah*, *Pixi*, *Wieso weshalb warum* usw.).

Unsere Jüngste ist je nach Bedarf bei mir. Unser Briefkasten befindet sich im Dorf, das ist für die Kinder eine einstündige Tour. Wenn Post erwartet wird, gehen sie dort täglich freiwillig hin. Einmal in der Woche gehen die Kinder zu einem Spieltreff, bei dem es Angebote für die Kinder gibt.

Darüber hinaus treffen wir uns oft mit anderen freidenkenden Familien. Viele unserer Freunde sind Engländer, so lernen die Kinder eher Englisch als Portugiesisch.

Zur Zeit arbeite ich als Psychologin und systemische Therapeutin vorwiegend online. Ich biete Beratungen und Coachings für Eltern, Paare und Familien via Skype an. Ein zweites Steckenpferd ist das Coaching und die Weiterbildung von Therapeuten und Coaches. Mein Mann ist dann bei den Kindern oder mit ihnen unterwegs. Er ist Architekt und hat gerade alle Hände voll zu tun mit unserem Siedlungsprojekt.

Wir alle lernen jeden Tag eine Menge Dinge, es ist so spannend, ausgetretene Pfade zu verlassen!

Wir arbeiten an einem immer weiter wachsenden respektvollen Umgang miteinander. Das bedeutet auch, einen erwartungsfreien Raum sich selbst und anderen gegenüber zu schaffen. Die größte Aufgabe sehe ich in der ZuFRIEDENheit. Die meisten Menschen glauben an ihre alten Gedankenmuster, es bedarf großer Aufmerksamkeit, um sich zu neuen Ufern aufzumachen.

Alternatives in Stichpunkten: zwei Alleingeburten, Langzeitstillen, Familienbett ist gerade halbrund in der Jurte, zweimal windelfrei, Tragen statt schieben, Attachment Parenting, Continuum Konzept.

„Freilernen bedeutet nicht die Kinder alleine zu lassen, weswegen ich den Begriff gerne in ‚frei sich zu bilden' abändere."

Christine (36)
3 Kinder (10, 7, 4)

Wir sind eine Familie mit drei jungen Menschen. Sie sind 2005, 2008 und 2012 geboren. Wir leben in einem Haus auf dem Land mit großem Garten – unser Ziel ist es, uns weitestgehend selbst zu versorgen. Mit Obst und Gemüse aus dem Garten, mit Eiern und später auch Fleisch von den Hühnern. Mein Partner geht arbeiten, ich bin zu Hause mit den Dreien und kümmere mich um alles, was dort anfällt. Im Alltag haben wir Kontakt zu Familien mit freilernenden Kindern ebenso wie mit Familien, deren Kinder zur Schule gehen. Wir unterstützen uns gegenseitig und auch meine Eltern sind da, soweit es ihnen möglich ist, sodass ich auch Zeit für mich finde.

Vom freien Lernen haben wir das erste Mal kurz nach der Geburt von unserer ältesten Tochter gehört. Ich war sofort interessiert und habe mich mit dem Thema intensiv auseinandergesetzt. Der Entschluss, unsere Kinder nicht zur Schule zu schicken, sondern frei lernen zu lassen, war keine Entscheidung von heute auf morgen.

Es war ein langsames Hineinwachsen, ein Gehen und Neugierigsein, was kommt – und es gab gerade bei den ersten beiden (Tochter und Sohn) immer wieder mal Momente, in denen wir überlegt haben, sie in Kindergarten oder Schule zu schicken. Es gab Momente, wo uns bewusst wurde, dass man mitunter recht alleine ist mit diesem Weg und dass dieser doch manches Mal auch anstrengend sein kann. Die meisten Erwachsenen gehen arbeiten und haben wenig Zeit. Mir fehlt im Alltag manchmal das Miteinander mit anderen Familien und Erwachsenen. Denn ein junger Mensch ist von sich aus neugierig und möchte viel wissen. Das kann ein Erwachsener mit drei jungen Menschen nicht alleine erfüllen. Aber so wie das ganze Leben ein Weg mit Aufs und Abs ist, ist es eben auch das Leben ohne Schule für uns gewesen.

Trotz allem hat uns unser Gefühl auch immer wieder darin bestätigt, diesen Weg gewählt zu haben. Es ist uns wichtig, unseren Kindern die Begeisterung am Lernen zu bewahren. Mit ihnen zu leben, intuitiv zu spüren, die eigenen Grenzen klar zu sehen und achtsam miteinander umzugehen. Sie sollen aus eigenem Antrieb lernen können und nicht von außen vorgegebenen Mustern folgen müssen. Man lernt schon vorgeburtlich, warum also sollte es in einem bestimmten Alter plötzlich aufhören mit dem Lernen? Laut den neuesten Gehirnforschungen ist es notwendig, aus eigenem, innerem Antrieb heraus all das auszuprobieren, zu entdecken und nachzuahmen, was für das eigene Leben relevant ist. Weil dieser Prozess selbstgesteuert ist, erfolgt das Lernen mit Begeisterung und frei von äußerem Druck oder Stress. Das ist notwendig, so sagt es Gerald Hüther, um die für das Wachstum der neuronalen Netzwerke im Gehirn nötigen Stoffe zu produzieren.

Es ist sehr spannend zu beobachten, wie unterschiedlich die jungen Menschen ihren Weg gehen, und es ist wunderschön, sie begleiten zu dürfen. Als Begleiter, als Orientierungshilfe und Antwortgeber – soweit uns das möglich ist. Wichtig finde ich hier auch immer wieder darauf hinzuweisen, dass Freilernen nicht bedeutet, die jungen Menschen alleine zu lassen. Freies Lernen wird gerne missverstanden, weswegen ich den Begriff gerne abändere in „frei sich zu bilden". Auch versuche ich das Wort Kinder bewusst zu vermeiden. Das kommt daher, dass ich die jungen Menschen als gleichwertig betrachte und auf gleicher Ebene mit ihnen kommunizieren möchte. Etwas, was mir immer besser gelingt.

Obwohl wir uns in unserem Weg bestätigt fühlen – durch das Beobachten- und Miterlebenkönnen der Entwicklungen –, gibt es im Alltag trotzdem noch immer Punkte beziehungsweise äußere Umstände, die sich für uns nicht stimmig anfühlen. So ist uns die in Österreich notwendige Externistenprüfung nach wie vor ein Dorn im Auge. Persönlich frage ich mich zum einen nach dem Sinn einer solchen Prüfung (außer natürlich man trifft die Entscheidung selbst) und zum anderen sind die Prüfungen nach Lehrplan schwierig, wenn man frei lernt und eben nicht nach Lehrplan unterrichtet wird.

So haben wir die Vision eines kleinen Freilernerdorfes im Jahr 2014 in die Realität geholt.

„Unsere Kinder können selbst entscheiden, ob sie zur Schule gehen wollen oder nicht."

Katrin (38) und Elvis (44)
3 Kinder (13, 8, 3)

Unser Weg zum freien Lernen war folgender: Katrins Eltern sind beide Lehrer im Staatsdienst gewesen und wussten schon immer, dass Schule eigentlich hinderlich für echtes Lernen ist. So ist Katrin mit dem Urvertrauen in das Lernen groß geworden. Ihre Eltern lebten auch einen Erziehungsstil, der sich Antipädagogik nennt – ohne zu wissen, dass es dafür einen Namen gibt. Elvis ist ganz konservativ groß geworden, hat aber Augen und Ohren und weiß daher, dass Schule, so wie sie zurzeit meist ist, kein guter Ort zum Lernen und Leben ist.

Unsere Kinder können selbst entscheiden, ob sie zur Schule gehen wollen oder nicht. Unser ältester Sohn ist letztes Jahr in die sechste Klasse eingestiegen. Er war es leid, dass es so wenige Freilerner in seinem Alter gab, und wollte dorthin, wo die anderen Heranwachsenden sind. Er hat inhaltlich beim Schulstoff keine Probleme, obwohl er noch nie echten Unterricht hatte. Er ist beliebt bei seinen Mitschülern und kommt mit allen Menschen – außer dem verbitterten, fiesen Schulbusfahrer – sehr gut klar.

Unsere Mittlere wäre jetzt in der zweiten Klasse. Sie hat die Schule ausprobiert, aber ihr war dort fast alles zu doof. Ständig wurden sie und ihre Freunde in der Pause von den Kindern geärgert und konnten gar nicht richtig spielen. Es war nie genug Zeit, um ihr Pausenbrot in Ruhe zu essen, weil sie auch so gerne mit ihren Freunden spielen wollte – beides passte nicht in die Pausenzeit. Die fachlichen Inhalte fand sie eher langweilig und die Lehrer hatten keine Zeit, ihre (vielen) Fragen zu beantworten. „Ganz im Gegenteil! Die haben uns immer Sachen gefragt! Sachen, die wir noch gar wissen konnten!"

Da Katrin als freiberufliche Psychologin und Autorin ortsunabhängig arbeiten kann und den Winter in Deutschland nicht mag, fährt sie mit unserem VW Bulli und den Kindern, die wollen, in europäischen Ländern, in denen das schulfreie Leben erlaubt ist, umher.

Katrin arbeitet zwei Stunden am Tag am Laptop, u. a. für eine Krankenversicherung als e-Coach, oder sie schreibt an ihren Artikeln. Die geringe Arbeitszeit kommt daher, dass unser jüngstes Kind noch nicht flügge ist, deshalb ist Katrin quasi noch in einer freiberuflichen Elternteilzeit.

Im Winter sind sie meist in Spanien und im Herbst in Skandinavien unterwegs. Katrin ist außerdem Minimalistin und liebt es in der Natur, weit weg von Menschen, mit den Kindern Abenteuer zu erleben.

Elvis ist Creative Director in einer großen Werbeagentur, macht den ganzen Tag Blödsinn und wird gut dafür bezahlt. Das bindet ihn allerdings an unser Haus. Was wiederum ganz okay ist, weil ja einer da sein muss, der die Blumen gießt. Wir haben ein kleines Haus vor den Toren Hamburgs, direkt an einem großen Fluss. Dort leben mit uns auch noch zwei Ponys, ein paar Schafe, Hühner, Katzen und ein Hund.

Im Moment bleibt auch unser Sohn in Deutschland. Er mag seine Schule grad sehr und genießt die Zeit ohne kleine Schwestern, die seine Legoaufbauten, die er für seine Filme braucht, nicht ständig wieder umbauen, wenn er mal kurz nicht hinschaut. In den Ferien und auch mal so zwischendurch fliegen Elvis und er den Mädchen hinterher und reisen eine Weile mit. Der eine Grund, nicht mehr fest in Deutschland zu leben, war für Katrin das Wetter. Der zweite Grund ist das absurde Verbot des schulfreien Lebens in Deutschland.

Bereits nachdem unser Sohn sich entschieden hatte, eine Schule besuchen zu wollen und wir ihn dort auch schon angemeldet hatten und im Aufnahmeverfahren steckten, wurden zwei Frauen vom zuständigen Jugendamt auf uns aufmerksam. Gegen jeden vernünftigen Menschenverstand und auch gegen alle Argumente von Fachleuten wie KJP, Ergotherapeuten, Lerntherapeuten, Osteopathin etc. bestanden die Damen darauf, dass wir nicht das Aufnahmeverfahren an der privaten Schule abwarten, sondern unser Sohn sofort an der zuständigen Haupt- und Realschule eingeschult werden muss. Die haben nicht lange gezögert und uns direkt vor das Familiengericht gebracht, als wir uns weigerten.

Dank dem ganz großartigen Beistand durch einen auf deutsche Schulverweigerer spezialisierten Anwalt und einem sehr guten Portfolio von uns haben wir diesen Termin haushoch gewonnen. Vor dem Familiengericht geht es ja nur um das Kindeswohl, nicht um die Ordnungswidrigkeit des nicht zur Schule Gehens. Die Richterin hielt fest, dass wir Eltern hervorragend geeignet seien unsere Kinder zu bilden und das auch sehr gut gemacht haben und dass es Pelle doch ohne Schule augenscheinlich sogar BESSER ging als mit ihr. Die Richterin hat dann die Jugendamtsdame, die anwesend war, immer wieder aufgefordert zu erklären, wo genau sie nun die Kindeswohlgefährdung gesehen haben will.

Trotz des Erfolges hat uns diese Zeit viel Geld gekostet und uns auch an den Rand der Belastbarkeit gebracht. Wir haben es nie auf eine Konfrontation mit den Behörden angelegt. Ganz im Gegenteil. Noch mal wollten wir unsere Familie nicht einer solchen Gefahr aussetzen, deshalb halten wir uns an die Anforderungen der Melde- und Schulbehörde und unsere schulpflichtigen Kinder, die grad keine Schule besuchen, haben weder ihren gewöhnlichen Aufenthaltsort in Deutschland, noch sind sie dort gemeldet.

Und wie sieht jetzt unser Alltag aus? Zum einen ist er durch einige Faktoren sehr klar strukturiert. Die Tiere müssen versorgt werden und Teile der Familie gehen zur Arbeit oder Schule. Unser Sohn trainiert sieben Stunden pro Woche in einem Judo-Dojo. Die anderen leben in den Tag hinein. Unsere Mittlere ist, genau wie ihr Bruder, extrem kreativ und bastelt, stickt, näht, knetet, schnitzt oder werkelt eigentlich immer. Oder sie spielt mit Schleichpferden oder Playmobil. Sie liebt auch Fleißarbeiten wie Kartoffeln schälen oder Schrauben sortieren. In den Zeiten in Deutschland geht sie in eine Reitschule für Natural Horsemenship und sie hat ein eigenes Pony. Unser jüngstes Kind ist grad drei und verbreitet gerne von morgens bis abends Chaos um sich herum.

Unsere Mittlere ist eine echte Eule und schläft meist bis neun oder zehn. Unser Sohn und die Jüngste sind Frühaufsteher und meist ab sechs Uhr hellwach. Katrin würde gerne länger schlafen – so bis 8.30 wäre toll –, aber sie muss ja dem kleinen Chaos folgen.

Folgende Begriffe beschreiben in etwa unsere Art des Familienlebens: Attachment Parenting, Familienbett, langes Stillen, windelfrei, Tragen, breifrei, bedürfnisorientierter Umgang, Antipädagogik, naturnahes Leben, bildungsintensiv, respektvoll. Unsere ausführliche Geschichte zum Nachlesen gibt es unter apfelbaumhaus.blogspot.com.

„Freilernen ist hoch ansteckend und eine Lebensweise, die nur am Rande mit dem Thema Bildung zusammenhängt."

Karin (40)
4 Kinder (10, 7, 4, 1)

Freilernen oder Unschooling ist ein Thema, das uns nun bereits viele Jahre lang begleitet, zuerst in der Theorie und seit nun offiziell vier Jahren in der Praxis mit unseren vier Kindern. Wir haben uns in dieser Zeit auch als Familie sehr verändert, sind gemeinsam gewachsen und haben viel mit- und voneinander gelernt. Vor allem aber eines haben wir als unschätzbar wertvoll für uns alle erfahren: ein Netzwerk an Gleichgesinnten zu haben, mit denen man sich austauschen und wo man sich aufgehoben fühlen kann. Daher haben wir von Anfang an sehr viel Zeit und Energie darauf verwendet, mit anderen Freilerner-Familien in Kontakt zu kommen, haben verschiedenste Angebote, Ausflüge und Treffen besucht und organisiert und dabei viele tolle, spannende und wirklich nette Menschen, groß und klein, kennengelernt.

Besonders zu Beginn unserer Freilerner-Karriere war es uns ein Anliegen, auch den Kindern zu zeigen, dass sie keine Außerirdischen sind, wenn sie nicht in die Schule gehen, dass es da noch andere gibt wie sie. Daraus sind österreichweit wunderschöne Freundschaften entstanden. Wir haben dabei erkannt, dass es nicht wichtig ist, wie oft man sich sieht, sondern wie tief die Verbindung ist. Nicht nur die Kinder, sondern auch die Großen brauchen die Möglichkeit zum Austausch, damit man seine Fragen, seine Sorgen und aufkeimenden Ängste teilen kann.

Die österreichweite Plattform *www.freilerner.at* ist in dieser Zeit zur Anlaufstelle für Interessierte und praktizierende Freilerner geworden. Hier gibt es ein umfassendes Archiv und kaum eine Frage, die nicht in den Foren beantwortet wird. Aber auch der bundeslandweite Austausch, regionale Treffen und Veranstaltungen lassen sich hier finden sowie wertvolle Tipps für den Alltag oder Artikel und Literatur zum Thema.

Schon im zarten Alter von zwei Jahren waren wir mit unserem ersten Kind beim Sommertreffen, an dem damals gerade mal 40 Menschen teilgenommen haben. Seitdem ist viel geschehen und das letzte Sommertreffen haben wir mitorganisiert. Es waren an die 300 Menschen dabei, die gespielt, gesungen, getanzt, gemalt, gedruckt, gebastelt, gefeiert, geredet und gelernt haben. Für unsere ganze Familie sind diese Tage um die Sommersonnenwende ein Highlight des Jahres, auf das wir uns alle sehr freuen.

Die Gemeinschaft auf diesen Treffen wollten wir schon bald öfter haben und so haben wir die Vision eines kleinen Freilernerdorfes im Jahr 2014 in die Realität geholt. Wir leben nun auf einem dreihundert Jahre alten Bauernhof in der Südsteiermark, auf dem es viel Platz für unsere Tiere, uns und weitere Freilerner-Familien gibt. Hier gibt es die Möglichkeit, einmal in den Alltag als Freilerner hineinzuschnuppern, Urlaub unter Gleichgesinnten zu machen oder bei unseren vielen Projekten, wie dem Ausbau der Gemeinschaftsräumlichkeiten oder der Pflege des Gemeinschaftsgartens, mitzuarbeiten.

Den juristischen Begriff „häuslicher Unterricht" finden wir fast ironisch, da wir weder unterrichten noch ständig zu Hause sitzen. Der Kontakt mit möglichst vielen Menschen und unterschiedlichen Kulturen ist uns eines der größten Anliegen. Die Erkenntnis, dass uns viel mehr verbindet als uns trennt, und dass wir alle der Rasse „Mensch" angehören, möchten wir unseren Kindern gerne mit vielen Reisen und Kontakten zu allen Altersgruppen und Gesellschaftsschichten ermöglichen. Wir freuen uns also immer über Kontakte.

Wir sind außerdem sehr eng mit weiteren Familien verbunden, mit denen wir gemeinsam arbeiten, feiern und uns gegenseitig helfen. Diese Menschen sind für uns in den letzten Jahren wie eine zweite Familie geworden und so haben wir uns entschlossen, zusammen den Verein *„MITANANDA – L(i)ebensWERT und LebensFREU(N)DE"* zu gründen, mit dem wir nun auf dem spannenden Weg weg vom Einzelkämpfertum und hin zur Gemeinwohlökonomie sind.

Freilernen hält sich nicht an Stunden- oder Lehrpläne, passiert immer und überall und hat den großen Vorteil, dass man vom Kind selbst ausgeht und sich auf dessen Stärken und Interessen konzentriert. Da diese selten mit dem Lehrplan korrelieren und wir das Recht auf freie Bildung und Entfaltung als unser Menschenrecht ansehen, haben wir die *„Initiative*

Freilernen 2013" mitbegründet, um die Bedingungen der verpflichtenden Externistenprüfung für Kinder im „häuslichen Unterricht" zu verändern und Freilernen als gleichwertige Bildungsform in Österreich zu etablieren. Dabei sind uns der respektvolle Umgang mit den Behörden und die Begegnung auf Augenhöhe besonders wichtig, wir praktizieren friedvolle Nichtkooperation und wollen keine gewalttätige Revolution, sondern sind kompromissbereit und offen für viele Lösungswege.

Finanziell wird die Lebenseinstellung Freilerner machbar, weil es immer einen Weg gibt, wo ein Wille ist: Wir kaufen wenig, reparieren, upcyclen, machen selber, tauschen, schenken stattdessen viel lieber. Wir versuchen mit möglichst wenig Geld auszukommen und wer das schon einmal versucht hat, der weiß, dass es ganz erstaunlich ist, wie wenig man eigentlich braucht. Mit dem, was wir von Herzen gerne machen, verdienen wir auch genug für den Rest. Wir empfinden uns als reich, weil wir als Familie sehr viel Zeit miteinander verbringen können und die Freiheit haben, sie so zu gestalten, wie wir das gerne möchten.

Freilernen ist hoch ansteckend und eine Lebensweise, die nur am Rande mit dem Thema Bildung zusammenhängt. Es ist eine Lebenseinstellung, zu der Vertrauen in uns selbst und unsere Kinder, der respektvolle Umgang miteinander, den Tieren und der Umwelt sowie die Erkenntnis zählen, dass man alles kann, wenn man nur will.

Wir sind sehr dankbar, dass uns die Kinder diesen Weg gewiesen haben, sodass wir nun auch selber unsere Träume leben und die Dinge tun, die wir „schon immer mal" tun wollten! Wir freuen uns auf das, was die Zukunft uns noch bringen wird, und schauen mit Freude vorwärts, aber leben im Hier und Jetzt jeden Tag glücklich mit unserer Freilernerfamilie im MITANANDA H.O.F.! Vielleicht wollt ihr ja mal vorbei schauen?

Unsere Internet-Adressen lauten www.mitanandahof.com und www.siakkos.com

„Ein Ampelsystem sollte Benehmen durch Scham verbessern, und die Ansprüche an die Kinder waren meiner Meinung nach dem Alter total unangemessen."

Antje (45)
2 Kinder (8, 5)

Mein Mann Michael ist Engländer und ich wohne seit 2001 in England. Wir haben zwei Kinder. Der Ältere war im Kindergarten und war mit vier Jahren (englischer Schulanfang, vergleichbar der deutschen Vorschule) eine Woche in der Schule. Der Jüngere wollte nie in den Kindergarten.

Als unser Sohn vier wurde, wussten wir, dass freies Lernen in England legal ist. Allerdings fehlte uns die Unterstützung, also meldeten wir ihn in der Schule an. Es dauerte eine Woche, bis uns klar wurde, wie schädlich das Schulsystem für Kinder ist und wie wenig vereinbar mit unserem Erziehungsansatz. Emotionale Intelligenz wurde untergraben, nur der Ausdruck von Freude war erlaubt in einem Spiel, das deutlich dazu entworfen war, über Gefühle zu sprechen. Ein Ampelsystem sollte Benehmen durch Scham verbessern, und die Ansprüche an die Kinder waren meiner Meinung nach für das Alter total unangemessen.

Wir kommen aus dem Attachment Parenting. Der Versuch, uns dem Mainstream wieder anzunähern, hat uns deutlich gemacht, wie weit wir tatsächlich von ihm entfernt sind. Das ist schon recht traurig und frustrierend, weil es so wenig Angebote gibt, wo dem Kind der erwünschte Respekt entgegengebracht wird.

Als Freilerner wählen meine Kinder ihre Aktivitäten selbst, da spielt *Minecraft* eine große Rolle. Aber auch Schwimmen, Lego und im Moment Porträtmalerei und Schach.

Es gibt Gruppen, zu denen wir gehen, und wir haben ein paar Familien, mit denen wir uns treffen können. Formale Kurse oder Sportclubs lehnen meine Kinder ab. Ich erwarte aber, dass sie eine größere Rolle spielen werden, wenn meine Kinder über zehn Jahre alt sind.

Mein Mann arbeitet voll von zu Hause, er ist IT Landscape Manager. Ich arbeite im Moment gar nicht. Davor war ich Grundschullehrerin und später IT Project Implementation Managerin. Jetzt bin ich Beschafferin und Ermöglicherin in Sachen Kindheit und Bildung.

Ich weiß von einigen Freilerner-Familien, wo die Mütter freiberuflich tätig sind, während die Väter in Vollzeit angestellt sind – das könnte ich mir auch vorstellen. Im Moment ist es aber noch nicht machbar, und ich bin dankbar, dass wir es uns finanziell erlauben können.

„Im Vergleich zum normalen Schulbetrieb sparte Hannah eine Menge Zeit ein. Diese nutzte sie für viele andere Dinge."

Martha (47)

4 Kinder (22, 19, 17, 16), Mutter von *Hannah*

Als meine Tochter Hannah die fünfte Stufe des Gymnasiums besuchte, merkte ich in Gesprächen, dass sie zunehmend von der Schule frustriert war. Hannah war immer eine Musterschülerin gewesen – aufmerksam, pflichtbewusst, organisiert und lernwillig.

Nun sprach sie davon, dass manche Lehrer davon ausgingen, dass ihre Klasse sowieso nicht lernen wolle, dass sie täglich mehr als zwei Stunden für den Schulweg brauche, dass sie nicht nur für die Prüfung lernen und danach alles vergessen wolle. Sie meinte, sie könne sich den Lernstoff im Eigenstudium schneller aneignen.

Nach einigen Erkundigungen im Landesschulrat wegen der Abmeldung vom Gymnasium – das war kein Problem, weil meine Tochter ja nicht mehr schulpflichtig war – und beim Finanzamt wegen der Familienbeihilfe – wir erhielten sie weiterhin – und Überlegungen mit meinem Mann lief alles ganz unkompliziert: Ich meldete meine Tochter am Anfang der siebenten Stufe im Gymnasium ab und sie meldete sich zur Externistenmatura an.

Die zwei Jahre, die meine fast erwachsene Tochter zu Hause lernte, waren eine große Bereicherung für unsere Familie. Hannah arbeitete völlig selbstständig: Sie erfragte bei den zuständigen Prüfern den Lernstoff, wählte die Prüfungstermine selbstständig aus und teilte sich den Lernstoff ein. Nur beim Erlernen der zweiten Fremdsprache prüfte ich sie den Lernstoff ab, weil ihr Vorwissen eher dürftig war – ein eher unstrukturiertes Lehrbuch war damals von einer Lehrerin unterrichtet worden, die im Stoff nicht sehr weit gekommen war.

Im Vergleich zum normalen Schulbetrieb sparte Hannah eine Menge Zeit ein. Diese nutzte sie für viele andere Dinge. Sie half mir z.B. beim Kochen und wir hatten dabei viel Zeit für Gespräche zu zweit. Sie lernte in dieser Zeit auch alles, was man so im Haushalt können muss, und hatte reichlich Zeit für ihre unzähligen kreativen Hobbies, Sport, Freunde treffen

... und für einen längeren Auslandsaufenthalt, den sie einschob, da sie mit allen Vorprüfungen zur Matura sehr schnell fertig war, aber die Reifeprüfung leider nicht früher machen durfte, als sie sie in der normalen Schule absolviert hätte.

Ihr Bruder, der die Reifeprüfung auf „normalem" Weg gemacht hatte, hatte im Vergleich dazu durch die vielen Schulstunden und den langen Schulweg wesentlich mehr Stress als Hannah gehabt.

Hannah hat durch die Externistenmatura die Freude am Lernen wiedergewonnen und große Selbstständigkeit entwickelt, sie hatte viel Zeit und unsere Beziehung zueinander hat sich vertieft.

„Und wir lernen immer wieder aufs Neue, im Augenblick zu sein."

Sigrid (45)
2 Kinder (10, 7)

Rebeca Wilds Buch *„Erziehung zum Sein"* hat mir gezeigt, dass es andere Möglichkeiten der Begleitung von jungen Menschen gibt. Vor bald 20 Jahren hatte ich im Rahmen meines Architekturstudiums die Aufgabe, ein Haus für Kinder und Jugendliche eines SOS-Kinderdorfes zu entwerfen. Eine Freundin drückte mir das erwähnte Buch in die Hand und für mich, damals noch kinderlos, eröffnete sich eine neue Welt im Umgang mit diesen Wesen: Ausgehend von ihren Bedürfnissen schaffen die Erwachsenen eine liebevolle Umgebung, um ein freudvolles Lernen zu ermöglichen.

Es sollte noch einige Zeit vergehen, bis unsere Söhne auf die Welt kamen, doch dieser neue Blickwinkel des Buches ließ mich nicht mehr los. Und die Tatsache, dass sich hier bereits vor mittlerweile fast vierzig Jahren zwei Menschen – Rebeca und Mauricio Wild – im Laufe der Zeit gemeinsam mit vielen anderen aufgemacht haben, in ständiger Selbstreflexion einen neuen Weg im Zusammensein mit Kindern zu beschreiten. Heute leben beide in einem Wohnprojekt mit großen und kleinen Menschen, da sie erkannt haben, dass nicht nur Kinder eine entspannte Umgebung benötigen, um ihr ganzes Potential zu entfalten.

Der neue Blickwinkel hatte auch Auswirkungen auf die Art der Ankunft unserer Söhne auf dieser Welt: Beide wurden zu Hause geboren, das Stillen war ein selbstverständlicher Teil der ersten Lebensjahre. Im gemeinsamen Wachsen konnten wir fortan eigene Erfahrungen sammeln und erspüren, was es heißt, liebevoll und mit Respekt auf die Bedürfnisse dieser kleinen Wesen einzugehen. Von „Erziehung" zu „Beziehung". Damit einher ging natürlich auch ein Hinschauen auf alte Muster und Glaubenssätze: Gebe ich nach oder gehe ich auf jemanden zu, wenn ich auf die Bedürfnisse des anderen eingehe und meine eigenen hinten anstelle? Das war eine von vielen Fragen, die auftauchten und neu beantwortet werden wollten.

Eine große Hilfe dabei waren die Gesprächsrunden im Rahmen der Emmi-Pikler-Spielgruppen, die wir mit unseren Söhnen besuchten. Neben den Situationen im Spielraum – die Kinder spielen hier in ihrem eigenen Tempo mit dem vorbereiteten unstrukturierten Material, die Erwachsenen üben sich im achtsamen Beobachten der stattfindenden Prozesse – konnten wir dabei auch herausfordernde Situationen im Alltag besprechen und erkennen, dass Elternschaft die Möglichkeit bietet, die eigene Kindheit nochmals zu reflektieren und, falls notwendig, damit Frieden zu schließen.

Langsam kristallisierte sich heraus, wie unerlässlich das freie Spiel für unsere Söhne ist. Und auch wir erkannten, wie wesentlich es ist, die Prozesse, die dabei entstehen, nicht zu unterbrechen.

So war es selbstverständlich, dass dies ein ganz wichtiger Punkt bei der Suche nach einem Kindergarten war. Wir sollten keinen finden, der unseren Vorstellungen entsprach. Unser bisheriges Zusammenleben ohne externe Betreuungsinstitution war für alle Familienmitglieder stimmig und so brachen wir – trotz etlicher Einwände in unserem Umfeld – die Suche ab und streckten die Fühler nach alternativen Lebensformen mit Kindern aus.

Über Arno Stern – ich absolvierte bei ihm die Ausbildung zur Malort-Dienerin – hörten wir zum ersten Mal, dass ein Kind auch ohne jegliches Schulsystem aufwachsen kann und trotzdem oder genau deshalb als Erwachsener glücklich seinen Berufungen nachgeht. Und nach der Lektüre des Buches *„Denn mein Leben ist Lernen. Wie Kinder aus eigenem Antrieb die Welt erforschen"* von Olivier Keller war klar: So wollen auch wir mit unseren Kindern leben.

Wie schaut nun unser Familienalltag aus? Kürzlich wurden unsere Söhne dazu befragt und die einhellige Antwort beider war: „Wir spielen." Spielen und Lernen sind für unsere Söhne untrennbar miteinander verbunden. Sollten also keine anderen Termine im Kalender stehen, wie zum Beispiel Einkaufen, Besuche bei Freunden, Kurse, etc., sind ihre Tage gefüllt mit dem Spielen.

Wir Eltern können dabei ab und zu klassische Lerninhalte erkennen: Wenn mit Hilfe des Maßbandes überprüft wird, ob die Brettlänge mit der Zahl im Plan übereinstimmt. Wenn auf einmal ganz selbstverständlich dem Bruder aus dem Lexikon vorgelesen wird. Wenn für ein Gewinnspiel die erforderliche Detektivgeschichte am Computer geschrieben und nachgefragt wird, wie man das eine oder andere Wort richtig schreibt. Wenn die

Uhr abgelesen wird, damit wir nicht zu spät zum Zug kommen. Wenn im Gespräch noch eine Ergänzung zum Thema eingebracht wird.

Vieles, was während des Spielens gelernt wird, bleibt also im Verborgenen. Somit ist für uns Eltern das Vertrauen in unsere Kinder, in ihre Begeisterung, ihren Antrieb, sich ihr eigenes Bild von der Welt zu machen, eine wesentliche Grundlage in unserem gemeinsamen Sein.

Und wir lernen immer wieder aufs Neue im Augenblick zu sein: Beim Spazierengehen innehalten, um an einer Blume zu riechen. Eine Ameise am Wegesrand bis zum Ameisenhaufen verfolgen. Nach Ankunft des Zuges noch am Bahnsteig stehenbleiben, um beim Abladen dabei zu sein. In den offenen Kanaldeckel hinunterschauen und sich wundern, wie jemand in dieser Enge dort unten arbeiten kann. Auf dem Weg zum Einkaufen bei der Baustelle Halt machen, um die Pflasterer beim Einrichten der Steine zu beobachten. Über einen ganzen Tag lang den Abbau eines Zirkuszeltes mitverfolgen. – Und dabei immer wieder auch mit den Menschen vor Ort ins Gespräch kommen.

Beim Beobachten werden eigene Schlüsse gezogen, die Dinge werden ohne äußeres Zutun in einen Zusammenhang gebracht. Sollte etwas unklar sein, werden Fragen gestellt. Für uns als Eltern besteht hier die Herausforderung, durch unsere Antworten nicht vorzugreifen und dadurch eine eventuelle eigene Erkenntnis unmöglich zu machen. Unser Erstgeborener machte im Alter von ungefähr drei Jahren beim Abendspaziergang folgende Entdeckung: „Mama schau, der Mond geht mit mir: Wenn ich stehenbleibe, bleibt er auch stehen. Wenn ich mich bewege, bewegt er sich auch." Welch erhebendes Gefühl, wenn sogar der Mond einem folgt! Damals sagte ich einfach: „Aha!" Jahre später erkannte unser Sohn dann, dass es doch anders ist: Der Mond bleibt fix an seinem Platz, er scheint nur mitzugehen, wenn man sich selbst bewegt. Ganz selbstverständlich wird diese Erkenntnis nun integriert.

Wir als große Menschen sind insofern Teil dieser Prozesse, indem wir unseren Söhnen aufmerksame und wertfreie Zuhörer sind, wenn sie ihre Erfahrungen mit uns teilen wollen.

Immer wieder sprechen einige Bildungsexperten davon, wie wichtig es ist, sich zu vergleichen, zu wissen, wo man steht. Aus dieser Konkurrenz entstehe angeblich der Antrieb, besser werden zu wollen. Durch unsere wertfreie Begleitung machen wir mit unseren Söhnen allerdings eine ganz andere Erfahrung: Ein Vergleichen, ein Einschätzen ihrer Lage in Bezug zum Anderen ist nicht notwendig! Es ergibt sich von alleine, dass sie erkennen, ob eine Tätigkeit, die sie sich gerade aneignen, noch einer Übung bedarf oder nicht. Wichtig erscheint mir, dass sie dabei nicht abhängig vom Urteil eines Anderen sind beziehungsweise werden.

Ein Beispiel: Unser Zweitgeborener wollte den Handstand erlernen und so fing er einfach an zu probieren. Er erkannte sehr rasch, wie er seinen Rücken durchdrücken musste, damit die Beine ein bisschen länger oben bleiben. Welchen Schwung er benötigte, damit er überhaupt in die Senkrechte kam. Unzählige Male am Tag probierte er es, viele Tage hintereinander, so lange, bis er für sich spürte: „Jetzt kann ich einen Handstand!" Ob er den Ansprüchen eines ausgebildeten Turnlehrers genügt? Das ist für ihn und uns nicht wesentlich. Er zeigte uns sein neuerworbenes Können ohne jegliche Abhängigkeit von Lob oder Kritik. Und wir? Wir teilten seine Freude!

Auch die künstlich geschaffenen Hierarchien zum Beispiel zwischen großen und kleinen Menschen kennen unsere Söhne nicht. So fragte mich unser Zweitgeborener nach dem Besuch einer Spielgruppe, die ausschließlich für Kinder im Alter zwischen drei und sechs Jahren war: „Warum gibt es überhaupt Kinderkurse?" Dazu ein Satz der eingangs erwähnten Rebeca Wild und ihres Mannes Mauricio: „Kinder brauchen keine Kinder. Kinder brauchen Liebe und Respekt." Für uns eine klare Aufforderung an alle Erwachsenen im Umgang mit jungen Menschen.

Nicht in die Schule zu gehen wird außerdem oft gleichgesetzt mit nur zu Hause sein und keine Freunde haben. Ein Missverständnis, das schwer auszuräumen ist. Uns steht jeden Tag die ganze Welt offen – in der wir uns je nach Lust und Laune freudig bewegen können: Zum Beispiel beim morgendlichen Blick aus dem Fenster erkennen, dass Badewetter herrscht, und dem Bedürfnis nach kühlem Wasser nachgehen. Gleichzeitig schätzen unsere Söhne es, einfach mal nur zu Hause zu sein und Zeit für sich und ihre selbstgestellten Aufgaben zu haben. Eine Qualität, die man erst dann spürt, wenn diesem Bedürfnis auch Raum gegeben wird.

Eines ist klar: Die Tage sind fast immer zu kurz, um all das unterzubringen, was unsere Söhne gerade begeistert. Da wird es schon einmal spät, bevor es am Abend erfüllt von den Tätigkeiten des Tages ins Bett geht. Was für ein Glück, sich am nächsten Tag ausschlafen zu können, um dann ausgeruht wieder dort weiterzuspielen, wo man am Vorabend aufgehört hat.

Eine Frage, die in Gesprächen über unseren Alltag immer wieder einmal auftaucht: Wie kann man sich das denn leisten? Würden wir hier gleich eine Antwort liefern, würden wir die entscheidende Frage, die zuerst gestellt und beantwortet werden muss, vergessen: Will ich mir das ‚leisten'? Sollte ich diese für mich mit einem Ja beantworten können, werden sich Möglichkeiten ergeben, diese Art des Zusammenlebens umzusetzen. Wir benötigen in erster Linie nicht Geld, sondern Zeit und Energie, um unsere Söhne auf diese Weise im Leben zu begleiten. Zeit und Energie stehen jedem jederzeit zur Verfügung – die nächste Frage ist also: Wie organisiere ich meinen Alltag, damit auch die notwendige Erwerbsarbeit ihren Platz hat? Hier sind wir auch als Gesellschaft gefordert: Schaffen wir es, uns aus dem Hamsterrad von Arbeit und Konsum zu befreien, um wieder Zeit und Muße für Beziehungen mit Menschen jeden Alters zu haben?

Astrid Lindgren schreibt in ihrem Buch *„Das entschwundene Land"* – es handelt von der Liebes- und Lebensgeschichte ihrer Eltern: „Zweierlei hatten wir, das unsere Kindheit zu dem gemacht hat, was sie gewesen ist: Geborgenheit und Freiheit." Und weiter: „Wir spielten und spielten und spielten, sodass es das reine Wunder ist, dass wir uns nicht totgespielt haben."

Diese Worte sprechen mir aus der Seele. Sie decken sich mit den Erfahrungen, die wir im gemeinsamen Wachsen mit unseren Söhnen machen dürfen.

Heute gehen wir den Weg des Frei-Sich-Bildens unserer Söhne ganz selbstverständlich. Wir haben gelernt auf Fragen einzugehen und teilen gerne unsere Erfahrungen mit Menschen, wenn sie das wollen.

In den Anfängen, selbst noch unsicher, war es immer wieder eine Herausforderung, mit Einwänden in Bezug auf das Leben mit unseren Söhnen umzugehen. Doch nach mittlerweile zehn Jahren ist unser Vertrauen in diese eigentlich selbstverständliche Art des „Sich ein Bild von der Welt Machens" durch nichts mehr zu erschüttern.

„Am meisten störte mich das ständige Herumreiten auf den Fehlern, die die Schüler machten, anstatt das zu betonen, was gut gelang, und die Stärken der Kinder zu fördern."

Asa (46)
5 Kinder (23, 20, 10, 9, 7)

Wir sind eine Patchworkfamilie bestehend aus Vater, Mutter, zwei „mitgebrachten" Töchtern mütterlicherseits und drei gemeinsamen Kindern.

Die beiden inzwischen erwachsenen Töchter durchliefen das normale Regelschulsystem mit allen möglichen Begleiterscheinungen und vielen schlaflosen Nächten meinerseits. Unbegreiflich war mir die Tatsache, dass die Mädchen – beide überdurchschnittlich intelligent, sehr sozial und auch bei den Lehrern beliebt – unter dem Druck der Schule so stark litten, dass sie ständig länger andauernde Krankheiten durchmachten, die zwar nicht schwerwiegend waren, aber doch so, dass sie nicht die Schule besuchen konnten. Am meisten störte mich das ständige Herumreiten auf den Fehlern, die die Schüler machten, anstatt das zu betonen, was gut gelang, und die Stärken der Kinder zu fördern.

Als unser fünftes Kind mit einer angeborenen körperlichen Behinderung geboren wurde, machten wir uns noch intensivere Gedanken über den Sinn und Unsinn eines vorgegebenen Lehrplanes, was ein Mensch tatsächlich können muss und auf welche Art und zu welchem Zeitpunkt er es lernen soll.

Die Tatsache, dass unsere jüngste Tochter einfach nicht die gleichen Voraussetzungen hatte wie ihre Geschwister, und die Konfrontation mit der Schulmedizin, in der versucht wird, jede Unzulänglichkeit im motorischen Bereich auszugleichen, öffnete uns die Augen dafür, dass sich im Regelschulsystem die gleichen Dinge abspielten. Nicht das Talent des Kindes wird gefördert, damit es in seiner Begabung aufblühen und sein Leben sinnvoll und zufrieden leben kann – nein, alle Kinder müssen das Gleiche im gleichen Ausmaß lernen und ihre Schwächen ausmerzen. Warum empfinden wir es als Manko, wenn ein Mensch nicht gehen kann, wo er doch vielleicht auf einem anderen Gebiet Überragendes leisten kann?

Damals kamen wir zum ersten Mal mit der Idee, die jüngeren Kinder nicht in die Schule zu schicken, in Berührung und nach intensivem Nachdenken, Literaturstudium und Kontaktaufnahme zu anderen Freilernern entschlossen wir uns zu diesem Weg.

Das Vorschuljahr unseres ältesten Sohnes brachte mir dann aber so viel Stress zusätzlich zu den Belastungen, die ein behindertes Kind mit sich bringt, dass ich mir nicht mehr vorstellen konnte, alle drei Kinder zu Hause zu unterrichten. Am meisten stresste mich der Gedanke an die abzulegenden Prüfungen, die unserem Sohn wieder nicht die von uns gewünschte Freiheit seiner persönlichen Entwicklung lassen würde. Daher beschlossen wir, beide Söhne in einer freien Alternativschule, angelehnt an Rebeca Wild, anzumelden.

In dem Jahr, als sie diese Schule besuchten, stellte sich heraus, dass die Kinder dort ausschließlich sich selbst überlassen wurden. Die anwesenden Lehrer dokumentierten zwar alles, was die Schüler unternahmen, bemerkten aber nicht, dass sich Gruppen zusammentaten mit dem Ziel, einzelne Mitschüler zu mobben. Unser älterer Sohn gehörte zu den Opfern und nach mehreren Gesprächen wurde deutlich, dass es in dieser Schule immer wieder zu solchen Vorfällen kommt, von Seiten der Lehrer aber nichts unternommen wird bzw. sie auch keinen Anlass dafür sehen. Das wiederum entsprach ganz und gar nicht unseren Vorstellungen von einer geschützten Lernatmosphäre – zumal unsere Söhne dort lerntechnisch gesehen gar nichts gelernt hatten – und wir wechselten im nächsten Schuljahr in eine Montessori-Schule.

Dort wurden unsere Kinder zwar besser betreut, sie fühlten sich auch sehr wohl, doch als der Schulbesuch unserer jüngsten Tochter näher rückte, wurden die eingangs gemachten Aussagen, dass sie selbstverständlich auch die Schule besuchen kann, rasch auf einen exklusiv für behinderte Kinder zurechtgeschneiderten Probevertrag geändert, den wir nicht eingehen wollten, da unsere Tochter lediglich Assistenz benötigt, die wir Eltern selbst leisten (und die ein Lehrer auch gar nicht leisten darf). Aber sie hat keinen sonderpädagogischen Förderbedarf – im Gegenteil, sie hatte sich mit fünf Jahren schon selbstständig das Lesen beigebracht und übertrifft mit ihrer raschen Auffassungsgabe mitunter ihre älteren Brüder.

Diese Vorkommnisse zwangen uns, wieder einmal umzudenken und unseren ursprünglichen Plan des häuslichen Unterrichts wieder hervorzukramen. Einerseits war der darin begründet, dass die beiden Buben in einer Regelschule nicht sofort Schritt halten hätten können – sie hatten bei Weitem noch nicht den Lernstoff absolviert wie Gleichaltrige einer herkömmlichen Schule. Andererseits konnten wir Eltern uns keinesfalls vorstellen, unsere sehr kreativen, sensiblen, manchmal auch wilden Jungs in die schon erlebte Einheitsschulbrühe zu werfen, um sie dem Konsumwahnsinn, Gruppendruck und stumpfsinnigen Lehrplan auszusetzen.

Generell habe ich den Eindruck, dass die Verbundenheit mit unseren drei jüngeren Kindern von einer so hohen Qualität ist, wie sie mit den beiden älteren nicht stattgefunden hat. Dabei möchte ich die Art der Beziehungen nicht bewerten und das eine als schlechter und das andere als besser betiteln – ich hatte und habe mit meinen großen Töchtern auch ein sehr gutes Verhältnis. Dennoch fühlt es sich für mich stimmiger und ganzheitlicher an ohne Regelschule. Unsere Kinder sind einfach noch Kinder in einem Alter, in dem andere bereits die neuesten Mobiltelefone, Computerspiele und Markenklamotten besitzen. Sie spielen mit neun oder zehn Jahren noch Rollenspiele, in denen sie sich in Tiere verwandeln, und hören die Geschichten der *Kinder von Bullerbü*.

In den Freizeitaktivitäten, die sie besuchen, werde ich immer wieder darauf angesprochen, dass alle drei außergewöhnlich aufmerksam und diszipliniert sind und den jeweiligen Lehrern der große Wissensdurst auffällt. Das führe ich darauf zurück, dass sie nie den Druck verspürt haben, etwas lernen zu müssen – weder in der Alternativschule noch zu Hause.

Unser Tagesablauf schaut üblicherweise so aus, dass wir nach dem Frühstück gegen neun Uhr beginnen, Mathematik und Deutsch zu lernen – jeder nach seiner Notwendigkeit und Lust entscheidend, was er gerade bearbeiten möchte. Ganz ohne Lernprogramm – also Unschooling – wollen wir die Kinder nicht lassen, da wir die Sinnhaftigkeit des Lesens, Schreibens und Rechnens durchaus sehen und auch die motorischen Übungen in diesem Alter sicher leichter fallen.

Die Kinder sind fast immer mit Begeisterung bei der Sache, manchmal hat vor allem unser älterer Sohn keine Lust, das akzeptieren wir entweder oder ich lasse mir etwas einfallen, mit dem ich ihn doch zu einer Beschäftigung locke.

Wir Eltern sind beide am Vormittag meistens zu Hause, mein Mann ist Berufsmusiker und Lehrer an einer Musikschule und arbeitet nachmittags und abends. Ich selbst habe meine Teilzeitbeschäftigung bei einer Fluglinie gekündigt, als unsere jüngste Tochter vier Jahre alt war und es klar war, dass sie noch die nächsten Jahre viel persönliche Assistenz benötigen wird.

Nach dem Lernen spielen die Kinder auf ihren Instrumenten (jedes lernt mindestens zwei Instrumente). Mein Mann oder ich (evtl. gemeinsam mit den Kindern) bereiten das Mittagessen zu. Danach beginnt der Unterricht für meinen Mann und ich bestreite mit den Kindern den Nachmittag, der meistens mit Freizeitbeschäftigungen aller Art gefüllt ist. Das sind momentan Musikschulunterricht, Kinderchor, Bläserensemble, Englischkurs, Fußball, Schwimmkurs, Malkurs, Keramikwerkstatt. Das sind recht intensive Nachmittage für mich, da die Kinder mich als Taxifahrer brauchen (So werde ich mich nicht beschweren, wenn zumindest die Buben ihre Wege bald alleine mit dem Fahrrad machen können.)

An den Nachmittagen, an denen wir keine Termine haben, genießen wir die Ruhe zu Hause. Unsere Kinder lesen alle drei sehr gerne, oft spielen sie miteinander oder wir sehen uns Filme an. Im Frühling und Sommer spielt sich der Großteil der Freizeit im Garten, auf der Fußballwiese oder am Radweg vor unserem Haus ab.

„Ich musste erkennen, dass nicht alles Gold ist, was glänzt."

Annette (53)
3 Kinder (32, 27, 7)

Wir kamen auf freies Lernen durch André Stern. Ich war auf seinem ersten Vortrag in Deutschland vor sieben Jahren und ich habe sein Buch gelesen. Ich habe auch Arno Stern kennengelernt. Das hat mich so bewegt und restlos überzeugt, weil mir auffiel, wie anders mein Leben hätte verlaufen können, wenn mich jemand „gesehen" hätte. Dann beschloss ich, das für mein Kind zu machen.

Meine großen Kinder haben einen ganz „normalen" Bildungsweg hinter sich.

Meine jüngste Tochter war kaum im Kindergarten und hat mit sechs Jahren einmal kurz eine private Schule besucht, wo sie aber kurzerhand wieder hinausbefördert wurde, weil sie als nicht schulfähig eingestuft wurde. Die Lehrer kamen mit ihrer selbstständigen Art und Weise des Handelns nicht zurecht und sie war nicht dressierbar. Im September 2015 sollte sie dann wieder eingeschult werden hier im Sprengel, obwohl ich der Direktorin schon lange Bescheid gab über meine Pläne der Nichtbeschulung, was aber wohl nicht „ankam" bei ihr. Sie hat dann alles getan, um das Kind zu „kriegen". Sie setzte das Jugendamt, das Schulamt, das Kultusministerium und die Polizei ein – das komplette Programm also.

Eigentlich war der Plan, mit einer anderen Freilerner-Familie nach Spanien zu gehen, was aber dann kurz vorher am Geld scheiterte. Ich habe alles ausprobiert: Zirkusschulen, Schule für Reisende, Polenschule, Clonlara, Stammschule, Fernschule ... alles, was es gibt – aber nichts fruchtete, bis ich eben „aufgab", weil, egal wie ich es drehte und versuchte, meine Tochter immer wieder kontrolliert werden sollte. Das hat für mich nichts mit „seiner eigenen Spur folgen können" zu tun. Deshalb entschied ich mich auch nicht für Österreich, weil es dort auch jedes Jahr eine Prüfung gibt.

Insgeheim wollte ich nie weg aus Deutschland, weil ich der Meinung bin, dass, wenn wir uns immer wieder nur einschüchtern lassen und weggehen, wir uns nie hier etablieren können. Ich wollte mich nicht aus meiner

Heimat vertreiben lassen. Leider trauen sich das die meisten Leute nicht, sie haben zu sehr Angst.

Allerdings stellte sich heraus, dass die Lebensform Alleinerziehende mit nur einem Kind und noch dazu unbeschult eine sehr große Herausforderung ist. Wir leben in Deutschland (mein Hauptwohnsitz – der Hauptwohnsitz meiner Tochter ist in Belgien) und wir sind oft unterwegs. Mittlerweile stellt sich für uns ein sehr großes Problem heraus – es gibt zu wenige Kinder zum Spielen, da die meisten Kinder ja ständig in irgendwelchen Terminen sind, sei es Kindergarten, Schule, Hort oder Sonstigem.

Wir dagegen haben immer Zeit. Kinder müssen wir suchen, weil die meisten Freilerner weit verstreut sind auf der Welt. Das ist zunehmend mühsamer, da wir kein Reisemobil besitzen. Roadschooling war auch unser größter Traum, weil wir einfach überall eine „Bleibe" haben – egal wo. Backpacking habe ich auch schon hinter mir, ist aber ein Albtraum hier in Deutschland – zu kalt, zu viel zu schleppen, kostet zu viel Geld.

Generell haben wir eine konkrete Struktur mit den Schlaf- und Wachzeiten, wenn wir nicht unterwegs sind. Das brauchen wir beide. Ich auch, da ich ja kaum Zeit für mich selbst habe, mir das aber überhaupt nicht guttut. Es gibt Tage mit einem direkten „Plan" und auch ohne – je nachdem, wo wir uns gerade befinden.

Ich baue auch gerade wieder meine Selbstständigkeit als Coach und Seminarleiterin für authentische persönliche Entwicklung auf, und das bräuchte auch Zeit und Geld. Also, wie ich es sehe, habe ich beides zu wenig, um schnell handeln und vorwärts zu kommen. Meine Tochter will ja auch viel unternehmen, sehen, anschauen und Sport machen – all das kostet Geld. Das ist, denke ich, das größte Thema. Alles wäre sehr viel einfacher mit genügend Geld.

Ich suche dann eben nach Möglichkeiten, zum Beispiel habe ich einen Job als Kinderbetreuerin in einer Skischule angenommen, weil meine Tochter dann kostenfrei das Skifahren lernen kann, und es gibt auch viele Kinder dort. Das ist allerdings oft sehr anstrengend für mich. Dann merke ich, dass ich zu viel Energie verliere, und das tut uns beiden auch nicht mehr gut. Woofen (Arbeiten auf einem ökologischen Hof) will ich nicht, da wir ja dadurch kein Geld bekommen, sondern ich für Kost und Logis arbeiten muss. Das finde ich nicht sinnvoll, weil ich dann nicht viel Zeit für mein Kind habe.

Ich versuchte also eine Freilerner-WG zu finden, was sich auch als Reinfall herausstellte. Entweder sind die gegründeten schon wieder beendet, oder sie finden nicht zusammen und trennen sich wieder. Meiner Meinung nach wäre so eine WG die beste Sache: Die Kinder hätten gemeinsam viel Zeit und die Eltern auch, denn immer nur für das Kind da zu sein, schränkt schon sehr das eigene Leben ein – das wurde mir aber auch erst im Laufe der Jahre klar.

Leider habe ich jetzt herausgefunden, dass es auch sehr viel verschiedene Gruppen von „sogenannten" Freilernern gibt. So wird es umso schwieriger, bleibende Kontakte zu knüpfen, weil es so viele Leute gibt, die den Schritt nicht wirklich wagen oder wir keine „gemeinsame Sprache" sprechen. Viele Gruppen haben auch noch ganz kleine Kinder, und wenn sie größer werden, schicken sie die Kinder dann doch in die Schule.

Wenn ich eines weiß: Uns hat die Entscheidung des freien Lernens sehr einsam gemacht und uns beide auch sehr gestresst. Ich musste erkennen, dass nicht alles Gold ist, was glänzt. Das Traurigste für mich war, dass es nirgendwo echte und schnelle Hilfe in Notsituationen gab. So zum Beispiel, als wir schnell weg mussten nach der Abmeldung von der Schule oder als wir kein Geld mehr hatten oder als ich dringend jemanden zum Zuhören gebraucht hätte.

Was für mich dringend notwendig gewesen wäre, wäre so etwas wie eine Art „Anleitung" gewesen. Ich habe überall nachgefragt, aber keine Antworten bekommen, da sich niemand für so etwas zur Verfügung stellte. Was nutzten uns die ganzen tollen Bücher und Filme, wenn wir keine Zeit hatten, sie zu lesen oder sie zu sehen?

Leider verlangt meine Tochter jetzt nach einer Schule, weil sie es satt hat, ohne Kinder zu sein, und ihr ist es mittlerweile völlig egal, wo sie welche findet. Aber sie weiß ja, wo sie sich alle aufhalten. Kinder brauchen Gemeinschaft – das weiß ich jetzt. In einer kinderreichen und kompletten Familie ist es einfacher, aber wohl auch nur bis zu einem gewissen Punkt – dann fordern sie auch andere Kinder. Das haben mir andere Freilerner erzählt.

Mein Fazit: Aus diesen Aspekten und meinen Erfahrungen heraus habe ich nun einen Raum dafür gegründet: Den *SPIEL-RAUM für freies Lernen & Leben*. Die Kinder spielen frei und die Eltern sind auch dabei. Es ist ein Ort für Ausbildung, Treffen, Beratung und Betreuung für Familien. Neue Möglichkeiten zur Gründung eines Frei-Lerner-Kindergartens und einer Schule mit integriertem Roadschooling sind im Wachstum inbegriffen und wegweisend.

Mittlerweile sehe ich jetzt sogar eine direkte Gefahr für die Kinder im freien Lernen, weil sie all zu oft nur Laissez-faire betreut sind und somit vernachlässigt werden, was sie wirklich lebensuntüchtig macht. Und sie bekommen generell zu wenig oder gar keine Grenzen, was sich dann als sehr chaotisch im Verhalten ausdrückt. Die Eltern müssten sich wirklich intensiv mit sich selbst auseinandersetzen, sogar noch mehr als „normale" Eltern – aber oft sind sie nicht dazu bereit zu lernen. Im *SPIEL-RAUM* ist dieses auch möglich.

Das Leben begreifen in all seinen Facetten: Freilerner-Impressionen

HILFREICHE LITERATUR

DIE PRESSE: Kleinkinder in Fremdbetreuung werden stärker gefordert. In: diepresse.com/home/bildung/erziehung/4716768/Kleinkinder-in-Fremdbetreuung-werden-staerker-gefordert, veröffentlicht am 24.4.2015.

EDEL Jan: Schulfreie Bildung – Die Vernachlässigung schulfreier Bildungskonzepte in Deutschland. Monsenstein und Vannerdat, Münster 2007.

EDEL Jan: Nur Schule? – Mut zu neuen Bildungswegen. VTR, Nürnberg 2005.

FISCHER Ralph, LADENTHIN Volker (Hrsg.): Homeschooling – Tradition und Perspektive. Ergon, Würzburg 2006.

GRUBHOFER Hanna: Zauberbuch Familienfrieden. edition riedenburg, Salzburg 2016.

HAYM Liv: Schulflucht. Autobiografischer Roman. Drachen-Verlag, Klein Jasedow 2012.

HEIMRATH Johannes: Tilmann geht nicht zur Schule – Eine erfolgreiche Schulverweigerung. Drachen Verlag, Wolfratshausen 1991.

HOLT John, FARENGA Patrick: Bildung in Freiheit. Genius, Bremen 2009.

HONORÉ Carl: Kinder unter Druck. Rettet die Kindheit vor Schule und Übereltern. Fackelträger, Köln 2008.

ILLICH Ivan: Die Entschulung der Gesellschaft. Eine Streitschrift. C.H.Beck, München 1995.

KAPELLA Olaf (Hrsg.): Betreuung, Bildung und Erziehung im Kindesalter. Eine Literaturanalyse. Sondermodul zur Wirkungsanalyse der familienpolitischen Leistungen. Österreichisches Institut für Familienforschung an der Universität Wien, Wien 2015. Online verfügbar unter www.oif.ac.at/fileadmin/OEIF/Forschungsbericht/fb_15_betreuung_bildung_erziehung.pdf (Abrufdatum: 26.7.2016).

KELLER Olivier: Denn mein Leben ist Lernen. Arbor, Freiburg 1999.

KLEMM Ulrich, STERN Bertrand: Vom Glück des Nichtstuns. Muße statt Pädagogik, tologo und Klemm+Oelschläger, Leipzig 2011.

KLEMM Ulrich: Lernen ohne Schule. Argumente gegen Verschulung und Verstaatlichung von Bildung. AG SPAK Bücher, Neu-Ulm 2001.

LINDMAYER Lini: Windelfrei? So geht's!: Natürliche Säuglingspflege - Begleiten der frühkindlichen Entwicklung durch Kommunikation und Körperkontakt. tologo, Leipzig 2009.

MILLMAN Martine, MILLMAN Gregory: Homeschooling. A Family's Journey. Tarcher, New York 2008.

MOHSENNIA Stefanie: Schulfrei – Lernen ohne Grenzen. 2. aktualisierte Auflage. Anahita, Königslutter 2010.

NEUBRONNER Dagmar: Freilerner. Unser Leben ohne Schule. Genius, Bremen 2008.

NEUFELD Gordon, MATÉ Gabor: Unsere Kinder brauchen uns. Die entscheidende Bedeutung der Kind-Eltern-Bindung. Genius, Bremen 2006.

POUSSET Raimund: Schafft die Schulpflicht ab! Wie Bildung gelingen kann. 2. überarbeitete und ergänzte Auflage. VTR, Nürnberg 2011.

PROFIL: „Freilerner" und „Homeschooler": Unterricht im eigenen Heim. In: www.profil.at/gesellschaft/freilerner-heimunterricht-homeschooler-5550139, veröffentlicht am 11.3.2015.

SCHIRRMACHER Thomas : Bildungspflicht statt Schulzwang. VKW/ VTR, Bonn / Nürnberg 2005.

SCHMID Sarah: Alleingeburt. Schwangerschaft und Geburt in Eigenregie. edition riedenburg, Salzburg 2014.

SPIEGLER Thomas: Home Education in Deutschland. Hintergründe – Praxis – Entwicklung. VS Verlag für Sozialwissenschaften, Wiesbaden 2007.

STERN André: … und ich war nie in der Schule. Zabert Sandmann, München 2009.

STERN Bertrand: Schluß mit Schule! Das Menschenrecht, sich frei zu bilden. tologo, Leipzig 2006.

WILD Rebeca: Lebensqualität für Kinder und andere Menschen. Erziehung und der Respekt für das innere Wachstum von Kindern und Jugendlichen, Beltz, Weinheim u. a. 2001.

Die Website zur kompletten Reihe inklusive
EXTRA- und BILDER-Spezialhefte:
SOWAS-Buch.de

Band 1: „Volle Hose"
Einkoten bei Kindern: Prävention und Behandlung

Band 2: „Machen wie die Großen"
Was Kinder und ihre Eltern über Toilettenfertigkeiten wissen sollen

Band 3: „Nasses Bett"
Nächtliches Einnässen bei Kindern: Prävention und Behandlung

Band 4: „Pauline purzelt wieder"
Hilfe für übergewichtige Kinder und ihre Eltern

Band 5: „Lorenz wehrt sich"
Hilfe für Kinder, die sexuelle Gewalt erlebt haben

Band 6: „Jutta juckt's nicht mehr"
Hilfe bei Neurodermitis – ein Sachbuch für Kinder und Erwachsene

Band 7: „Konrad, der Konfliktlöser"
Clever streiten und versöhnen

Band 8: „Annikas andere Welt"
Hilfe für Kinder psychisch kranker Eltern

Band 9: „Papa in den Wolken-Bergen"
Hilfe für Kinder, die einen geliebten Menschen verloren haben

Band 10: „Herr Kacks und das Pi"
So landen großes und kleines Geschäft direkt im Klo!

Band 11: „Woanders hin?"
Für Kinder, die nicht zu Hause wohnen

Band 12: „Felix und der Sonnenvogel"
Das Bilder-Erzählbuch für Kinder, die getröstet und beschützt werden wollen

Band 13: „Rosa und das Mut-Mach-Monsterchen"
Das Bilder-Erzählbuch für Kinder, die mutiger sein wollen

Band 14: „Wie war es in Mamas Bauch?"
Das Bilder-Erzählbuch für Kinder und Erwachsene, die auf Zeitreise gehen wollen

SOWAS! MINI für Kinder ab 2 Jahre

Band 1 MINI: „So fliegt der Wuschelfloh aufs Klo!"
Die Geschichte vom windelfreien Spatzenkind

Band 2 MINI: „So gehen die Tiere groß aufs Klo!"
Mit dem Wuschelfloh auf Klo-Weltreise

Band 3 MINI: „Lotta geht schon aufs Klo!"
So bleibt die Hose sauber

Die „SOWAS!"-Reihe wird fortgesetzt!